本书为四川省社会科学 2021 年度重大项目"县域高质量发展的实现路径与评价体系研究"（项目批准号：SC21ZD004）的研究成果。

县域高质量发展与评价

——基于 A 省县域发展数据样本

艾毓斌　等著

·北　京·

图书在版编目（CIP）数据

县域高质量发展与评价：基于 A 省县域发展数据样本/艾毓斌等著. --北京：经济科学出版社，2023.10（2024.10重印）
ISBN 978-7-5218-5185-4

Ⅰ.①县… Ⅱ.①艾… Ⅲ.①县级经济-区域经济发展-研究-中国 Ⅳ.①F127

中国国家版本馆 CIP 数据核字（2023）第 184848 号

责任编辑：黄双蓉
责任校对：孙　晨
责任印制：邱　天

县域高质量发展与评价
——基于 A 省县域发展数据样本
艾毓斌　等著

经济科学出版社出版、发行　新华书店经销
社址：北京市海淀区阜成路甲 28 号　邮编：100142
总编部电话：010-88191217　发行部电话：010-88191522
网址：www.esp.com.cn
电子邮箱：esp@esp.com.cn
天猫网店：经济科学出版社旗舰店
网址：http://jjkxcbs.tmall.com
固安华明印业有限公司印装
787×1092　16 开　18 印张　340000 字
2023 年 10 月第 1 版　2024 年 10 月第 3 次印刷
ISBN 978-7-5218-5185-4　定价：76.00 元
(图书出现印装问题，本社负责调换。电话：010-88191545)
(版权所有　侵权必究　打击盗版　举报热线：010-88191661
QQ：2242791300　营销中心电话：010-88191537
电子邮箱：dbts@esp.com.cn)

前　言

郡县治则天下安，县域强则国家富。自春秋战国时期设郡置县以来，县域已经在我国存续近3000年，在发展经济、保障民生、维护稳定等方面发挥了十分重要的基础作用。

在全面建设社会主义现代化国家新征程上，高质量发展已经成为县域发展的时代主题。党的二十大报告指出，高质量发展是全面建设社会主义现代化国家的首要任务，实现高质量发展是中国式现代化的本质要求之一。习近平总书记强调，高质量发展不只是一个经济要求，而是对经济社会发展方方面面的总要求，经济、社会、文化、生态等各领域都要体现高质量发展的要求。习近平总书记的深刻论述，为本课题研究提供了根本遵循。

进入新时代，我国县域高质量发展已经取得历史性成就、发生历史性变革，但受历史和现实等多方面因素影响，县域高质量发展不平衡不充分的矛盾还比较突出，部分县域经济运行质效低、环境污染严重、公共文化建设滞后、基层治理薄弱，以及民生改善不足等问题仍然存在。如何凝聚各方力量，加快推动县域高质量发展，成为需要深入研究的重大课题。

在此背景下，本书选择在全国具有较强代表性的A省为研究对象，根据各县域特征，将全省县域划分为城市主城区、重点开发区、农产品主产区、重点生态功能区四类。围绕经济高质量发展、生态高质量发展、文化高质量发展、治理高质量发展、民生高质量发展5个维度，采用"现状分析＋N条路径＋金融服务＋评价模型"的"3＋N"研究范式，运用区域经济学、产业经济学、环境治理学，以及社会管理学等学科的基础理论和方法，通过定性研究与定量研究相结合，对县域高质量发展与评价进行了系统研究。本书比较系统地探讨了县域高质量发展路径，构建了县域高质量发展的评价模型，对县域高质量发展进行了实证分析，验证了所构建的评价模型的科学性和有效性，为科学评价县域高质量发展提供了新的方法论和技术工具。

本书的主要内容为：第一章，从新中国成立前、新中国成立后至改革开放前、改革开放后至十八大前、十八大后等四个阶段，对不同历史时期县域发展特点进行了分析，从历史纵深把握县域演变、发展的脉络。第二章至第六章，分别从经济、生态、文化、治理、民生5个维度对县域高质量发展开展研究。具体到每一个维度，首先对县域发展概况进行了全面分析；其次探讨了推进高质量发展的具体路径；最后以A省86个县域发展数据为样本，通过对比多个模拟测试结果，构建并检验了高质量发展评价模型，并运用该模型对A省县域高质量发展水平进行实证分析，根据实证分析结果提出推进高质量发展的对策建议。第七章，在第二章至第六章研究的基础上，构建并检验了县域高质量发展的综合评价模型，运用所构建的综合评价模型对县域高质量发展水平进行了综合实证分析，根据实证分析所揭示的问题，提出了综合性的对策建议。第八章，从研究结论等方面对本书内容进行了总结，对进一步深化研究进行了展望。

本书是四川省社会科学2021年度重大项目"县域高质量发展实现路径与评价体系研究"的研究成果，凝聚了项目组成员的大量心血。项目组主要成员有艾毓斌、段胜、陈立平、罗蓉曦、徐兴明等。在课题研究过程中，从立项到研究、编撰、成稿、校核、出版，有关方面给予了大力支持和帮助，在此表示衷心感谢。特别要感谢来自四川省社会科学界联合会、四川大学、西南财经大学等领域的专家悉心指导，感谢经济科学出版社所做的深入细致工作。

由于作者学术水平的局限性，研究内容本身固有的挑战性，以及数据样本完备性存在的缺陷，本研究工作还有诸多方面有待进一步深化，错误和遗漏也在所难免，真诚期待广大读者批评指正。本书的出版倘若对推动我国县域高质量发展有所裨益，作者将倍感欣慰。

目 录

第一章　县域发展概述 / 1
　　第一节　新中国成立前县域发展 / 1
　　第二节　新中国成立后至改革开放前县域发展 / 5
　　第三节　改革开放后至十八大前县域发展 / 8
　　第四节　十八大后县域发展 / 10
　　第五节　A 省县域发展 / 14

第二章　县域经济高质量发展 / 17
　　第一节　县域经济高质量发展概述 / 17
　　第二节　县域农业高质量发展 / 27
　　第三节　县域工业高质量发展 / 35
　　第四节　县域服务业高质量发展 / 39
　　第五节　县域经济高质量发展金融服务 / 43
　　第六节　县域经济高质量发展评价 / 49
　　第七节　本章小结 / 70

第三章　县域生态高质量发展 / 72
　　第一节　县域生态高质量发展概述 / 72
　　第二节　县域环境污染防治 / 78
　　第三节　县域清洁能源开发 / 81
　　第四节　县域生态环境建设 / 84
　　第五节　县域绿色转型发展 / 87
　　第六节　县域生态高质量发展金融服务 / 89

第七节　县域生态高质量发展评价 / 94
　　第八节　本章小结 / 111

第四章　**县域文化高质量发展** / 113
　　第一节　县域文化高质量发展概述 / 113
　　第二节　县域意识形态建设 / 118
　　第三节　县域公共文化服务 / 121
　　第四节　县域特色文化传承与发展 / 124
　　第五节　县域文化产业发展 / 126
　　第六节　县域文化高质量发展金融服务 / 130
　　第七节　县域文化高质量发展评价 / 133
　　第八节　本章小结 / 152

第五章　**县域治理高质量发展** / 154
　　第一节　县域治理高质量发展概述 / 154
　　第二节　县域治理的政治引领 / 160
　　第三节　县域治理的法治保障 / 162
　　第四节　县域治理的德治教化 / 166
　　第五节　县域治理的自治强基 / 169
　　第六节　县域治理的智治支撑 / 174
　　第七节　县域治理高质量发展金融服务 / 177
　　第八节　县域治理高质量发展评价 / 180
　　第九节　本章小结 / 203

第六章　**县域民生高质量发展** / 205
　　第一节　县域民生高质量发展概述 / 205
　　第二节　县域就业高质量发展 / 209
　　第三节　县域教育高质量发展 / 212
　　第四节　县域医疗卫生高质量发展 / 214
　　第五节　县域社会保障高质量发展 / 216
　　第六节　县域民生高质量发展金融服务 / 219
　　第七节　县域民生高质量发展评价 / 222

第八节　本章小结 / 240

第七章　县域高质量发展综合评价 / 242
　　　第一节　综合评价指标体系设计 / 242
　　　第二节　综合评价模型构建 / 246
　　　第三节　综合评价模型实证分析 / 250
　　　第四节　综合评价模型检验 / 257
　　　第五节　本章小结 / 270

第八章　结论和展望 / 272

参考文献 / 274
附录：人民群众获得感、幸福感、安全感调查表 / 278

第一章 县域发展概述

自春秋战国时期设郡置县以来,县域作为国家治理体系的基础组成部分,在我国已经存续近3000年。在近3000年的历史长河中,县域在维护国家稳定、发展地方经济、传承繁荣文化等方面发挥了重要作用,正所谓"郡县治,天下安"。

第一节 新中国成立前县域发展

一、先秦时期

中国以县为域,最早可追溯到春秋战国时期。县域的演进大致经历了县鄙之县、县邑之县、郡县之县三个发展阶段。西周时代,县通"悬",意为悬于边地、距离国都较远的区域,是谓"县鄙之县"。春秋时期,诸侯国之间互相征伐,国君将征伐过程中被灭之国的土地封赐给卿大夫作为世禄田邑,此为"县邑之县"。到春秋末期,随着诸侯国之间的相互征伐和土地兼并分封,县域逐渐演变成为诸侯自有领土,诸侯在县域任命县官,县官有民无土、不能世袭,标志着"县邑之县"正式向"郡县之县"转变。郡县之县,从体制上确保了诸侯国可以广泛动员人力、财力、物力投入战争,因此逐步在诸侯国得到推广,也为后期郡县制度的成熟奠定了基础。

二、秦汉时期

县虽始于春秋战国,但成于秦。秦始皇统一中国后废除分封制度,分疆土为三十六郡,在郡下设县,直接任命郡守与县令,同时在少数民族聚居的偏远地区设置与县行政级别相同的"道"。汉承秦制,基本沿用了秦朝的郡县行政管理体制,不同的是汉朝初期在推行郡县制的同时推行封国制,两种制度并存。汉武帝时期实行"推恩令",大幅削弱诸侯的封国范围,分全国为十三州,设刺史进行监督,进一步强化了中央集权。东汉末年,汉灵帝改刺史为州牧,形成州、郡(国)、县三级行政管理体制。

秦汉时期是中国县域初步发展阶段。在经济方面,全国的货币、文字与度量衡实现统一,铁器普及,牛耕推广,水利兴建,陆海两条"丝绸之路"相继成型①,县域手工业经济、商业经济开始出现,社会生产力得到发展。在治理方面,县府承担征税纳粮、教化百姓、劝民农桑、赈济灾荒、交通营造以及司法治安等职能。在文化方面,秦朝开始在县域设置地方官学——"学室",在汉朝"独尊儒术"的文化背景下,官办学校以教授儒家经典为主,培养了一大批以儒生为代表的地主阶级知识分子,逐渐成为封建官僚机构官吏的最主要来源。

三、三国两晋南北朝时期

东汉末年,黄巾起义爆发,华夏大地群雄割据,中国进入政权更迭频繁的三国两晋南北朝时期,但是东汉时期确定的州郡县三级行政管理体制仍然得以保留。三国时期,曹魏、蜀汉、孙吴三个政权共设置17个州、167个郡、1206个县。西晋结束群雄割据局面后,在全国设置19个州、173个郡(国)、1232个县。西晋永嘉之乱爆发后,中国先后经历东晋十六国和南北朝时期,州县管理范围和职权出现调整。到南北朝后期,南梁共有23个州、226个郡、1300个县,北周共有221个州、508个郡、1124个县。

三国两晋南北朝时期,虽然南北分裂、战乱频繁,但县域经济社会仍然得到发展。在经济方面,北方大量人口南迁,为南方带去了先进的农业技术,提供了大量的劳动力,带动了南方手工业和商业的发展。南方部分县域出现两季稻,太湖、洞庭湖、鄱阳湖所在地区和成都平原成为当时重要的产粮区。同时,北方县域则出现了各民族大融合,游牧文化和农耕文明相互影响,冶金等产业得到较快发展。在治理方面,晋制提出"不经宰县,不得入为台郎"②,更加重视官员基层经验,为县域管理制度进一步发展奠定了基础。在文化方面,官学系统陷入低谷,私塾成为普通百姓接受教育的主要

---

① 考古专家王巍认为,陆上丝绸之路始于史前时期,西汉汉武帝派张骞出使西域后,形成了大规模的、持续的、官民结合的交流。海上丝绸之路则是产生于秦汉时期。

② 资料来源:(唐)杜佑《通典》卷33《职官十五·县令》,中华书局1988年版,第918页。

途径，生徒聚于一堂听师讲解和问难答疑的方式提升了教育普及水平。佛教等外域文化开始传入中国，国内胡汉各民族融合，推动文化向多元化方向发展。

四、隋唐宋时期

隋朝建立后，隋文帝废除诸郡，实行以州领县的二级行政管理体制。隋炀帝时，改州为郡，全国共设190个郡、1255个县①。唐玄宗时期设置道、州（府）、县三级行政管理体制，到公元741年，全国共有15个道、328个州（府）、1573个县。安史之乱后，节度使割据一方，所辖区域称为"镇"，进而形成镇、州、县三级行政管理体制。宋循唐制，宋太宗在全国设置13个道行使监察职责，后废道改路，逐步发展为路、州、县三级行政管理体制。到公元1122年，全国共有26个路、254个州、1234个县②。

隋唐宋时期，县域经济、社会、文化得到进一步发展。在经济方面，隋初轻徭薄赋，唐朝劝农重本，宋朝则在王安石变法期间大修水利，促进了县域农业的发展。隋唐大运河的开通、道路系统的完善以及海陆并通的对外交往，为县域商品经济发展提供了基础，带动了县域纺织、陶瓷、造纸、制茶、冶铁等手工业的发展。"柜坊"（借贷）、"飞钱"（汇兑）、"交子"（纸币）等金融创新相继出现。在治理方面，对县级官员管理更为细化，县吏有了任期规定，官员之间相互监督制约的制度形成。肇始于隋的科举制度促进了"官绅同源"，科举未第的读书人和返乡的退休官员形成士绅阶层参与社会治理，县域"官绅共治"特点愈加明显。在文化方面，随着科举制度的普及，县域教育体系进一步完善，县域既有官方设置的学校，也有起于唐兴于宋的民间私立书院，在一定程度上推动了教育发展。

五、元明清时期

元灭南宋后，为加强对全国的管理，开始建立行省制度，形成以行省为一级行政区，路、府、州为二级行政区，县为三级行政区的行政管理体制。明朝废除"路"这一级行政区，实行省—府（州）—县为主的行政管理体制。清朝沿袭明朝制度，将行政区划层次明确为省—府（直隶州、直隶厅）—县

---

① 资料来源：资治通鉴·隋纪·隋纪五。
② 资料来源：宋史·地理志。

（散州、散厅）三级行政管理体制，到清末全国共设 23 个省、358 个府（直隶州、直隶厅）、1617 个县（散州、散厅）。

在中国封建社会最后一个阶段的元明清时期，经历了两千多年洗礼的县制在实践中日臻完善。在经济方面，农业生产逐渐强化，新式农具、农肥和灌溉技术得到推广，北方小麦、南方大米的亩产分别突破 150 斤、300 斤，县域商品经济得到发展，江南地区部分县域出现资本主义萌芽。在治理方面，元朝推行的村社制对后世村社组织影响较大，清朝将里甲、保甲作为法定基层组织。同时，以家庭血亲关系为核心的宗族组织普遍建立，不少宗族的成员达到上千丁，宗族与政权彼此合作利用进一步加强，成为重要的社会自治组织。在文化方面，私塾与家教制度逐步成为中国传统教育体系中重要的一环。洋务运动后，"中学为体，西学为用"的思潮在一定范围内得到传播，在一定程度上促进了县域中西文化交融。

六、民国时期

1912 年，清朝灭亡，民国建立，地方行政区划设置沿袭前制。1913 年 1 月，北洋政府推行省、道、县三级行政管理体制。到 1920 年，全国共有 22 个省、92 个道、2108 个县。1927 年南京国民政府成立后，根据孙中山建国大纲，以县为自治主体，在全国废除道一级的行政管理层级，实行"省直管县"的行政管理体制。到 1947 年末，全国共设有 2016 个县。

民国时期，在帝国主义、封建主义、官僚资本主义"三座大山"压迫下，县域经济社会发展缓慢。在经济方面，县域产业以农业和手工业为主。1936 年，全国工农业总产值 306 亿元[①]，其中农业总产值为 199 亿元，占全部总产值 65.03%。在治理方面，县级行政组织中开始出现现代化元素，公务人员、司法警察逐步代替幕友胥吏、家丁差役，县级政府的职能更加完善。在文化方面，新文化运动和五四运动推动了民主和科学思想的传播，促进了县域文化的发展和进步，新式学堂在沿海地区的部分县域建立并逐步推广。

新中国成立前的行政组织架构如图 1-1 所示。

---

① 按 1936 年国民政府中央银行当时发行的货币价值计算统计。

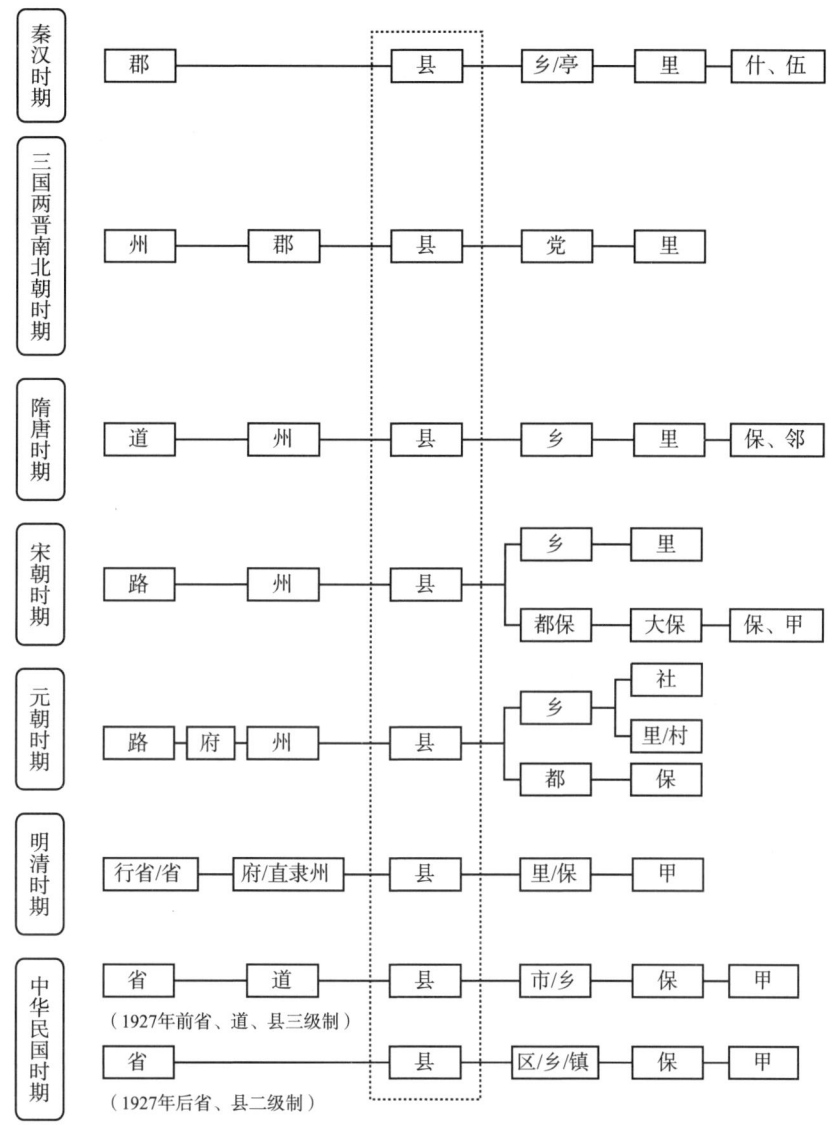

图 1-1 新中国成立前的行政组织架构

第二节 新中国成立后至改革开放前县域发展

一、新中国成立到社会主义基本制度确立时期

1949年中华人民共和国成立，彻底结束了我国半殖民地半封建社会的历

史,中国人民从此站起来了,中国相继进入新民主主义社会和社会主义社会。随着社会主义政治制度以及经济制度在县域的建立,县域经济社会得到较快发展。

1. 社会主义政治制度在县域建立

新中国的建立,彻底结束了近代100多年以来中国积贫积弱、受人欺凌的悲惨命运,劳动人民成为国家、社会和自己的主人。1954年通过的《中华人民共和国宪法》正式将人民代表大会制度作为国家根本政治制度,到1956年末,全国2082个县级行政区均成立了县级人民代表大会。

2. 县域经济实现较快发展

新中国成立时面临严重的财政困难,1949年财政赤字占总支出的65.80%,多数县域出现财政收支失衡。在国家的统一调度和周密部署下,县域以发展生产为中心,基本实现了物价稳定和财政经济统一。1950年6月开始的农村土地改革,彻底废除了除西藏和港澳台地区外的封建土地制度,全国3亿多农民分到土地约7亿亩,实现了"耕者有其田"。1953~1956年对农业、手工业和资本主义工商业进行社会主义改造,各种类型的农业合作组织成为农村最基本的生产经营单位(如表1-1所示),统一生产、统一分配、共同劳动的社会主义生产分配模式基本建立,进一步解放和发展了社会生产力。到1956年末,全国经济总量突破1000亿元,其中农林牧渔业增加值合计达到447.8亿元,工业增加值合计达到225.2亿元,粮食产量合计达到19275.6万吨。

表1-1　　　　1953~1956年互助组、初级社与高级社发展情况

年份	互助组个数(万个)	互助组农户数占农户总数比例(%)	初级社个数(万个)	初级社农户数占农户总数比例(%)	高级社个数(万个)	高级社农户数占农户总数比例(%)
1953	745	39.30	2	0.21	—	—
1954	993	58.46	11	1.93	0.02	0.02
1955	715	50.72	63	14.27	0.05	0.01
1956	8.5	0.91	69	8.69	31	89.23

3. 县域社会事业革故鼎新

在全国范围内开展禁绝娼、毒、赌运动,县域社会环境得到净化,新

的社会道德规范建立起来。县域教育事业得到发展，民族的、科学的、大众的教育理念得到普及，县域文盲比率实现逐年下降。社会主义文化不断繁荣，马克思主义成为意识形态主流，为工农兵服务的县域文艺事业取得成果。

二、社会主义建设的探索和发展时期

1. 县域经济获得一定发展

第一个五年计划期间，新增加固定资产投资460亿元，相当于1952年末全国固定资产总额的1.9倍，鞍山钢铁、中国一汽、武汉长江大桥、青藏公路等一大批重点项目顺利建成投产运行。到1957年末，全国工农业总产值达到1241亿元，比1952年增长67.84%；农民人均纯收入73元。第一个五年计划顺利结束后，县域经济发展进入艰辛探索和曲折发展时期，在曲折前进中得到一定发展。到1978年末，全国农林牧渔业增加值达到1027.5亿元，较1956年增长129.46%；工业增加值达到1621.4亿元，是1956年的7.2倍；粮食产量突破3亿吨，接近1956年的1.6倍。具体如表1-2所示。

表1-2　　　　　　　　1956~1978年农业经济主要指标

类别	1956年	1960年	1964年	1968年	1972年	1976年	1978年	1978年比1956年增长（%）
粮食（万吨）	19275.60	14385.70	18088.70	20906.00	24048.00	28630.50	30476.50	58.11
棉花（万吨）	144.52	106.29	166.27	235.43	195.82	205.55	216.70	49.94
油料（万吨）	506.90	194.05	336.87	343.24	411.83	400.86	521.79	2.94
糖料（万吨）	1030.06	985.49	1346.48	1249.57	1873.87	1956.29	2381.87	131.24
水产品（万吨）	265.00	304.00	280.00	271.00	384.00	448.00	465.45	75.64

2. 县域治理体制发生变化

在"大跃进"时期，县以下设人民公社，人民公社下设生产大队、生产队，形成"三级所有、队为基础"的行政管理体制。到1978年末，全国共设立2138个县级行政区，包括2011个县、65个自治县、53个旗、3个自治旗、3个特区、2个山、1个镇。全国共有社队企业150万家，农村工人2800多万人、占农村劳动力的 9.5%，94.7% 的公社和 78.4% 的大队都有工业企业，近 30% 的公社和大队收入都来自社队企业。

3. 县域社会事业稳步发展

县域逐步建立起农技站、农机站、水利站、兽医站、文化站、广播站、卫生站（所）等服务于农业农村农民的"七站八所"①，在经济、民生、文化等方面发挥了重要作用。截至 1978 年末，全国普通初中在校学生 4995.2 万人，普通小学在校学生 14624.0 万人。医疗卫生机构数 169732 个，床位数 204.17 万张，卫生技术人员数 246.39 万人。公共图书馆 1218 个，文化馆（站）6893 个，博物馆 349 个。

第三节　改革开放后至十八大前县域发展

一、改革开放和中国特色社会主义开创时期

1978 年，党的十一届三中全会召开，拉开了中国改革开放的序幕，中国县域发展进入了一个新的阶段。

1. 县域经济快速发展

1980 年，发端于安徽省凤阳县小岗村的家庭联产承包责任制在全国得到普遍推广，包产到户、包干到户的政策打破了分配中的"吃大锅饭"现象，有效调动了农民生产积极性，农业经济快速发展。1985 年开始，乡镇企业异军突起，到 1992 年末，全国乡镇企业达到 2092 万家，总产值 17975 亿元，是 1978 年的 36.5 倍。随着经济体制改革的深化，县域经济建设取得较大进步，到 1992 年末，全国农林牧渔业增加值合计达到 5866.2 亿元，是 1978 年的 5.7 倍；工业增加值合计达到 10340.2 亿元，是 1978 年的 6.4 倍，其中轻工业占工业总产值比重达到 46.6%，较 1978 年上升 3.5 个百分点（如图 1-2 所示），粮食产量合计达到 44266 万吨，较 1978 年增长 45.24%。

---

① 七站八所，是指县级行政区及上级部门在乡村的派出机构，"七"和"八"为概指，并非确数，且部分机构是陆续建立的。相对完整的理解是：七站包括计生站、农机服务站、广播文化站、畜牧兽医站、林业站、农技站和客运站；八所包括派出所、土管所、工商所、财政所、司法所、供电所、税务所和民政所。

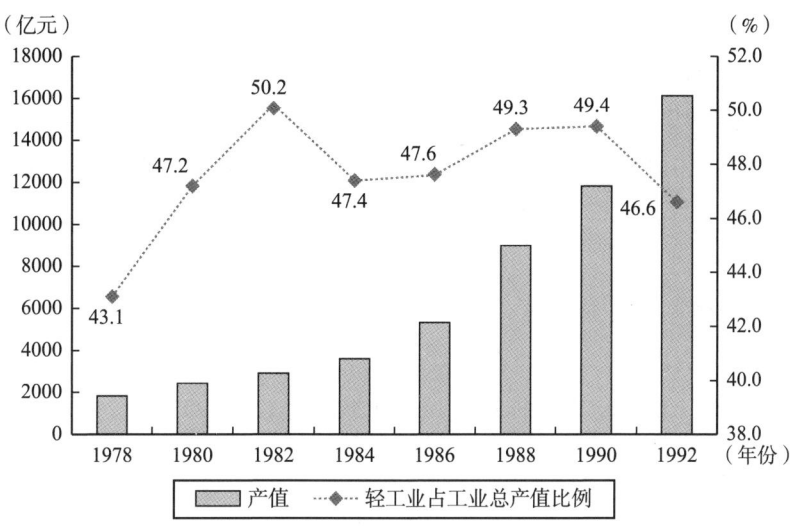

图1-2 1978~1992年轻工业产值及占比

2. 县域政治制度恢复健全

党的十一届三中全会召开后,人民代表大会制度得到恢复和发展,县人民代表大会选举工作全面铺开。到1981年末,全国2756个县级行政单位恢复建立了人民代表大会制度。1983年,行政管理制度改革在县域全面展开,到1985年末,人民公社被废除,建立起9.2万个乡镇(含民族自治乡)。

3. 县域社会事业持续发展

截至1992年末,全国普通初中在校学生4065.9万人,普通小学在校学生12201.3万人。医疗卫生机构数1001310个,床位数304.90万张,卫生技术人员数407.40万人。公共图书馆2558个,是1978年末的2.1倍;文化馆(站)9564个,是1978年末的1.39倍;博物馆1106个,是1978年末的3.17倍。

二、社会主义现代化建设全面深化时期

1992年,党的十四大提出建立社会主义市场经济体制,社会主义市场经济成为中国经济发展的总引擎,中国特色社会主义和社会主义现代化建设全面深化,县域经济社会进入快速发展时期。

1. 县域经济加快发展

2012年全国国内生产总值达到53.7万亿元,是1992年的19.7倍;农村

居民人均纯收入8389元，是1992年的10.7倍。国民经济三次产业占比结构由1992年的21.3∶43.1∶35.6，演变为2012年的9.1∶45.4∶45.5，其中第一产业占比较1992年下降12.2个百分点。国家逐步实施推广分税制改革，建立起中央税收和地方税收两套管理机制，为发挥财政的宏观调控作用奠定了基础。2006年1月，实行了2600多年的农业税全面废除，为农业发展创造了有利的政策环境。

2. 政治体制改革持续深化

党的十四大以后，党中央国务院就农村基层组织建设、城市社区建设出台了一系列政策，积极稳妥地推进县域民主政治建设。1995年，第八届全国人大常委会通过修改选举法和地方组织法两个决定，缩小了农村与城市每一名代表所代表人口数的比例差距，简化了选民直接选举县乡两级人大代表的程序，对完善县级人民代表大会制度具有重要意义。1999年，地方政府机构改革正式启动，对政府机构进行精简，干部结构更加优化，办事效率大幅度提高。

3. 县域社会事业蓬勃发展

截至2012年末，全国普通初中在校学生4763.1万人，比1992年末增加697.2万人；普通小学在校学生9695.9万人。医疗卫生机构数950297个；床位数572.48万张，比1992年末增加267.58万张；卫生技术人员数667.55万人，比1992年末增加260.15万人。公共图书馆3076个，比1992年末增长20.25%；文化馆（站）43876个，比1992年末增长358.76%；博物馆3069个，比1992年末增长177.49%。参加城镇基本医疗保险的农民工4996万人，2566个县域开展了新型农村合作医疗工作，新型农村合作医疗参合率98.1%。

第四节 十八大后县域发展

党的十八大以后，中国特色社会主义进入新时代，以习近平同志为核心的党中央团结带领全党全国各族人民如期全面建成小康社会、实现了第一个百年奋斗目标，开启全面建设社会主义现代化国家、全面推进中华民族伟大复兴新征程。在此过程中，中国县域高质量发展进入快车道，县域高质量发展取得了历史性成就、发生了历史性变革，为中国式现代化建设新征程奠定了强大而坚实的基础。

一、县域经济发展实现量增质升

县域经济实力实现历史性跃升，2012~2020年，县均GDP从188亿元上升到354亿元，GDP超过千亿元的县域数量从46个上升至207个。县域经济发展的创新性、协调性、绿色性、开放性、共享性持续增强，新产业新业态新模式经济在县域蓬勃发展，常住人口城镇化率提升了11.3个百分点，中部、西部地区县域GDP年均增速均快于东部，县域单位GDP能耗平均每年下降3%以上，货物和服务贸易总额累计提升20%以上，居民人均可支配收入增长近1倍。具体如图1-3所示。

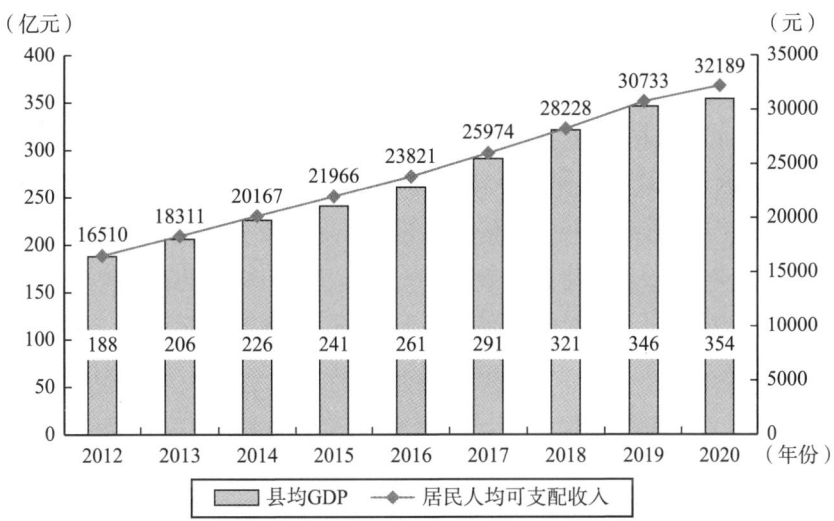

图1-3 2012~2020年县域主要经济指标发展情况

二、县域生态文明建设取得卓越成就

在"绿水青山就是金山银山"的理念指引下，广大县域纵深推进蓝天、绿水、净土保卫战，越来越多的县域展现出天蓝地绿水清的亮丽新景象。到2020年，生态质量为"优"和"良"的县域数量占比合计达到65%（如图1-4所示），北京市门头沟区等242个县域被评为生态文明建设示范县。城乡人居环境更加美丽，城镇人均公园绿地面积达到14.8平方米，农村卫生厕所普及率超过68%。简约适度、绿色低碳、文明健康的生活方式逐渐成为社会新风尚，县域经济社会发展全面绿色转型的步伐愈加坚定。

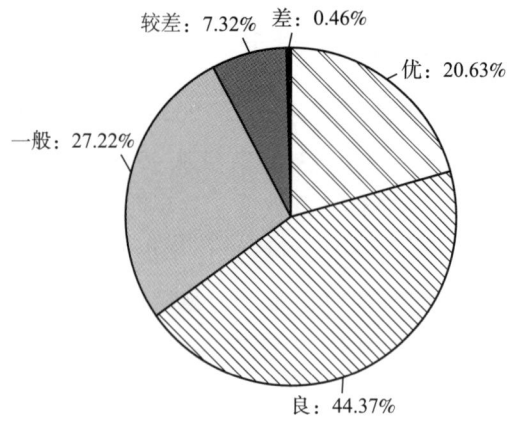

图1-4 2020年县域生态质量情况

三、县域文化事业实现跨越式发展

到2020年，建起2817个新时代文明实践中心、3.8万余个新时代文明实践所、58万余个新时代文明实践站，覆盖县乡村三级。融媒体中心实现县级全覆盖，平均每个县域公共图书馆数量和博物馆数量分别达到1.13个和1.92个（如图1-5所示），4万多个文化馆（站）、57万余个村级综合性文化服务中心在城乡广泛分布。人民群众对文化生活的需求得到更多满足，文化自信明显增强。

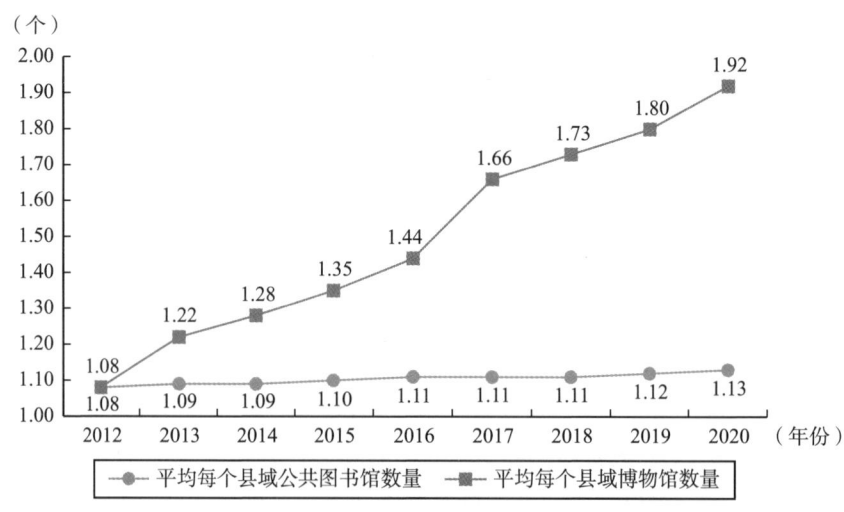

图1-5 2012~2020年县域公共图书馆、博物馆发展情况

四、县域治理现代化水平迈上新台阶

社会治理体系不断完善,党组织领导的自治、法治、德治相结合的城乡基层治理体系不断健全,社会治理重心向基层下移。2020年,全国刑事案件立案数量、治安案件查处数量分别较2012年下降27.03%、41.97%(如图1-6所示),人民群众对扫黑除恶专项斗争成效评价为"满意"和"比较满意"的合计达到95.7%。新时代"枫桥经验""浦江经验"全面学习推广,社会矛盾纠纷多元预防调处化解综合机制得到建立完善,2020年民间纠纷调解数量较2012年下降11.55%。全面依法治国有序开展,办事依法、遇事找法、解决问题用法、化解矛盾靠法的法治良序逐步形成。

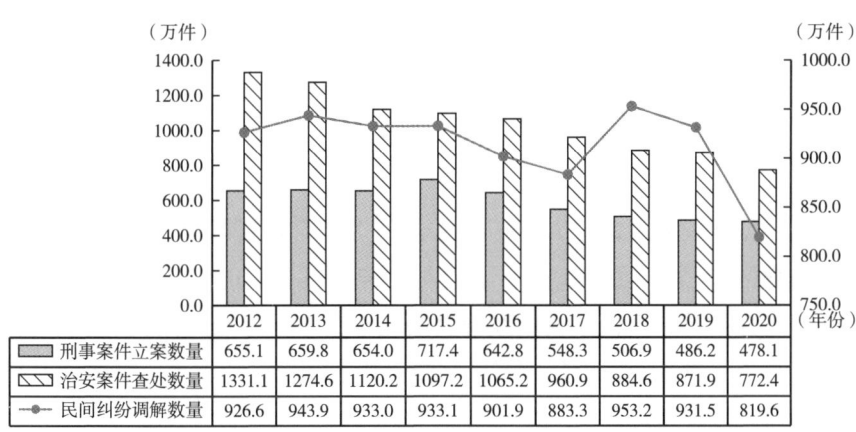

图1-6 2012~2020年县域刑事治安案件以及民间纠纷调解情况

五、县域民生实现全方位改善

脱贫攻坚圆满收官,832个贫困县全部摘帽,9899万农村贫困人口全部脱贫。县域民生事业实现高质量发展,到2020年末,九年义务教育巩固率达到95.20%,县域基本医疗保险、基本养老保险参保人数分别达13.6亿人、10.0亿人(如图1-7所示),累计改造棚户区住房4200余万套,改造农村危房2400余万户,人民群众的获得感、幸福感、安全感更加充实、更有保障、更可持续。

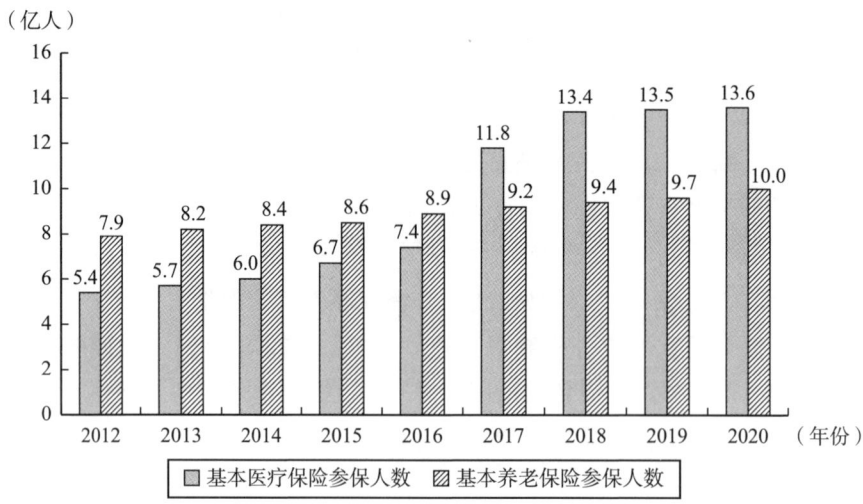

图1-7 2012~2020年县域基本医疗、养老保险参保人数

第五节 A省县域发展

作为数据样本来源地的A省历史文化悠久、自然资源丰富。截至2020年末,有市辖区55个、县级市18个、县(含自治县)110个。该省以国家主体功能区战略为指导,出台《县域经济发展先进县考评办法》,将县域分为城市主城区、重点开发区、农产品主产区和重点生态功能区四大类。总体看,全省县域发展呈现以下特点:

一、地理特征

A省位于我国大陆地势第一、二级阶梯过渡带,海拔落差覆盖从最高处的7500多米到最低处的280多米,包括除海洋和沙漠以外的多个地理单元,形成了相对丰富的地形地貌特点。县域地貌大致可以分为平原、台地、丘陵、山地4类,分别占全省面积的5.93%、3.52%、11.03%、79.52%。

二、人口规模

2020年,全省常住人口为8371万人。其中,城镇人口4748.9万人,乡村人口3622.1万人。县域平均常住人口45.7万人,比全国平均水平少3.9万人。常住人口最多的县域有266万人,最少的有2.5万人。常住人口超过100

万人的县域有 10 个，50 万~100 万人的有 55 个，10 万~50 万人的有 87 个，少于 10 万人的有 31 个（如图 1-8 所示）。

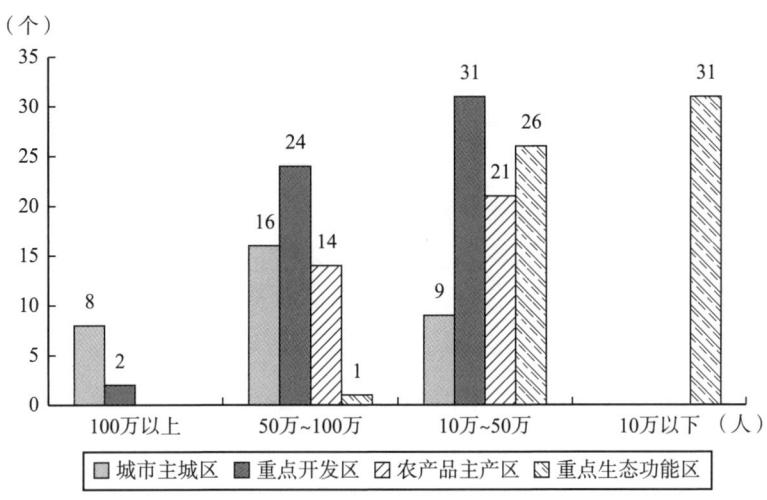

图 1-8　2020 年四种类型县域常住人口数量分布情况

三、能源资源

全省能源资源以水能、天然气为主，具有典型的"水多气丰、缺煤少油"特点。2020 年，县域平均水资源 17.7 亿立方米，比全国平均水平多 6.6 亿立方米。县域共发现天然气资源储量 7.2 万亿立方米，约占全国天然气资源总量的 19%，主要分布在东部、南部、西北部的若干县域。2021 年，煤炭资源县均保有量为 6704.9 万吨，比全国平均水平低 604.7 万吨，其中南部地区 17 个县域的煤炭探明储量占到全省 70% 以上。

四、经济发展

2020 年，县域 GDP 均值 265.6 亿元，为全国平均水平的 75.11%；县域人均可支配收入 26522 元，比全国平均水平少 5667 元。全省有 40 个现代农业林业畜牧业重点县，产业结构虽然逐步升级为"三二一"，但第一产业增加值在 GDP 中占比始终维持在 10% 以上，44.26% 的县域第一产业增加值占比在 20% 以上。2020 年，GDP 超过 1000 亿元的县域有 10 个，500 亿~1000 亿元的有 9 个，300 亿~500 亿元的有 34 个，100 亿~300 亿元的有 70 个，小于 100 亿元的有60个；共有12个县域入列全国百强县、百强区①。

五、社会事业

2020年，县域平均中小学校数量为57.6个，其中城市主城区、重点开发区、农产品主产区、重点生态功能区平均中小学校数量分别为63.8个、62.2个、82.3个、34.8个。全省共有文化资源157.5万个，分布在中部、南部、东北、西北、西南5个文化区（如表1-3所示）。县域平均文化馆、图书馆数量均为1.13个，基本与全国平均水平一致。县域平均医疗卫生机构459.5个，其中城市主城区、重点开发区、农产品主产区、重点生态功能区平均医疗卫生机构数量分别为564.9个、534.8个、638.5个、217.6个。

表1-3 2020年县域文化资源区域分布

区域	涉及县域数量（个）	文化资源（万个）	占比（%）
中部文化区	68	108.5	68.89
南部文化区	28	16.8	10.67
东北文化区	34	20.8	13.21
西北文化区	31	6.9	4.38
西南文化区	22	4.5	2.85

---

① 根据2021年全国县域经济百强县百强区榜单发布结果，2020年A省有2个全国百强县、10个全国百强区。

第二章　县域经济高质量发展

县域经济高质量发展，是实现质的有效提升和量的合理增长的发展，构成了生态、文化、治理、民生高质量发展的物质基础。推动县域经济高质量发展的关键是建立现代化产业体系，同时强化基础设施、科技创新、营商环境、金融服务等配套支撑，提升产业链供应链韧性和安全水平。

第一节　县域经济高质量发展概述

一、县域农业发展

1. 农业综合生产情况

A省是农业大省，目前已形成粮油、生猪、茶叶、蔬菜等优势特色农业产业。2020年，第一产业增加值5556.6亿元，粮食总产量3527.4万吨，肉猪出栏5614.4万头，茶叶产量34.4万吨，蔬菜产量4813.4万吨，农业综合生产实力居全国前列。其中，35个农产品主产区第一产业增加值合计1665.0亿元，占全省的29.96%；粮食产量合计1248.8万吨，占全省的35.40%。

2. 现代农业园区建设

自2017年以来，全省加快推进现代农业园区建设。截至2020年末，创建国家级现代农业产业园711个、省级现代农业园区94个、市级园区364个、县级园区673个。现代农业园区平均农产品初加工率达75%，较2017年提升15个百分点。吸引各级农业产业化龙头企业1908户进驻园区，带动15732家农民专业合作社、13743家家庭农场共同发展。

3. 新型农业经营主体培育

截至2020年末，共有省级以上农业产业化重点龙头企业902家，农民专业合作社10.56万个，家庭农场16.6万家。省级重点龙头企业平均总资产规模超过7亿元、联结带动农户607.1万户。20个县域获批全国农民专业合作社质量提升整县推进试点单位,数量居全国前列。分布于55个县域的91家家庭农场入选该省第一批"10+1"① 中10个类型家庭农场典型发展模式案例。

4. 农村集体经济组织建设

截至2021年末,农村集体经济组织集体土地4.8亿亩,资产总额2397.8亿元,其中经营性资产448.0亿元,非经营性资产1949.8亿元,5年实现总收入140.9亿元。共有50401个农村集体经济组织在农业农村部门完成登记赋码发证,其中乡镇级65个、村级30316个、组级20020个。11个县域被认定为合并村集体经济融合发展试点先进县(市、区)。

5. 农田水利设施建设

截至2020年末,累计建成高标准农田4496万亩,占耕地面积比重44.6%,每亩粮食产量提升超80斤。2020年,平均每个县建设高标准农田2.3万亩(如图2-1所示),投入财政资金3391.3万元。农田有效灌溉面积299.2万公顷,占实有耕地面积的57.75%,其中35个农产品主产区耕地灌溉面积占实有耕地面积的42.13%,低于全省平均水平15.62个百分点。

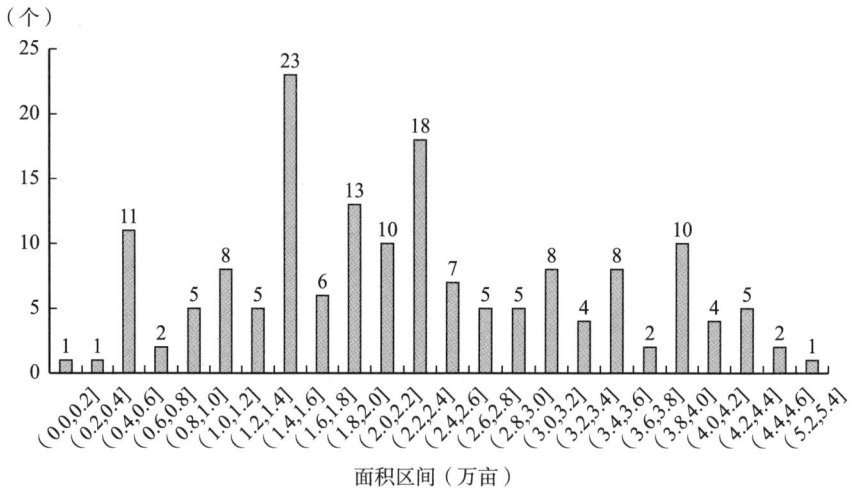

图2-1 2020年县域高标准农田建设面积区间分布

---

① "10",即面向家庭农场征集一批粮经复合型、种养循环型、设施装备型、科技示范型、加工营销型、质量品牌型、乡村民宿型、乡村美食型、健康疗养型、文化传承型10个类型的家庭农场典型发展模式。"1",即面向各地政府或职能部门征集一批推动家庭农场高质量发展的经验范例。

6. 农业科技创新

截至2020年末，农作物良种覆盖率97%以上，高出全国平均水平。但种业自主创新能力不强、企业竞争力弱，完成鉴定评价和开发利用的种质资源优异基因不足2%，比全国低8个百分点。机耕面积587.8万公顷，较2010年末增加368.8万公顷，增长168.36%，机耕面积呈明显上升趋势，但主要农作物耕种收综合机械化率[①]偏低，农业科技贡献率存在提升空间。

7. 农村产权制度改革

农村土地所有权承包权经营权"三权分置"改革有序推进，耕地流转率达40.5%。农村宅基地制度改革试点扩大到1市5县（市、区）。部分县域开展宅基地有偿退出和资本化运作改革试点。改革后，退出宅基地近1.9万亩，占闲置宅基地的58%，退出农户户均收益4.2万元。

二、县域工业发展

1. 工业整体发展情况

2011年，144个县域以第二产业为主导产业，占所有县域数量的79.56%[②]。其中，重点开发区中有53个县域第二产业增加值超过第一、第三产业，占重点开发区数量的96.36%，重点开发区三次产业结构为17.7∶56.2∶26.1，工业主导县域经济发展特点突出。2020年，47个县域以第二产业为主导产业，占所有县域数量的25.68%，较2011年下降53.88个百分点。其中，30个重点开发区第二产业增加值超过第一、第三产业，占重点开发区数量的52.63%，较2011年降低43.73个百分点，重点开发区三次产业结构演变为14.9∶41.6∶43.5，县域工业发展的空间和潜力仍然较大。具体如表2-1所示。

[①] 农作物耕种收综合机械化率指农作物机耕、机播、机收三项作业水平按4∶3∶3比例加权的和，是反映农业机械化程度的代表性指标。

[②] 2011年，A省县域数量181个。

表2-1　　　　　　　四种类型县域三次产业结构变化情况

县域类型	第一产业为主县域数量（个）		第二产业为主县域数量（个）		第三产业为主县域数量（个）		产业结构	
	2011年	2020年	2011年	2020年	2011年	2020年	2011年	2020年
城市主城区	0	0	27	9	6	24	5.2∶51.4∶43.4	3.7∶34.4∶61.9
重点开发区	1	0	53	30	1	27	17.7∶56.2∶26.1	14.9∶41.6∶43.5
农产品主产区	2	0	32	2	1	33	26.9∶47.9∶25.2	23.9∶32.2∶43.9
重点生态功能区	11	1	32	6	15	51	22.6∶49.3∶28.1	23.3∶29.0∶47.7

2. 规模以上工业企业发展

截至2020年末，规模以上工业企业15280家，数量居全国前列，实现营业收入46565.3亿元、利润总额3386.4亿元。重点开发区规模以上工业企业6774家，实现营业收入17423.6亿元，平均每家2.6亿元；城市主城区规模以上工业企业4991家，实现营业收入23079.0亿元，平均每家4.6亿元，约为重点开发区规模以上工业企业的1.8倍。具体如表2-2所示。

表2-2　　　　　　2020年四种类型县域规模以上工业发展情况

县域类型	规上工业企业		营业收入			利润总额		
	数量（家）	占比（%）	金额（亿元）	占比（%）	平均（亿元）	金额（亿元）	占比（%）	平均（亿元）
城市主城区	4991	32.66	23079.0	49.56	4.6	1649.8	48.72	0.3
重点开发区	6774	44.33	17423.6	37.42	2.6	1212.5	35.81	0.2
农产品主产区	2539	16.62	4699.5	10.09	1.9	413.6	12.21	0.2
重点生态功能区	976	6.39	1363.2	2.93	1.4	110.5	3.26	0.1
全省	15280	100.00	46565.3	100.00	3.0	3386.4	100.00	0.2

3. 优势工业产业发展

2020年，电子信息（不含软件）、装备制造、食品饮料、能源化工、先进材料等支柱产业实现营业收入36843.1亿元，比上年增长6.9%，增速比规上工业（5.5%）快1.4个百分点；实现利润总额2614.1亿元，比上年增长17.2%，增速比规上工业（13.4%）快3.8个百分点。具体如表2-3所示。

表2-3　　　　　　2020年五大支柱产业营业收入及利润情况

产业	营业收入（亿元）	增速（%）	产业	利润总额（亿元）	增速（%）
电子信息（不含软件）	6957.5	28.1	电子信息（不含软件）	191.9	44.3
装备制造	7327.8	2.3	装备制造	415.3	0.0
食品饮料	9067.7	5.4	食品饮料	1052.3	21.9
先进材料	6317.3	6.0	先进材料	313.5	24.8
能源化工	7172.9	-2.0	能源化工	641.2	12.8
全省	36843.1	6.9	全省	2614.1	17.2

4. 重点工业园区建设

2022年，建成首批33个重点特色园区，分布于31个县域，覆盖电子信息、装备制造、食品饮料、先进材料、能源化工和数字经济重点产业领域。2020年，重点特色园区实现营业收入1.7万亿元，占全省重点产业总营业收入的39.3%；累计建有403个省级以上创新平台、285个产学研用合作技术创新组织和286个省级及以上专业服务机构。

三、县域服务业发展

1. 服务业发展现状

自2015年起，服务业一直是全省第一大产业。2020年，服务业增加值25471.1亿元，占地区生产总值的52.41%。其中，城市主城区服务业发展水平领先，服务业增加值占比61.87%；重点开发区、农产品主产区和重点生态功能区服务业规模较小，占地区生产总值比重分别为43.50%、43.88%、47.41%，分别低于全省平均水平8.9个、8.5个、5.0个百分点。具体如表2-4所示。

表 2-4　　　　　2020 年四种类型县域服务业增加值占比分布

服务业增加值占比区间	城市主城区	重点开发区	农产品主产区	重点生态功能区	合计
(20%，25%]	0	1	0	0	1
(25%，30%]	3	1	0	1	5
(30%，35%]	1	9	0	3	13
(35%，40%]	1	14	8	5	28
(40%，45%]	2	13	11	5	31
(45%，50%]	5	10	12	12	39
(50%，55%]	5	5	3	10	23
(55%，60%]	6	3	1	8	18
(60%，65%]	2	0	0	7	9
(65%，70%]	1	1	0	4	6
(70%，75%]	3	0	0	3	6
(75%，80%]	0	0	0	0	0
(80%，85%]	2	0	0	0	2
(85%，90%]	2	0	0	0	2
均值（%）	61.87	43.50	43.88	47.41	52.41

2. 服务业产业体系建设

2020 年，商业贸易、现代物流、金融服务、文体旅游四大支柱型服务业增加值突破 1 万亿元，约占全省服务业增加值的 45%。以文体旅游产业为例，2019 年全省旅游总收入 11594.3 亿元，较 2015 年增加 5383.8 亿元；接待国内旅游人数 7.5 亿人次，占全国的 12.5%。30 余个旅游名县的文旅产业对当地 GDP 增长的贡献率已超过 25%。

3. 服务业市场主体培育

截至 2020 年末，共有各类服务业市场主体 619 万户，占全省市场主体户数的 89.1%。但与东部地区部分服务业强省相比，仍然存在较大差距。仅 10 户服务业市场主体进入"中国服务业企业 500 强"，且入围的服务业企业全部集中于省会城市的 4 个县域。

4. 服务业与制造业、农业融合发展

服务业与制造业融合方面，2017~2020年，累计评定184个省级服务型制造示范企业（项目、平台）。其中，数量最多的三个县域分别创建30个、15个和14个，"制造+服务"双轮驱动成效较好。服务业与农业融合方面，2020年，农林牧渔专业及辅助性活动增加值144.4亿元，占农林牧渔业增加值2.53%，低于全国平均水平1.6个百分点。具体如表2-5所示。

表2-5　2020年四种类型县域农林牧渔专业及辅助性活动

县域类型	农林牧渔业增加值（亿元）	第一产业增加值（亿元）	农林牧渔专业及辅助性活动增加值（亿元）	农林牧渔专业及辅助性活动增加值占比（%）
城市主城区	881.9	853.7	28.2	3.20
重点开发区	2445.8	2384.0	61.8	2.53
农产品主产区	1705.3	1665.0	40.3	2.36
重点生态功能区	668.0	653.9	14.1	2.11
全省	5701.0	5556.6	144.4	2.53

四、县域基础设施建设

1. 交通基础设施建设

截至2020年末，铁路营业里程5312千米，较2015年末增加870千米，县域平均铁路营业里程29千米；公路总里程39.4万千米，县域平均高速公路里程44千米；内河航道通航里程10540千米；共有颁证民用航空机场15个，其中年旅客吞吐量100万人次以上的通航机场3个，年货邮吞吐量1000吨以上的通航机场8个。

2. 水利工程建设

截至2020年末，共建成各类水库8289座，水库总库容620亿立方米。其中，52座大型水库年末蓄水总量485.1亿立方米，216座中型水库年末蓄水总量44.0亿立方米。

3. 新型基础设施建设

截至 2020 年末，已建成第四代移动通信（4G）基站 29.5 万个，5G 基站 3.6 万个；4G 网络实现全省行政村 100% 覆盖，5G 网络实现全省市（州）城区 100% 覆盖。建成数据中心 107 个，4 个县域获批国家级数字农业试点，5 个县域获批省级数字农业试点，国家级综合示范县建成县乡村三级电商（物流）服务站点分别达到 99 个、2323 个、11727 个。

五、县域科技创新驱动

2020 年，全省研发经费支出 1055.3 亿元，其中省会城市研发支出 551.4 亿元，占比 52.25%，超过其余市（州）研发经费支出总和。省会城市所辖的 20 个县域平均研发经费支出 27.6 亿元，是全省平均水平的 4.8 倍。2019～2022 年累计培育电气机械和器材制造、通用设备制造、软件和信息技术服务等领域国家级专精特新"小巨人"企业 350 家。其中，数量排名前三位的县域分别培育了 58 家、43 家和 22 家，但部分县域尚未实现国家级专精特新"小巨人"企业"零突破"。截至 2020 年末，有效发明专利拥有量突破 7 万件，较 2015 年末增长 145.2%；每万人拥有有效发明专利 8.4 件，为 2015 年的 2.4 倍。2020 年县域平均申请发明专利 123.8 件，标准差 360.3 件，县域之间申请发明专利数量存在较大差异，县域科技创新产出水平差异显著。

六、县域营商环境优化

2019～2021 年，开办企业环节从 5 个压缩至 1 个，耗时从 5.3 个工作日缩短至 0.5 个工作日，部分县域在开办企业、获得水电气、登记财产等方面效率已达到全国先进水平。截至 2021 年末，企业数约 229.6 万家，其中民营企业约 207.6 万家，约占企业总数的 90.42%。民营经济增加值 29375.1 亿元，占 GDP 的 54.55%，累计减税降费近 400 亿元。城市主城区企业存量达 145.7 万家，其中民营企业、外资企业分别为 134.0 万家、1.8 万家，企业数量大幅领先于其他类型县域。民营企业数量占比在四种类型县域均超过 85%。具体如表 2-6 所示。

表 2-6   2021 年末四种类型县域企业数量

县域类型	企业数量（家）	民营企业		外资企业	
		数量（家）	占比（%）	数量（家）	占比（%）
城市主城区	1457061	1340446	92.00	17715	1.22
重点开发区	524479	464525	88.57	3330	0.63
农产品主产区	208375	179509	86.15	898	0.43
重点生态功能区	106014	91400	86.22	382	0.36
全省	2295929	2075880	90.42	22325	0.97

七、县域金融服务发展

1. 银行业发展

截至 2020 年末，银行业金融机构数量共计 228 家，其中法人机构 178 家，省外机构一级分支机构 50 家。银行机构网点 14202 个，从业人员 184628 人。银行业金融机构资产总额 11.4 万亿元、负债总额 11.0 万亿元，均居全国前列。本外币存款余额 9.18 万亿元、贷款余额 7.1 万亿元，较 2015 年末分别增长 53.12%、84.84%。存贷比 77.34%，低于全国平均水平 4.4 个百分点。贷款余额排名前 10 的县域中，省会城市县域占据 6 席。其中，2 个县域贷款余额均突破 2300 亿元，而排名第 3 位的县域贷款余额 778.7 亿元，县域之间贷款规模差异较大。[①]

2. 保险业发展

截至 2020 年末，已开业保险公司 99 家。其中，产险公司 43 家，寿险公司 46 家，养老险公司 5 家，健康险公司 5 家。共有保险公司法人机构 4 家，各级保险分支机构 5214 家。2020 年，实现原保险保费收入 2273.6 亿元，全年共提供风险保障 227.3 万亿元，同比增长 90.7%。农业保险规模持续扩大，2020 年农业保险保费收入 33.0 亿元，同比增长 24.32%，为 1446.5 万户（次）农户提供风险保障 2169.9 亿元，向 257.6 万户（次）农户支付赔款 28.0 亿元。2017 年，35 个产粮大县纳入农业大灾保险试点范围；2021 年，41 个产粮大县被列为完全成本保险试点实施县；2022 年，76 个产粮大县全面开展三大粮食作物完全成本保险。具体如图 2-2 所示。

---

① 资料来源：中国县域统计年鉴（县市卷）2021。

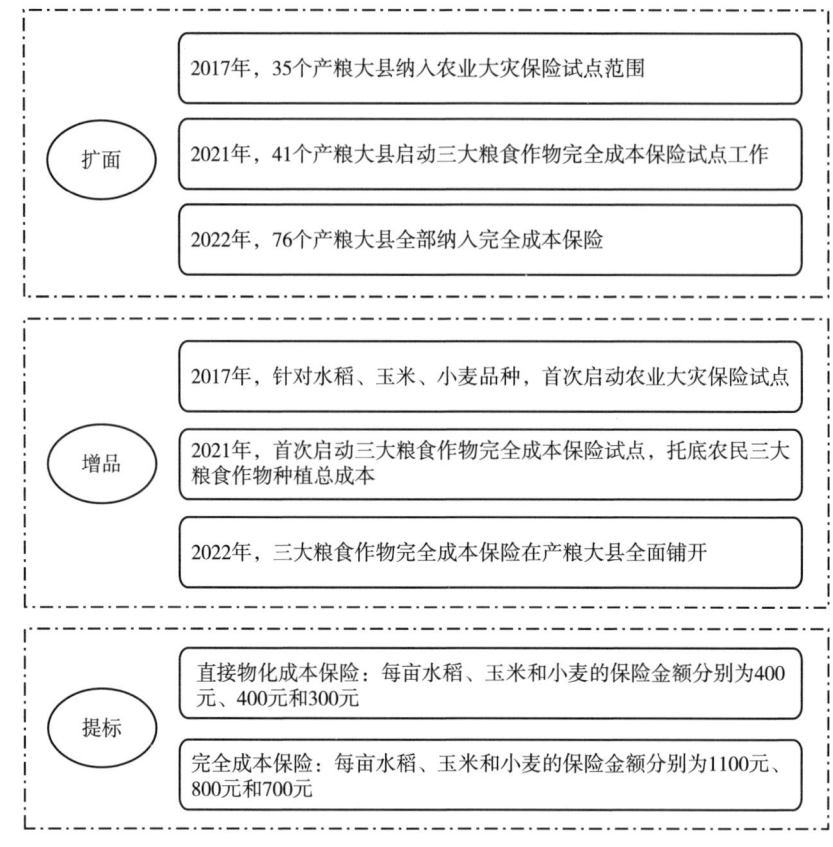

图 2-2 政策性农业保险落地情况

3. 证券业发展

截至 2020 年末,共有法人证券公司 4 家、法人期货公司 3 家、证券期货分支机构 552 家,证券期货机构数量居全国前列。但农产品期货发展仍在初始阶段,仅有生猪、鸡蛋、玉米等少数农产品纳入"保险+期货"试点。2020年,资本市场实现直接融资 4206.6 亿元,其中股权融资 294.9 亿元,交易所债券融资 3564.9 亿元;国内上市公司 136 家,其中涉农企业 3 家。2019~2022 年,累计发行乡村振兴专项债券 35 期,募集资金 243.8 亿元,利率普遍在 3%~4%,有效推动了现代农业园区、农村基础设施建设等农业农村领域重点项目发展。

第二节　县域农业高质量发展

一、因地制宜做强农业产业

1. *分区分类推进农业现代化示范区建设*

在持续推进农业产业发展过程中，综合考虑县域区位差异、资源禀赋，以及发展基础等因素，围绕粮食产业、特色产业、都市农业和绿色农业等门类，分区分类创建农业现代化示范区。聚焦稳粮保供，在平原地区等条件适宜区域创建以设施农业为主要特点的重要农产品现代化示范区。发挥特色产业优势，在产业集中度高、比较优势突出、特色鲜明的地区创建以农业园区集约发展和三次产业融合发展为主要特点的优势特色产业现代化示范区。围绕都市农业发展，在大中城市郊县等区域创建以农业数字化为主要特点的智慧农业现代化示范区。突出资源保护和环境友好，在丘陵山区、民族地区等区域创建以绿色农业为特点的生态农业现代化示范区。

2. *推进农产品加工业提质增效*

借助农业产业强镇、现代农业园区等产业集约度较高的载体，加大产地初加工设施配套建设力度，改善提升储藏、烘干、保鲜、包装等设备条件，推行产地初加工设备设施共建共享。围绕粮油、茶叶、白酒等优势特色产业，依托农产品加工园区建设，打造一批粮油、精制茶、酿酒等农产品加工产业集群，发挥农产品加工龙头企业辐射带动作用，放大农产品加工产业集聚效应，提升农产品加工质量。推动农产品加工企业能力提升和梯次培育，推动龙头企业参与农产品精深加工企业兼并重组，培育一批农产品加工领域领军企业、高新技术企业、科技型中小企业。

3. *加快农村新产业新业态发展*

推行"产业园区+田园景区+新型社区"三区同建，建设高品质农业主题公园、休闲观光园区、生态康养基地等，打造休闲农业和乡村旅游精品工程，拓展农业多种功能，挖掘乡村多元价值。利用自然、人文等资源优势，培育壮大共享经济和创意农业，在县域投资兴办博览会展、文化创意等环境友好型企业，推动形成专业化的中小微企业集聚区，带动乡村作坊、家庭工厂等经营主体发展。加快完善县乡村电子商务和快递物流配送体系，优化农村电子商务公共服务中心功能，引导特色农产品主产区在第三方电子商务平台开设地方特色馆，打造农产品网络品牌。有序引导城市资本到乡村投资，创新休闲农业、乡村旅游等融合发展模式，培育具有乡土特征和乡村风情的产品产业。

二、系统推进现代农业园区建设

1. 健全现代农业园区梯次发展体系

优化完善国家级、省级、市级、县级现代农业园区梯次发展体系，构建以国家现代农业产业园为引领、省星级现代农业园区为主导、市县级现代农业园区为基础、覆盖优势特色产业的现代农业园区体系。推动各层级现代农业园区补短板、强弱项、上台阶，加大国家现代农业产业园创建和省星级现代农业园区培育力度，扩大现代农业园区连片发展规模，提升现代农业园区产业化水平和辐射带动能力。建立健全集现代农业园区规划、建设、运营为一体的体制机制，严格省星级现代农业园区考核认定标准和流程，加强现代农业园区运行监测，完善"升星、降星、摘牌"的动态管理和激励约束机制。

2. 优化完善合作保障机制

构建更加稳定的利益联结机制，把联农带农实际效果作为园区企业享受优惠政策的重要条件，通过龙头企业与园区内的小农户、家庭农场、农民专业合作社组建产业化联合体，引导农民以产权、资金、劳动、技术等要素与入园经营主体开展多种形式合作。建立村集体通过集体资产量化入股等形式参与园区建设的合作模式，促进农民、村集体与园区主导产业同步发展壮大。建立企业、科研院所、集体经济组织、农户家庭、社会个人共同参与的多元投入机制。充分发挥财政资金撬动作用，根据丘陵、平原、山地等不同地域给予园区差别化奖补支持，优化完善政策支持体系。探索建立多种形式的市场价格风险保障机制，提高入园经营主体抵御风险的能力，进一步增强企业与农户合作的稳定性。

三、大力培育新型农业经营主体

1. 加快培育发展家庭农场

推介一批易推广、能复制的家庭农场典型案例，开展家庭农场高质量发展整县推进试点。优先将无家庭农场的行政村、村民小组作为培育工作的主要对象，重点扶持家庭农场引进新技术、新装备。培养具有大专以上学历的青年农场主，提高家庭农场经营者素质，提升家庭农场发展能力、发展质量和规范化管理水平。对具备条件的地区，引导以家庭农场为主要成员组建农民专业合作社，整合资源开展农业全产业链服务。依法保障家庭农场用地需求，加大家庭农场资金扶持力度。

2. 提高农民专业合作社规范运营水平

引导农民专业合作社立足自身实际、结合当地资源禀赋，带动成员开展连片种植、规模饲养，因地制宜发展乡村产业。推动农民专业合作社加强农产品初加工、仓储物流、技术指导、市场营销等关键环节能力建设，拓宽农民专业合作社服务领域，由种养业向生产、加工、销售一体化拓展。引导农民专业合作社与其成员、周边农户建立紧密的利益联结关系，成员可通过实物、土地经营权、林权等能够依法转让的非货币财产作价出资。引导农民专业合作社带动小农户发展，推动小农户与农民专业合作社建立公平合理的收益分成、资产入股等利益联结机制。从财政项目、用地用电等方面加大对农民专业合作社支持力度，强化指导服务。建立健全县乡农民专业合作社辅导员队伍，开展农民专业合作社相关法律法规教育宣传，为促进农民专业合作社规范发展营造良好环境。新型农业经营主体提升措施如表2-7所示。

表2-7　　　　　　　　　　新型农业经营主体提升措施

措施	具体内容
完善基础制度，提升规范运营水平	建立农民合作社规范管理长效机制； 健全农民合作社财务和会计制度； 建立家庭农场"一码通"管理服务机制； 建立家庭农场规范运营制度； 建立健全新型农业经营主体指导服务体系
加强能力建设，增强支撑产业功能	培养新型农业经营主体带头人； 促进主体融合发展； 推动农民合作社办公司； 参与乡村发展和乡村建设

续表

措施	具体内容
深化社企对接，激发主体发展活力	扩大对接合作范围； 遴选社企对接重点县
建立健全指导服务体系，推进服务规范化便利化	创新新型农业经营主体辅导员选聘机制； 实施"千员带万社"行动； 创建新型农业经营主体服务中心； 强化试点示范引领

四、健全农业社会化服务体系

1. 培育多种类型农业社会化服务主体

围绕农户、新型农业经营主体等市场主体生产经营需求，培育多元化服务组织，推动服务组织联合融合发展。推动服务型农民专业合作社等组织专业化、规模化发展，持续提升服务能力，拓展服务半径。发挥农村集体经济组织居间服务优势，组织小农户接受社会化服务。发挥服务专业户贴近小农户、服务小农户优势，填补农业社会化服务空白点。发挥供销、农垦、邮政、银行、保险、电信等系统优势，健全服务机制，推进深度合作，提升为农服务水平。以资金、技术、服务等要素为纽带，促进各类服务主体加强合作，融合发展。

2. 提供多层次农业社会化服务

打造多种类型的农业综合服务中心，盘活存量设施设备、技术人才，进一步发挥好各类服务主体作用，提供农技指导、农资供应、技术集成、农机作业、仓储物流等涉及全产业链的农业生产经营综合服务。因地制宜发展单环节、多环节、全流程农业生产托管等服务模式，推动农业社会化服务加快发展。推进农业社会化服务平台建设，持续完善平台功能，逐步引入多元化服务中介机构，为服务供需双方提供线上线下"一站式"、便捷化服务。采取"农资+服务""科技+服务""互联网+服务"等方式，延伸农资企业、农业科技公司、互联网平台等涉农组织服务链。农业社会化服务主要内容如图2-3所示。

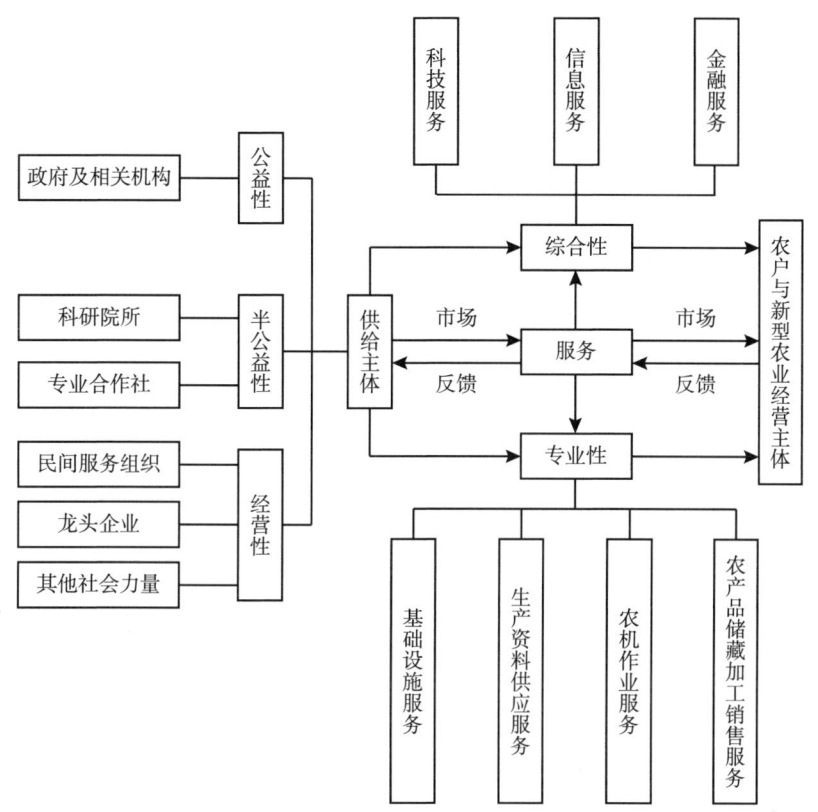

图 2-3 农业社会化服务主要内容

五、不断壮大农村集体经济

1. 培育农村集体经济组织

以可支配的资源、资产、资金等要素为依托，推动村集体广泛吸收农民入股。引导地域相邻、资源相近、产业相似的行政村跨地域联动发展，推动多个农村集体经济组织共同出资组建经济联合体，抱团发展集体经济。引导有条件的农村集体经济组织专业化发展，组建具备一定资质能力的农业服务队、劳务公司等生产经营组织。引导农村集体经济组织在风险可控的前提下，以资产资源作价入股、资产托管、承包经营等经营模式与社会资本合作，参股农民专业合作社、农业龙头企业等农业经营主体，共建农业产业园、乡村旅游示范区等，发展农村混合型经济。

2. 规范农村集体经济组织运行管理

引导农村集体经济组织制定完善组织章程，建立健全治理机制。优化农村集体经济运行机制，发挥农村集体经济组织在管理集体资产、开发集体资源、发展集体经济、服务集体成员等方面的积极作用。建立健全成员大会、理事会、监事会治理机制，推进决策、执行、监督全过程民主管理。建立健全资产登记、管护使用、折股量化等资产管理运营制度，落实政经分开、专户管理、村财镇代管财务会计制度，提升农村集体经济组织运行规范化水平。

3. 拓宽农村集体经济发展渠道

推动农村集体经济组织依法合理开发利用集体土地、水流水域等资源，建设种养基地，发展现代高效生态农业。充分利用村集体闲置办公用房、旧厂房等资产，通过租赁经营、托管经营等方式，实现集体资产保值增值。支持农村集体经济组织以提供统一管理、有偿服务等形式，提供农资供应、农机作业、育种育苗、加工运输等生产经营服务。引导农村集体经济组织利用民俗文化、红色文化、田园风光和自然景观资源，兴办农家乐、采摘园等乡村旅游项目。

六、加强农业基础设施建设

1. 大力实施高标准农田建设工程

以提升粮食产能为首要目标，以永久基本农田保护区和粮食生产功能区、重要农产品生产保护区为重点区域，加大高标准农田建设力度。加快建设一批"集中连片、旱涝保收、宜机作业、节水高效、稳产高产、生态友好"的高标准农田，稳步提高粮食生产能力。

2. 加强农村路网水利等基础设施建设

推进"四好农村路"提质扩面，有序推进人口规模较大的自然村组道路硬化，实施撤并建制村畅通工程、乡村振兴产业路旅游路工程、乡村运输"金通工程"[①]和平安渡运工程，大力推动资源路、旅游路、产业路和旅游航道等连线成网。在农村有序布局和建设大中型水利工程，实施大中型灌区续建配套

[①] 乡村运输"金通工程"以统一车辆外观、统一驾驶员工牌和工装、统一乡村客运标识、统一使用交通运输监督服务 12328 电话"四个统一"作为基础和切入点，探索发展"金通+邮政""金通+旅游"等乡村运输新模式，推动乡村客运提质升级。

和现代化改造,全面提升高效灌溉和安全供水能力。巩固提升乡村电网,持续推动天然气供气设施向农村延伸。加快推进数字乡村建设,推动5G网络向农村延伸。

3. 加快农村烘干冷链物流体系建设

围绕解决好农产品产地"最先一公里"和城市配送"最后一公里"问题,加快建设功能完善、上下游衔接、设施先进、布局合理、高效运行的农产品烘干冷链物流体系。按照"1个县级农产品区域性仓储保鲜冷链物流基地+多个乡村级农产品产地仓储冷链物流集配中心"的模式,推进农产品仓储冷链物流示范县建设。系统化建设一批产地烘干、预冷库和预冷设施,培育壮大农产品烘干冷链物流运营龙头企业。

七、有效提高农业科技支撑

1. 加大县域农技站建设力度

创新农技站服务方式和内容,加快建设一批集技术推广、技术咨询、技术承包于一体,涵盖育种、农机、农药等经营服务的农技站。引导农业科技人员深入农村第一线,领办创办农技站,采取重点培训与系统指导相结合、核心技术与综合技术相结合、远程答疑与现场授课相结合等模式,加快农业技术推广运用。完善农技站内部管理机制,建立健全农技站人事、财务、培训等制度,规范农技站运行模式。

2. 提升科学种养殖水平

强化种质资源保护利用的研究攻关,加强科学施肥、安全用药、农膜选用等技术培训和服务指导,提升与涉农高校、科研院所合作水平,引导科技特派员进村入户。坚持把"田间课堂"开办到乡村一线,因地制宜开展实用技术培训、技术诊断、技术攻关、技术推广等服务,提升农民科学种养能力,培育一批有文化、懂技术、善经营的新型农民。加大"以种定养、以养定种""就地消纳、种养循环"等模式推广力度,构建养殖与种植优势互补、资源共享、良性互动的可持续种养体系。

3. 加强农机科技创新攻关

加快推进良种、良法、良制、良田、良机"五良"融合和"宜机化"改造,实现农艺农机融合发展,提高农业生产能力。针对小农多、丘陵多等特点,加快智能装备、农产品初加工装备、丘陵山地小型机械等产品研发,以技术创新带动农机产业提质增效。加快推进智能农机平台建设，提升农机装备数字化水平。

农业科技支撑体系如图2-4所示。

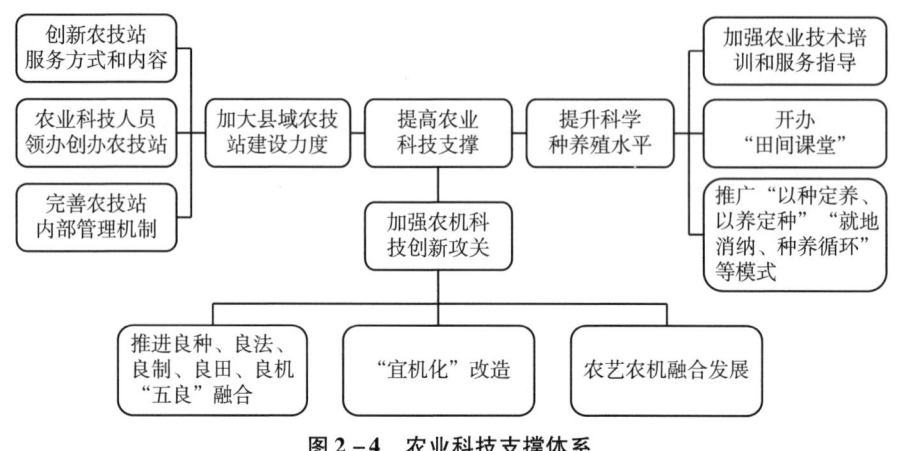

图2-4 农业科技支撑体系

八、深化农村产权制度改革

1. 稳步推进农村土地所有权承包权经营权"三权分置"改革

坚持"两不变、一稳定"①，有序开展第二轮土地承包到期后再延长30年试点，保持农村土地承包关系稳定并长久不变。加强农村土地承包合同管理，完善农村土地承包信息数据库和应用平台，建立健全农村土地承包经营权登记与承包合同管理的信息共享机制。探索建立土地经营权流转合同网签制度，健全土地经营权流转服务体系。

2. 稳步推进农村宅基地制度改革

推广农村宅基地集约化管理登记制度，建立健全宅基地交易置换联审联办机制，加强宅基地流转交易中的监督管理，提高盘活使用效率。完善农民宅基地置换政策，积极稳妥推进农村闲置宅基地盘活使用，推动城乡资本、返乡创业人员依法依规利用闲置宅基地发展农村旅游等新业态。农村宅基地改革的实施路径如图2-5所示。

---

① "两不变、一稳定"，即保持土地集体所有、家庭承包经营的基本制度长久不变，保持农户依法承包集体土地的基本权利长久不变，保持农户承包地稳定。

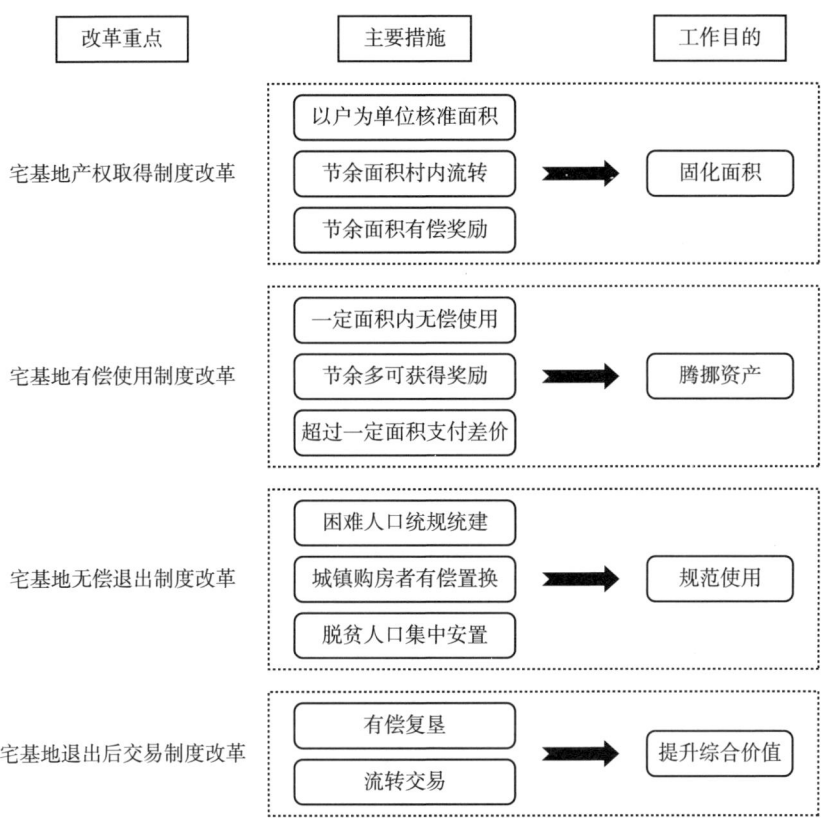

图 2-5 农村宅基地改革的实施路径

3. 稳妥有序推进农村集体经营性建设用地入市

在符合国土空间规划、用途管制和依法取得的前提下，积极探索实施农村集体经营性建设用地入市制度。加强集体经营性建设用地入市用途管控，持续规范入市范围、主体和权责。允许农村集体在农民自愿前提下，依法把有偿收回的闲置宅基地、废弃的集体公益性建设用地转变为集体经营性建设用地入市。

第三节 县域工业高质量发展

一、推动县域产业成链集群发展

1. 优化提升工业产业链

依据县域重点产业链全景图，识别产业发展空白点和短板弱项，通过引进落地一批、推进实施一批、投产达效一批高水平工业项目，集中力量补链、延链、强链、优链。加快推进产业链改造升级，加大装备设施更新换代、技术工艺优化创新力度，增强全产业链研发、生产、管理能力。促进产业链联动协作，推动产业链优势企业、专业配套企业协同发展，塑造大中小企业联动、产学研用协作、上下游产业共生的产业生态格局。加强区域内产业协同配合，探索全域产业治理模式，建立健全分工协作体系。

2. 打造优势产业集群

强化规划和政策引导，提升优势产业对县域产业的带动和支撑作用，突出市与县、县与县之间产业集群融合发展，推动产业链互补。依托县域资源禀赋和产业基础，引导县域集中力量主攻1~2个优势突出、成长性好、带动力强的主导产业。统筹县域产业集群发展，重点孵化一批特色鲜明的块状产业集群，培育形成一批规模体量大、经济效益好、发展后劲足的特色产业集群。建立健全产业集群培育政策体系，优化产业集群发展环境，引导产业集群可持续发展。依托区位特点和比较优势，打造一批产业"特而精"、功能"聚而合"的特色产业小镇，促进特色产业集聚发展，提升县域特色工业带动乡村振兴能力。

二、促进县域工业产业转型升级

1. 促进传统产业改造提升

立足县域实际，结合新业态、新模式发展趋势，有序推动县域传统产业转型升级。加大对机械制造、电子电器、农业装备等低技术、劳动密集型产业的技术改造力度，促进产业链条向"微笑曲线"两端延伸。对于资源型企业，大力延伸产业链，提升附加值，增强产业链稳定性和竞争力。推动传统产业转变发展方式，对标行业先进，丰富产品种类，提升产品质量。依法依规淘汰落后产能，有序出清"僵尸企业"。

2. 推动县域工业智能化绿色化融合化发展

围绕智能制造，建设以工业机器人、工业软件、3D打印等新技术新装备为重点的智能车间和智能工厂。通过推广智能制造单元、自动化生产线，促进数字技术在制造领域深度渗透，提升生产智能化水平。推动产业绿色化，摸清工业细分领域能耗和碳排放情况，发挥绿色电价、节能监察、环保执法等政策激励约束作用，科学有序、稳妥有效推动重点领域节能降碳改造升级。推动产业融合发展，聚焦创新链和产业链高端环节，持续推进先进制造业和现代服务业融合发展、数字经济和实体经济融合发展。

三、高质量建设工业产业园区

1. 加强工业园区规划

工业发展基础较好的县域，按照集聚优势产业发展、创新发展、可持续发展等理念规划园区建设，围绕产业定位、空间布局、功能分区和循环经济，聚焦承接产业转移和推进新型工业化需要，科学制定园区发展规划，推动工业园区向特色园区、专业化园区、科技园区发展。工业化水平较低的县域，围绕产业结构调整和新型城镇化发展目标，加强专业化分工和协作，做好工业集中发展区规划，推动中小企业集聚发展，形成特色产业集群。同步推进县域工业园区跨区域共建，强化与国家级、省级、市级园区协作配套。

2. 提升工业园区集聚功能

按照总体规划、分期实施、滚动投入思路，提升工业园区道路管网、供水供气、电力通信、环保消防等基础设施建设水平，建立健全技术创新、招商引资、信息咨询、人力资源、现代物流等社会化服务体系，增强工业园区吸纳功能和承载能力。做好工业园区用地、环评、水电气价格等生产要素的统筹协调，提高入园企业行政审批效率，为工业园区发展提供良好软硬件环境。

3. 加大园区招商引资力度

充分发挥工业园区的平台和载体作用，创新"走出去"和"引进来"招商方式，积极推介宣传工业园区特色优势，精准实施产业链招商，吸引和承接国际国内产业转移，引进一批外来企业到工业园区投资兴业。优化完善招商引资政策保障体系，在强化财政支持、兑现税费优惠、加强用地保障等方面出台和落实相关配套政策，调动各方积极性。对投资规模大、经济社会效益好、符合产业政策的外向型产业项目，在增资扩产时，依法依规优先给予建设用地保障。

四、培育壮大县域工业企业

1. 大力培育骨干工业企业

引导工业基础雄厚的县域培育产业链领军企业、高成长性企业，"一企一策"支持做大做强，通过招大引强、扶持培育、战略重组等方式打造领航企业方阵。健全企业培育机制，推动有条件的县域集中力量培育打造一批产业关联度大、具有产业主导力和核心竞争力的龙头企业、骨干企业。推动企业开展技术、业务、品牌和渠道等重点要素的并购重组，实现有序发展，增强综合实力和竞争力。充分发挥骨干企业辐射引领示范作用，通过建联盟、建基地，聚集上下游企业配套发展。

2. 促进中小企业健康成长

加大中小微企业梯次培育力度，构建优质中小企业梯队，遴选一批市场前景广、成长空间大、创新驱动强的市场主体，加大"个转企、小升规"培育支持力度，在人才培训、市场开拓、技术创新、管理咨询、专项资金等方面给予倾斜。加强龙头企业与中小企业合作，构建大中小企业融合发展、产业链供应链互联互通的新型产业生态体系，分类组建产业链上下游企业共同体，提升中小企业专业化水平。建立健全中小企业公共服务平台，提升中小企业公共服务资源区域联动合作水平。

五、加快产业技术创新转化

1. 培育壮大创新主体

推动企业参与"揭榜挂帅"关键核心技术攻关，推动企业参与产业基础再造，加大对先进基础工艺、核心基础零部件、关键基础材料等领域布局投入。引导规模以上工业企业增加研发投入、设立研发机构，加大新技术、新工艺、新产品等研发和储备力度，加快技术、产品迭代升级。

2. 共建共享创新平台

加快产业创新中心、制造业创新中心、技术创新中心、工程技术研究中心等创新平台，以及概念验证、中试熟化、研发熟化平台建设，构建多层次自主创新服务体系。加快各类共享市场服务平台建设，推动重点实验室、工程实验室、高校及大型企业高端检测设备等创新资源开放共享。

3. 强化创新人才支撑

充分发挥创新人才在县域创新驱动发展中的关键作用，营造有利于创新人才发展的良好环境。用好用活股权期权等激励措施，保障创新人才在科技成果转移转化过程中得到合理回报的权利，激发各类人才的创新创业活力。

4. 加强知识产权保护

引导企业提升知识产权综合管理水平，加强知识产权创造、保护和运用，强化商业秘密、专利、商标等保护。建立健全知识产权公共服务平台、知识产权保护中心等公共服务体系，提升知识产权保护效率，保护好中小企业的创新研发成果。

六、持续优化营商环境

1. 增强市场服务能力

破除市场准入和退出障碍，进一步优化住建、税务、人社等"一窗通"平台服务。完善政企交流沟通机制，积极倾听、及时回应市场主体的合理建议与诉求，依法解决市场主体生产经营中遇到的困难和问题。对因自然灾害、公共卫生事件等突发情况造成正常生产经营受阻的市场主体，及时制定实施救助、安置措施，帮助市场主体稳定持续发展。

2. 提升政务服务水平

深化"证照分离"改革，纵深推进"互联网+政务服务"，精简审批备案事项，推行告知承诺制度，全面实施"不见面审批"和"最多跑一次"改革。有针对性地出台惠企利企便企政策措施，依法依规化解拖欠中小企业和民营企业账款问题，落实涉企行政事业性收费目录清单，推动政务服务更加高效、服务体系更加完善。

3. 强化法治保障水平

加大企业权益保护力度，打击假冒伪劣行为，加强反垄断和反不正当竞争，加快形成依法保护企业和企业经营者合法权益的法治环境、公平竞争的市场环境。健全各类所有制经济主体依法平等使用生产要素的体制机制。持续优化民营经济发展环境，依法保护民营企业产权和企业家权益，着力推动民营经济实现高质量发展。

第四节 县域服务业高质量发展

一、推动县域服务业转型升级

1. 积极发展生产性服务业

加强县域生产性服务业发展的规划引领，积极发展科技服务、数据服务、平台经济等生产性服务业。推进生产性服务业向专业化和价值链高端延伸，提升制造企业研发设计、生产制造、流通营销等环节服务能力。做大产业规模，创新业态模式，提升辐射能级，打造充分体现县域特色的品牌。

2. 推动生活性服务业转型升级

聚焦县域群众多样化生活需求，加快发展养老育幼、文化旅游、物业家政等服务业，加大普惠性生活性服务供给，提升生活性服务品质。完善生活性服务业功能布局，引导有条件的县域培育发展生活性服务业新兴产业集群，推动生活性服务业仍有短板的县域健全城乡生活性服务对接延伸机制，推进区域生活性服务资源均衡发展。

3. 推进现代服务业集聚区建设

坚持现代服务业集聚区省市县三级联创，夯实服务业集群发展的空间载体，在县域有序布局一批产业特色鲜明、配套功能完善、市场主体密集、发展环境优良的服务业集聚区。推动产业集聚、企业集群、平台集中、资源集约、服务集成、人才集结。围绕现代服务业体系，支持集聚区聚焦优势产业强链延链补链，吸引上下游关联产业、配套产业集群发展，培育产业链条健全、专业协作完善的服务业产业集群。

4. 加快现代服务业与先进制造业深度融合

聚焦服务实体经济、构建现代化产业体系，推动县域现代服务业向制造业拓展，推进以服务为主导的反向制造、反向整合，开展批量定制服务，建立柔性制造等智能化生产体系。引导在工艺设计、营销渠道、自有品牌等领域具备优势的服务企业（平台）向制造环节拓展业务范围，实现服务产品化。培育融合发展新业态新模式，建立健全促进"两业"融合发展的政策体系和产业生态，推进服务衍生制造、工业旅游等新业态加快发展。建设一批基础工艺中心、工业设计中心等高水平产业技术公共服务平台。

二、打造消费新场景

1. 培育县域特色消费场景

立足县域特色和群众需求，打造一批生态绿色、创新融合、多元包容的消费新场景，加大高品质服务供给，满足县域居民丰富多元的消费需求。推动旅游资源富集的县域发展"生态旅游+"等服务，做优做精商业旅游文化专线和网红打卡地，打造国家全域旅游示范区和国际生态文化旅游目的地。打造一批餐饮、会展等新消费场景，塑造吃地方菜、喝地方酒、品地方茶的餐饮服务新体验。发展线上线下互动的沉浸体验消费新模式，建设数字生活体验区。推动直播电商、保税仓直播等新业态健康发展，在电商发展基础较好的县域加快形成区域电商营商高地。促进"互联网＋社会服务"、共享经济等新业态、新模式发展。

2. 打造县域标志性商圈

基于县域实际，分类分层打造世界级、都市级、区域级商圈，提升地方消费品牌的知名度和影响力。以步行街、城市公园等为重点，在服务业发展领先的县域建设品牌云集、潮流引领、数字赋能的世界级商圈。依托区域同城化发展，建成一批功能完善、业态丰富的都市级标志商圈。放大国家级示范步行街标杆效应，引导县域创建水平领先、多元融合、业态丰富、绿色智慧、消费引领作用突出的高品质示范步行街，提升步行街吸引客流、增加营收、吸纳就业水平，激发县域消费活力。

3. 积极发展县域夜间经济

拓展夜游、夜食、夜展、夜秀、夜读等夜间经济业态，丰富夜间消费新场景。支持县域因地制宜创新发展夜间经济，做优夜游景区、灯会灯展等夜间消费特色品牌，打造一批富有烟火气、新体验的夜间经济集聚区，丰富县域夜间消费场景。探索建立夜间经济指数，提升县域综合配套保障水平，优化重点商圈、旅游景点夜间交通线路。

三、推进服务业标准化品牌化发展

1. 加快服务业标准化进程

建立健全新型标准体系，推动社会组织和企业参与国家、行业、地方标准制定，推动政府主导制定的标准和市场自主形成的标准配套发展、相互协调。优化完善服务业标准制定程序，加大服务业标准推广应用力度。制定一批团体标准，推动标准化服务机构发展，引导企业根据标准组织生产、经营和管理。引导服务业企业参与服务业标准领航工程，开展服务标准、服务认证试点示范。

2. 推进服务业品牌建设

充分利用服务业品牌化的基础优势，进一步增强品牌意识、提升品牌价值，积极争创"中华老字号""中国质量奖"等品牌，打造一批具有自主知识产权的地方服务知名品牌，培育壮大一批"百年老店"。深入开展商标专用权、地理标志保护专项行动，严厉查处侵犯服务业品牌违法行为。

3. 加强服务业质量体系建设

推动企业加强全过程质量控制，开展服务质量自我评估和公开承诺，主动披露服务质量标准、质量状况报告等信息。深入推进质量提升行动，分级建立质量管理认证和评价制度，推行质量责任承诺，优化完善质量责任追溯、传导和监督机制。引导各类服务业行业协会商会加强质量自律，定期发布行业服务质量和安全报告。

四、提升服务业数字化智能化网络化水平

1. 推动服务业数字化转型

依托大数据技术加快服务业上下游、产供销协同联动，构建线上线下联动服务网络。搭建服务业大数据平台和交易市场，探索建立服务业数据规范和标准，提升数据采集存储、分析挖掘、共享应用能力，推动企业决策水平和经营效率提升。

2. 提升服务业智能化水平

在商业贸易、医疗康养等重点领域推广应用人工智能、大数据等先进技术，促进专业化、规模化发展。推进智能化生活平台和专业服务机构建设，以智能化推动生活性服务业人性化和柔性化发展，提升公共服务精准度和有效性，加快智慧城市建设。

3. 促进服务业网络化发展

加快服务业与互联网融合发展，利用移动电子商务、线上到线下（O2O）等模式发展基于互联网的个性化定制、智能化生产、网络化协同、服务型制造等新模式、新业态，提升服务业产品个性化、多样化水平。促进互联网平台与传统服务企业融合发展，强化产业链上下游合作协同，推动生产、流通和消费一体化。

县域服务业高质量发展路径如图 2-6 所示。

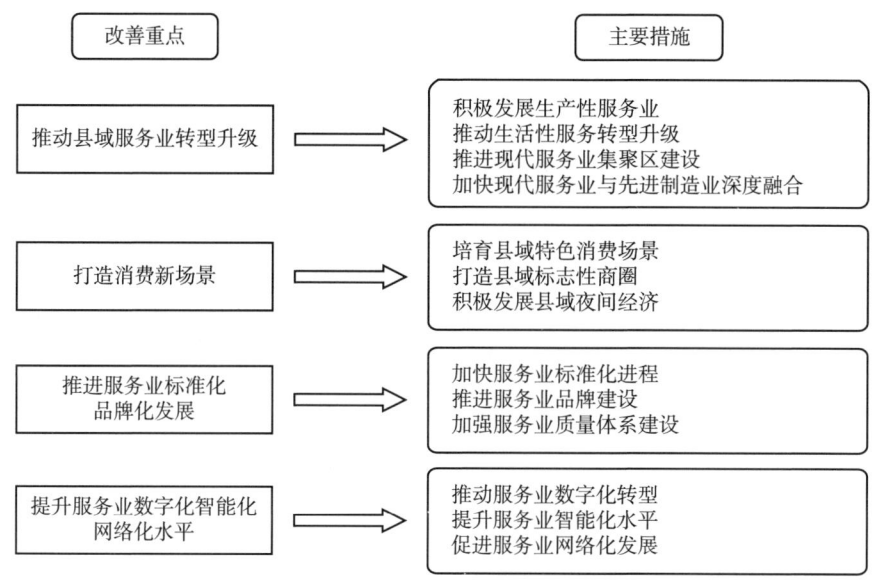

图 2-6　县域服务业高质量发展路径

第五节　县域经济高质量发展金融服务

一、金融服务县域农业发展

1. 提升银行业服务水平

加大对粮食和重要农产品生产的信贷投入，保障粮食和重要农产品稳定供给。加强银政企等多方联动，采用"高标准农田+产业导入""高标准农田+种业基地"等多种金融服务模式，支持高标准农田建设。强化对种业振兴、农机研发等农业科技创新的金融支持，通过对种业龙头企业和农机研发生产企业的金融服务，推动水稻、玉米、油菜、大豆、生猪五大种业集群建设和农机产业研发创新、提质增效。紧跟现代农业转型发展，加大对县域农业主导产业、农产品精深加工、农村物流体系建设、农村电商等领域信贷支持力度，强化新型农业经营主体、农业社会化服务组织等农业生产经营主体金融服务。大力发展产业链金融，立足现代农业园区主导产业全链条视角，对产业链上生产、加工、仓储、物流、销售、研发等各类市场主体提供综合金融服务，推动构建以农业园区为引擎、产业集群为骨干的县域农业产业发展模式。开发支持农村集体经济发展专项金融产品，对农村集体经济组织新建标准厂房、商业设施、仓储设备等项目提供融资服务。

2. 提升保险业服务水平

继续实施水稻、玉米、小麦三大主粮完全成本保险，探索开展三大主粮收入保险。因地制宜创新地方优势特色农产品保险和商业性农业保险，在有条件的县域探索开展大豆完全成本保险和种植收入保险，积极发展渔业保险。完善农业保险大灾风险分散机制，强化农业农村防灾减灾能力。改进涉农保险承保理赔服务，加快实现"愿保尽保""应赔尽赔""快赔早赔"。提高农业保险理赔时效，缩短农业保险理赔周期，及时支持农业再生产。加快农业保险高质量发展路径如图2-7所示。

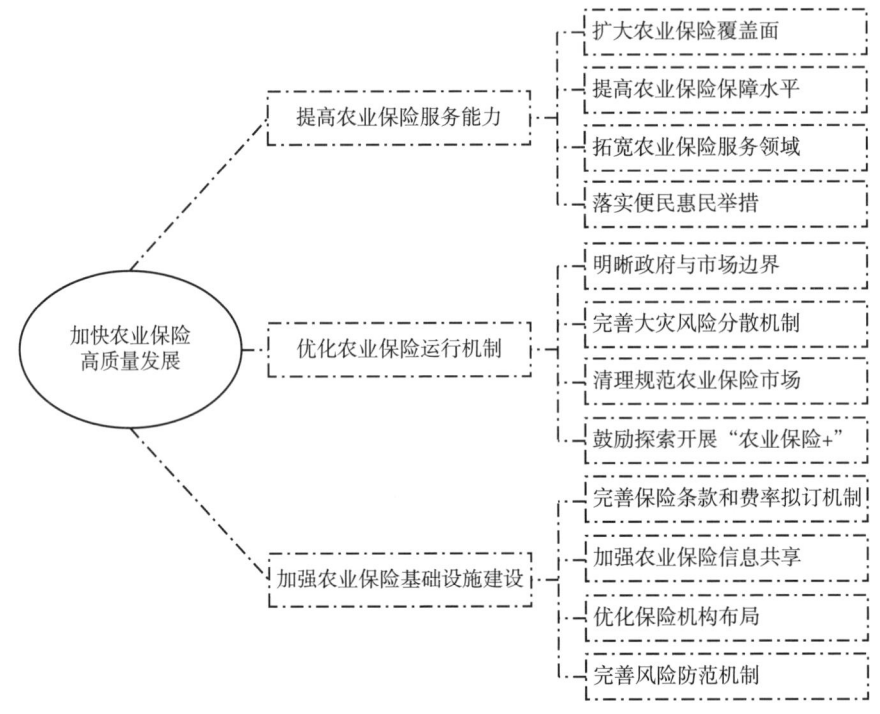

图2-7 加快农业保险高质量发展路径

3. 提升直接融资服务水平

推进符合条件的涉农企业上市或挂牌融资，规范发展地方联合股权交易中心。发挥乡村振兴引导基金及子基金作用，提升对初创期涉农高科技企业的支持力度。加大商业银行发行"三农"专项金融债券力度，用于支持符合条件的农业农村发展项目建设。加大农产品期货品种开发上市力度，探索推出大宗畜产品、经济作物等期货交易，拓展农产品期货品种。健全农产品期货交易、交割规则，充分发挥期货市场价格发现功能，利用期货价格信息引导农业经营主体调整优化农业经营结构。

二、金融服务县域小微企业发展

1. 加大小微企业金融供给力度

用好普惠小微贷款增量奖励、支小再贷款等货币政策工具，优先保障信贷资源向县域小微企业倾斜。完善小微企业贷款评级模型和评审机制，在风险可控的前提下，稳步增加信用、保证类贷款占比。针对小微企业轻资产特点，积极推广存货、应收账款、股权、林权等抵质押方式，积极拓展应收账款、知识产权、特许经营权等创新担保模式。完善小微企业贸易融资业务种类，开发及推广保理、电子票据、保函、国内信用证等产品，满足小微企业短、频、快、急的融资需求。

2. 降低小微企业综合融资成本

建立差异化的利率定价机制，综合考虑资金成本、运营成本、服务模式及担保方式等因素，通过内部转移定价，降低小微企业贷款利率。运用随借随还、循环贷款、分期还本等方式，使小微企业能够随时根据经营状况变化调整资金安排，降低资金周转成本。在风险可控的前提下，优化提前续贷和循环授信，进一步缩短融资链条，清理不必要"通道""过桥"环节，切实降低融资成本。

3. 提升小微企业金融服务效率

建立小微企业客户名单，设置小微企业专营服务机构和网点，构建"一对一"金融服务机制。综合运用大数据等金融科技手段，充分利用内外部信息资源，拓宽融资服务场景，创新优化融资模式，提升对小微企业的数字化服务能力。加大与各类企业服务机构合作，发挥金融政策与财政政策、货币政策、产业政策叠加效应，实现小微企业营业执照代办、税收减免优惠、创业贷款利息贴息等多元化服务的"一站式"办理。

三、金融服务县域工业发展

1. 优化工业企业融资产品和服务

稳步提高制造业贷款占比，扩大制造业中长期贷款、信用贷款规模。持续完善不动产抵押融资服务，优化动产和权利融资业务。推动保险机构依法合规开展制造业贷款保证保险业务，为缺乏抵押担保手段的制造业中小企业适时提供增信服务。大力发展融资租赁业务，为制造业企业技术改造、扩建生产线提供重点设备租赁服务。支持符合条件的重点城市和重点企业开展产融合作试点，提供信用贷款、质押担保等金融产品和服务。创新发展供应链金融，引导核心企业综合运用信贷、债券等工具融资，积极开展面向供应链上下游企业的信用融资和应收账款、预付款、存货、仓单等动产质押融资业务。

2. 提高工业企业直接融资占比

推动符合条件的工业企业通过发行企业债券、公司债、直接债务融资工具等方式，降低融资成本，合理匹配融资期限。主动跟进工业企业直接融资的配套金融需求，高效提供资金管理、结算办理、财务顾问、风险监测等金融服务。推动符合先进制造业集群、重点产业链和战略性新兴产业方向的制造业企业，通过首发、增发等方式，在主板、新三板等多层次资本市场进行股权融资。发展创业投资基金等股权投资基金，吸引更多社会资本投资工业企业。在有条件的地区设立天使投资基金，引导天使投资机构对种子期、初创期的工业企业进行股权投资。引导有条件的产业链核心企业设立产业创投基金，为产业链上下游企业提供股权融资服务。推动保险资金通过市场化方式投资产业基金，发挥资本金撬动作用，加大对先进制造业的支持力度。

四、金融服务县域服务业发展

1. 支持现代服务产业发展

建立与现代服务业产业体系建设相匹配的金融服务模式，构建与现代服务业建设相匹配的行业政策、投研风控、容错机制、考核激励等运行机制，激发金融机构经营活力和创造性。充分发挥政府、行业协会、商会等多方积极性，深化"政商贸银"合作机制，创新开发基于服务业经营发展特点的"服保贷""科创贷"等金融产品。推广主动授信、随借随还贷款模式，用好现有贷款担保、贴息、风险补偿等融资配套机制，为服务业转型发展提供金融支持。建立服务业发展专项资金，引导带动社会资本进入服务业领域。加大政府购买服务力度，支持民办社会事业和民营服务经济发展。

2. 有序发展消费金融

围绕"新市民"群体住房、汽车、家装等消费重点领域，通过创新金融产品、深度嵌入消费场景等，助力消费新热点培育和能力提升。加大消费类综合金融服务减费让利力度，促进消费信贷利率和保险费率合理下降。引进培育具有重要影响力的消费金融公司和个人征信机构，规范开展消费金融服务和个人信用信息查询、披露服务。拓展数字人民币在消费领域的应用和移动支付使用范围，提升移动支付的便利化水平。加大对"首店经济""夜间经济"信贷支持力度，创新消费金融应用场景。发挥金融机构的信用媒介引导作用，加快培育线上消费等新型消费模式，大力倡导绿色低碳消费，增强居民的消费信心。

五、金融服务县域基础设施建设

1. 做好交通基础设施融资支持

针对交通项目现金流收益特征，合理做好贷款还本付息安排。对在运营初期存在收支缺口的项目，合理安排债务本息还款宽限期。支持交通运输企业在依法合规、风险可控的前提下，通过资产证券化（ABS）、基础设施领域不动产投资信托基金（REITs）等方式有效盘活存量资产。充分发挥保险资金规模大、期限长、稳定性高的优势，通过债权、股权、股债结合、资产支持计划和私募基金等形式，参与重大交通基础设施、新型交通基础设施等项目建设。

2. 提升金融服务水利基础设施建设水平

加强银行、保险、基金等金融机构联动，根据水利项目建设需求，灵活配置融资产品及工具，探索用水权加采砂权等多种组合收益权抵押、水利基础设施投资信托基金等金融产品创新，助力盘活水利基础设施存量资产。优化水利专项债项目评估筛选、方案设计、发行后管理等服务，强化配套融资。对绿色、科技创新等新型领域的水利项目，重点围绕用水权、排污权、碳排放权等探索创新环境权益抵押、产品订单抵押等融资产品。

3. 拓宽新型基础设施融资渠道

发挥财政资金引导带动作用，统筹用好国家补助资金、各级财政资金、政府专项债券、省级产业发展投资引导基金支持新型基础设施建设。促进多元投入，引导社会资本参与新型基础设施建设、传统基础设施数字化转型。探索新型基础设施投融资新模式，创新金融工具，鼓励将抵押补充贷款（PSL）扩展至新型基础设施领域，推动符合条件的项目申请发行新型基础设施建设项目专项债券。

六、金融服务县域科技创新

1. 强化对科技创新的信贷支持

推动银行为技术创新中心、研发机构、实验室以及符合条件的科技型企业提供贷款优惠利率,降低综合融资费率。探索金融支持基础研究的长效机制,加大对新技术、新产品研发与应用示范信贷支持力度,推动关键核心技术项目攻关。充分发挥创业贷款担保基金和科创贷款贴息资金的保障作用,扩大科创企业贷款服务的覆盖面。

2. 强化科技保险的保障作用

推广研发费用损失险等科技保险、发展专利保险等新型保险产品和首台(套)重大技术装备保险、新材料首批次应用保险。发展高新技术企业出口信用保险,持续优化线上投保关税保证保险流程。推动有条件地区开展科技保险风险补偿试点,探索将科技项目研发费用损失保险纳入科技研发专项资金支持范围。

3. 培育发展创投产业集群

进一步完善创业投资发展的法治环境,优化行业市场准入和治理机制。深入实施促进风投创投高质量发展政策,扶持重点机构发展,对于符合条件的风投创投机构给予财税、土地、人才等方面扶持奖励。根据实际情况设立、参与天使投资引导基金,配套相关金融产业帮扶政策,引导培育初创期的科技型企业发展壮大。

七、金融服务县域营商环境建设

1. 优化资本要素配置方式

推动信用融资服务,推进相关政务数据向金融机构开放共享,支持金融机构开发更多纯信用的普惠金融产品。完善政府性融资担保、再担保机构的绩效评价机制,健全对担保、再担保机构奖补机制,降低市场主体担保费负担。健全私募股权投资退出机制,完善私募股权转让交易平台功能,提高资本循环效率。发挥政府投资基金示范作用,优化创新体系投入布局,提高"投早、投小、投创新"比例。扩大债券融资规模,完善中小企业债券融资增信机制,支持企业发行"双创债"等债券。

2. 强化金融领域司法保障

发挥金融法院专业审判作用，完善金融纠纷多元化解机制，优化金融案件多元解纷一体化平台功能，推动金融纠纷高效化解。建立金融审判大数据管理和服务平台，加强和各金融机构的信息共享，为金融审判提供数据支持。建立人民法院与金融监管机构的常态化沟通协调机制，加强金融风险行政处置与司法审判的衔接，提升金融案件审理和执行效率。

3. 加大金融支持民营经济发展力度

持续加大支持民营经济发展的金融资源要素投入，公平公正对待各类所有制企业。进一步加大对科技创新、"专精特新"、绿色低碳等重点领域民营企业的信贷投放，提升民营企业金融服务的可得性和便捷度，为民营经济发展壮大营造更好的金融环境。加强民营企业对接走访，根据民营企业生产经营特点，强化金融产品和服务创新，持续加大对民营企业的信贷投放。积极稳妥推进民营企业债券融资支持工具扩容增量，扩大民营企业债券融资规模，引导机构投资者配置民营企业债券。支持符合条件的民营企业上市融资和再融资，积极发挥地方政府专项引导基金作用，拓宽民营企业融资渠道。

第六节 县域经济高质量发展评价

一、评价指标设计

（一）评价指标初步设计

根据威廉·诺德豪斯（William D. Nordhaus）和保罗·罗默（Paul M. Romer）提出的经济可持续增长理论，借鉴中国县域经济百强研究构建的评价指标体系，基于加快构建以实体经济为支撑的现代产业体系、加大金融对县域产业发展支持力度的路径探索，构建县域经济高质量发展评价指标体系。初步构建的县域经济高质量发展评价指标体系，包括4个一级指标、13个二级指标、34个三级指标。具体如表2-8所示。

表 2-8　　　　　初步设计的县域经济高质量发展评价指标体系

一级指标	二级指标	三级指标	指标解释
经济总体发展水平	经济规模合理增长	GDP、人均 GDP	反映经济发展规模和经济总体实力
	经济低耗能增长	单位 GDP 碳排放量	反映每生产一单位 GDP 排放的二氧化碳当量
	经济高效率增长	全要素生产率	反映技术进步对经济发展的作用
	经济稳健增长	宏观杠杆率	反映债务性融资规模与经济发展的比例关系
产业发展规模和效率	产业发展规模	重点产业发展	反映主导产业发展规模
	农业发展效率	每公顷粮食产量	反映农业生产效率
	工业发展效率	规上企业平均利润率	反映工业企业经营效率
	服务业发展效率	人均社会消费品零售总额	反映城乡消费市场活跃度、判断商贸企业景气情况
城乡融合	城镇化水平	城镇化率	反映城镇化进程
经济发展支撑	基础设施建设	铁路营业里程、公路网总里程、水利工程供水能力、5G 基站数量	反映交通基础设施、水利基础设施和新型基础设施建设情况
	营商环境打造	开办企业、劳动力市场监管、办理建筑许可、政府采购、获得电力、登记财产、保护中小投资者、跨境贸易、纳税、执行合同、办理破产、民营经济占比	根据 2021 年度 A 省营商环境评价报告，营商环境评价指标包括企业全生命周期链条中涉及的开办企业、登记财产等各项服务水平，考察相关服务的办理时间、办理成本等，以民营经济占比考察与营商环境密切相关的民营经济发展水平
	科技创新水平	研发经费投入增长、研发经费投入强度、发明专利申请数量、数字经济核心产业增加值占 GDP 的比例	反映创新投入和创新产出水平
	金融服务水平	存贷款余额、保费收入、直接融资金额、期货成交金额	反映银行业、保险业和证券业发展规模

（二）评价指标筛选

在评价指标初步构建的基础上，按照可检验、可比较、可追溯标准，从样本数据的有效性、可比性、一致性角度筛选出县域经济高质量发展评价指标。

1. 有效性检验

根据计量经济分析的数据有效性原理，回归模型的统计分析样本容量需要在5%的置信区间内，覆盖到95%以上的数据观测点，低于置信区间范围内的样本数据容易产生误差扰动。所选择的县域铁路营业里程、水利工程供水能力、5G基站数量、研发经费投入增长、研发经费投入强度、数字经济核心产业增加值占GDP的比例、保费收入、直接融资金额和期货成交金额9个指标数据的样本观测值均在95%以下，个别数据的有效性覆盖率不足50%，难以满足置信区间的统计检验要求，因此将上述指标从初步构建的指标体系中剔除。

2. 可比性检验

在计量经济学中，变量模型进行线性回归的重要条件是指标的原始数据可重复、可比较，如果时间或截面序列在不同类型的检验条件下，重复检验结果出现超过5%以上的偏离度，则说明数据之间不能进行有效比较。开办企业、劳动力市场监管、办理建筑许可、政府采购、获得电力、登记财产、保护中小投资者、跨境贸易、纳税、执行合同、办理破产11个指标通过调查问卷获得，与其他统计指标的获取方式和评价标准存在差异，在线性回归中，可比性较差，且对其他数据分析带来干扰，降低了整体拟合效果，因此将上述指标从初步构建的指标体系中剔除。

3. 一致性检验

德格鲁特（Morris H. DeGroot）认为，评价指标体系构建的重要标准在于样本数据的测算方法一致，统计口径符合定量研究的公允性准则。全要素生产率测算有非参数法和参数法两类。其中，非参数法估计主要以数据包络分析和Malmquist指数方法为主，参数法又可分为索洛残差法、隐性变量法和随机前沿生产函数法。在检验中发现，不同方法下全要素生产率取值不同，所带来的误差偏误在5%以上，对评价结果的偏离度影响超过3%。为避免评价结果因指标计算方法差异而有所不同，将全要素生产率从初步构建的指标体系中剔除。

通过多维度筛选，从34个初步设计指标中筛选出13个评价指标，构建出县域经济高质量发展评价指标体系。具体如表2-9所示。

表 2-9　经筛选形成的县域经济高质量发展评价指标体系

一级指标	二级指标	三级指标	指标定义	数据来源	指标性质
经济总体发展水平	经济规模合理增长	X1-GDP	指一个县域所有常住单位在2020年内生产活动的最终成果	A省统计年鉴	正向指标
		X2-人均GDP	GDP/常住人口	A省统计年鉴	正向指标
	经济低耗能增长	X3-单位GDP碳排放量	碳排放量/GDP，碳排放量采用IPCC设定的物质守恒方法，即能源消费量（国家统计年鉴数据）×排放因子（实测），再剔除重复计算，得到二氧化碳当量排放量	碳排放量来源于中国碳核算数据库（CEADs）	逆向指标
	经济稳健增长	X4-宏观杠杆率	地方政府债务余额/GDP	债务余额来源于万得（Wind）数据库	逆向指标
产业发展规模和效率	产业发展规模	X5-重点产业发展	分类设定，城市主城区和重点开发区以第二产业和第三产业作为重点产业，农产品主产区以第一产业作为重点产业，重点生态功能区以第一产业作为重点产业，重点产业增加值除以同类型县域重点产业增加值之和衡量	A省统计年鉴	正向指标
	农业发展效率	X6-每公顷粮食产量	粮食产量/粮食播种面积	A省统计年鉴	正向指标
	工业发展效率	X7-规上工业企业平均利润率	规模以上工业企业利润总额/营业收入	A省统计年鉴	正向指标
	服务业发展效率	X8-人均社会消费品零售总额	社会消费品零售总额/常住人口	A省统计年鉴	正向指标
城乡融合	城镇化水平	X9-城镇化率	城镇常住人口/常住人口	A省统计年鉴	正向指标
	基础设施建设	X10-公路密度	公路里程/辖区面积	A省统计年鉴	正向指标
经济发展支撑	营商环境打造	X11-民营经济占比	民营经济增加值/GDP	A省统计年鉴	正向指标
	科技创新水平	X12-发明专利申请数量	2020年申请注册发明专利数量	中国及多国专利审查信息查询系统	正向指标
	金融服务水平	X13-存贷款余额	本外币各项存款余额加本外币各项贷款余额	人民银行	正向指标

二、评价模型建立

(一) 评价指标赋权原理

根据县域经济高质量发展的实际情况,选用独立性权重法计算指标权重。独立性权重法利用指标之间的共线性强弱确定权重,即若某一指标与其他指标相关性较强,表明该指标与其他指标所提供的信息有较大重叠,赋予该指标较低权重,反之,若某一指标与其他指标相关性较弱,表明该指标所提供的信息量较大,赋予该指标较高权重。选用独立性权重法赋权经济评价指标的原因在于,所选取评价指标之间相关性较强,例如,GDP除与规上企业平均利润率、民营经济占比无显著相关关系外,与其余10个评价指标均存在显著相关关系(如表2-10所示)。为避免给予信息有较大重叠的指标过高权重,使指标体系均衡评价县域经济各方面情况,采用独立性权重法赋予指标权重是合适的。

表 2-10　县域经济高质量发展评价指标相关系数

	X1	X2	X3	X4	X5	X6	X7	X8	X9	X10	X11	X12	X13
X1	1.000												
X2	0.519***	1.000											
X3	-0.300***	0.013	1.000										
X4	-0.248**	-0.511***	-0.111	1.000									
X5	0.604***	0.248**	-0.209*	0.012	1.000								
X6	0.620***	0.332***	-0.425***	-0.030	0.223**	1.000							
X7	-0.066	0.102	0.120	-0.182*	0.022	-0.155	1.000						
X8	0.553***	0.525***	-0.237**	-0.219**	0.362***	0.415***	0.072	1.000					
X9	0.799***	0.639***	-0.152	-0.299***	0.564***	0.473***	0.030	0.715***	1.000				
X10	0.512***	0.133	-0.436***	0.212**	0.112	0.607***	-0.244**	0.309***	0.420***	1.000			
X11	0.089	-0.080	-0.404***	0.192*	-0.083	0.431***	-0.120	0.246**	0.073	0.253**	1.000		

续表

	X1	X2	X3	X4	X5	X6	X7	X8	X9	X10	X11	X12	X13
X12	0.732***	0.307***	-0.045	-0.194*	0.619***	0.419***	-0.048	0.246**	0.630***	0.321***	0.038	1.000	
X13	0.877***	0.373***	-0.253**	-0.175	0.673***	0.512***	-0.028	0.607***	0.776***	0.436***	0.008	0.620***	1.000

注：*、**、*** 分别代表在 10%、5%、1% 的水平下显著。

按照独立性权重法计算各指标权重。具体地，将指标 x_j 作为因变量，其余 12 个指标作为自变量，进行基于最小二乘法估计的多元线性回归。

1. 采用公式（2-1）计算指标 x_j 与其他指标的复相关系数 R_j

$$R_j = \frac{\sum_{i=1}^{86}(x_{ij}-\bar{x}_j)(\hat{x}_{ij}-\bar{\hat{x}}_j)}{\sqrt{[\sum_{i=1}^{86}(x_{ij}-\bar{x}_j)^2][\sum_{i=1}^{86}(\hat{x}_{ij}-\bar{\hat{x}}_j)^2]}} \quad (2-1)$$

其中，x_{ij} 为第 i 个样本县域的第 j 个指标值，$\bar{x}_j = \frac{1}{86}\sum_{i=1}^{86}x_{ij}$，$\bar{\hat{x}}_j = \frac{1}{86}\sum_{i=1}^{86}\hat{x}_{ij}$，$\hat{x}_{ij}$ 为通过多元线性回归模型得到的 x_{ij} 拟合值。

2. 采用公式（2-2）计算各个指标的权重 W_j

$$W_j = \frac{\frac{1}{R_j}}{\sum_{j=1}^{13}\frac{1}{R_j}} \times 100 \quad (2-2)$$

例如，以 GDP 为因变量，以其他 12 个指标作为自变量进行多元线性回归，拟合优度 R^2 为 0.893，复相关系数 R 为 0.945（$R=\sqrt{R^2}$），县域 GDP 的变化情况能够被其他指标较为充分解释。具体而言，在考虑了指标相互影响的情况下，GDP 与人均 GDP、发明专利申请数量、存贷款余额在 1% 的水平下显著正相关，与单位 GDP 碳排放量在 10% 的水平下显著负相关（如表 2-11 所示）。由此，需赋予 GDP 较低权重，避免权重集中于 GDP 及多个与其高度相关的指标，降低指标体系的均衡性和代表性。

表 2-11　　以 GDP 为因变量的多元线性回归结果

Source	SS	df	MS		
Model	2045083.230	12	170423.602	Number of obs = 86	
Residual	244199.934	73	3345.205	F(12, 73) = 50.950 Prob > F = 0.000 R-squared = 0.893	
Total	2289283.160	85	26932.743	Adj R-squared = 0.876 Root MSE = 57.838	

GDP	Coef.	Std. Err.	t	P>|t|	[95% Conf. Interval]	
人均 GDP	0.002	0.001	3.240	0.002	0.001	0.003
单位 GDP 碳排放量	-0.191	0.100	-1.900	0.061	-0.391	0.009
宏观杠杆率	-0.351	0.859	-0.410	0.684	-2.063	1.360
重点产业发展	-2.058	3.498	-0.590	0.558	-9.028	4.913
每公顷粮食产量	11.374	10.231	1.110	0.270	-9.017	31.765
规上企业平均利润率	-0.530	1.282	-0.410	0.681	-3.084	2.024
人均社会消费品零售总额	-0.001	0.002	-0.890	0.375	-0.005	0.002
城镇化率	0.421	1.215	0.350	0.730	-2.000	2.841
公路密度	14.515	13.702	1.060	0.293	-12.794	41.823
民营经济占比	0.395	1.392	0.280	0.778	-2.379	3.168
发明专利申请数量	0.252	0.063	4.020	0.000	0.127	0.376
存贷款余额	0.210	0.030	7.130	0.000	0.151	0.269
_cons	-47.857	87.072	-0.550	0.584	-221.390	125.676

（二）评价模型权重设计

基于86个样本县域数据，运用独立性权重法公式（2-1）和公式（2-2），计算复相关系数 R_j 和各指标权重 W_j（如表2-12所示）。规上企业平均利润率与其他指标线性相关程度较低，提供的信息量较多，权重较高；GDP与其他指标线性相关程度较高，提供的信息量较少，权重较低。虽然独立性权重法计算指标权重时不涉及主观判断，但对复相关系数与指标信息量之间的关系仍基于一定假设，即指标复相关系数越高，提供的信息量越少。为检验评价结果是否受到不同赋权方法的影响，评价模型检验部分采用信息量权重法进行测试。

表 2-12　县域经济高质量发展评价指标权重

指标	复相关系数 R_j	权重 W_j	指标	复相关系数 R_j	权重 W_j
GDP	0.95	5.89	人均社会消费品零售总额	0.82	6.79
人均 GDP	0.82	6.81	城镇化率	0.91	6.12
单位 GDP 碳排放量	0.69	8.06	公路密度	0.80	6.97
宏观杠杆率	0.72	7.79	民营经济占比	0.69	8.12
重点产业发展	0.84	6.61	发明专利申请数量	0.86	6.49
每公顷粮食产量	0.79	7.04	存贷款余额	0.93	5.98
规上企业平均利润率	0.32	17.33			

（三）评价模型参数转化

因评价指标量纲不同，不能直接使用指标原始值乘以权重然后相加得到评价得分。因此，在获得各指标权重的基础上，采用功效系数法，分别利用公式（2-3）和公式（2-4）将正向指标和逆向指标值转化至 0.6~1 的数据。功效系数法是对经济社会运行评价较为流行、公认比较科学的方法，广泛用于评价区域经济社会发展水平。功效系数法根据多目标规划的原理，对各评价指标分别确定一对满意值和不允许值，以满意值为上限、不允许值为下限，分别计算评价对象各指标接近、达到或超过满意值的程度，即功效系数，并转化为相应的功效评分值，作为指标的评价值。其中，对于正向指标，满意值和不允许值分别设置为指标数据的最大值和最小值；对于逆向指标，满意值和不允许值分别设置为指标数据的最小值和最大值。

$$\xi_{ij} = \frac{x_{ij} - \min_i x_{ij}}{\max_i x_{ij} - \min_i x_{ij}} \times 0.4 + 0.6 \quad \text{如果 } x_{ij} \text{ 为正向指标} \quad (2-3)$$

$$\xi_{ij} = \frac{\max_i x_{ij} - x_{ij}}{\max_i x_{ij} - \min_i x_{ij}} \times 0.4 + 0.6 \quad \text{如果 } x_{ij} \text{ 为逆向指标} \quad (2-4)$$

(四) 评价模型构建

按照图 2-8 所示步骤，构建出公式（2-5）所示的县域经济高质量发展评价模型。即通过基于独立性权重法的评价模型权重设计和基于功效系数法的评价指标值参数转化，分别得到各指标权重和转化后指标数据，将二者相乘计算各指标得分，最后加总各指标得分，得到县域经济高质量发展评价总分。其中，各指标得分的最高值为该指标的权重值，最低值为该指标权重值的 60%；总分得分区间为最高 100 分、最低 60 分。

$$Y = \sum_{j=1}^{13} \xi_j \times W_j$$

$$= \begin{cases} \sum_{j=1}^{13} \left\{ \left(\dfrac{x_{ij} - \min\limits_{i} x_{ij}}{\max\limits_{i} x_{ij} - \min\limits_{i} x_{ij}} \times 0.4 + 0.6 \right) \times \dfrac{\dfrac{\sqrt{\left[\sum\limits_{i=1}^{86}(x_{ij}-\overline{x_j})^2\right]\left[\sum\limits_{i=1}^{86}(\hat{x}_{ij}-\overline{\hat{x}_{ij}})^2\right]}}{\sum\limits_{i=1}^{86}(x_{ij}-\overline{x_j})(\hat{x}_{ij}-\overline{\hat{x}_j})}}{\sum\limits_{j=1}^{13} \dfrac{\sqrt{\left[\sum\limits_{i=1}^{86}(x_{ij}-\overline{x_j})^2\right]\left[\sum\limits_{i=1}^{86}(\hat{x}_{ij}-\overline{\hat{x}_{ij}})^2\right]}}{\sum\limits_{i=1}^{86}(x_{ij}-\overline{x_j})(\hat{x}_{ij}-\overline{\hat{x}_j})}} \times 100 \right\} \\ \qquad \text{如果 } x_j \text{ 为正向指标} \\[2ex] \sum_{j=1}^{13} \left\{ \left(\dfrac{\max\limits_{i} x_{ij} - x_{ij}}{\max\limits_{i} x_{ij} - \min\limits_{i} x_{ij}} \times 0.4 + 0.6 \right) \times \dfrac{\dfrac{\sqrt{\left[\sum\limits_{i=1}^{86}(x_{ij}-\overline{x_j})^2\right]\left[\sum\limits_{i=1}^{86}(\hat{x}_{ij}-\overline{\hat{x}_{ij}})^2\right]}}{\sum\limits_{i=1}^{86}(x_{ij}-\overline{x_j})(\hat{x}_{ij}-\overline{\hat{x}_j})}}{\sum\limits_{j=1}^{13} \dfrac{\sqrt{\left[\sum\limits_{i=1}^{86}(x_{ij}-\overline{x_j})^2\right]\left[\sum\limits_{i=1}^{86}(\hat{x}_{ij}-\overline{\hat{x}_{ij}})^2\right]}}{\sum\limits_{i=1}^{86}(x_{ij}-\overline{x_j})(\hat{x}_{ij}-\overline{\hat{x}_j})}} \times 100 \right\} \\ \qquad \text{如果 } x_j \text{ 为逆向指标} \end{cases}$$

(2-5)

其中，x_{ij} 为第 i 个样本县域的第 j 个指标值，$\overline{x_j} = \dfrac{1}{86}\sum\limits_{i=1}^{86} x_{ij}$，$\overline{\hat{x}_j} = \dfrac{1}{86}\sum\limits_{i=1}^{86} \hat{x}_{ij}$，$\hat{x}_{ij}$ 为通过多元线性回归模型得到的 x_{ij} 拟合值。

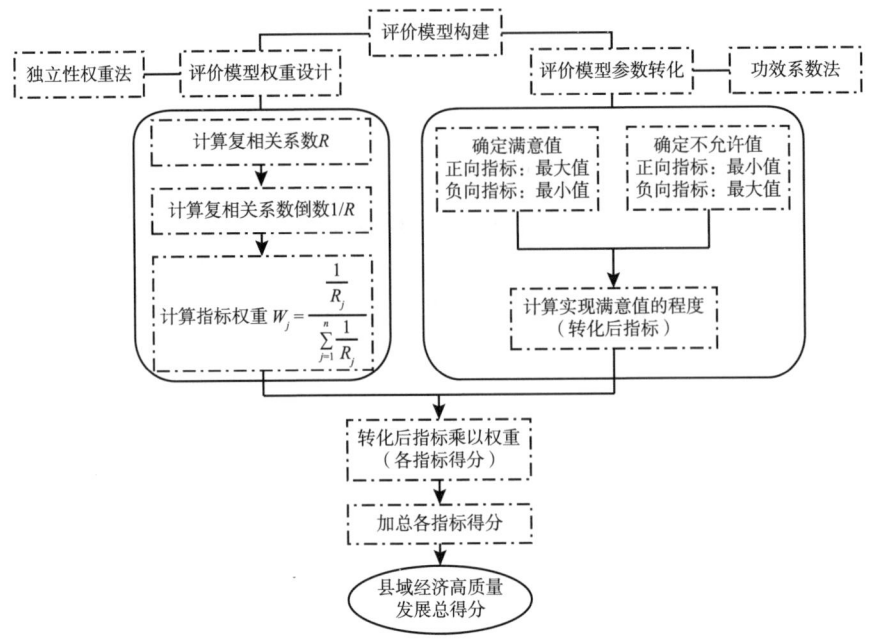

图 2-8 县域经济高质量发展评价模型构建

三、评价模型实证分析

（一）描述性统计分析

基于 86 个样本县域数据，对 13 个评价指标进行描述性统计，概括性地描述样本数据特点，结果如表 2-13 所示。统计分析结果显示，2020 年，样本县域 GDP 均值 227.23 亿元、标准差 164.11 亿元。人均 GDP 均值 49404.77 元，标准差 17984.00 元，与经济总量相比，县域之间人均 GDP 差异较小。每创造 1 元 GDP 平均排放碳 116.76 克，单位 GDP 碳排放量最小值 27.07 克，为最大值 402.06 克的 6.73%。宏观杠杆率均值 18.07%，最大值高出最小值 54.34 个百分点。每公顷耕地平均产出粮食 5.59 吨，耕地利用和粮食产出效率最高县域每公顷耕地产出粮食 7.78 吨，是最低县域的 2.65 倍。规上企业平均利润率均值 8.20%，1 个样本县域无规模以上工业企业。人均社会消费品零售总额均值 18260.30 元，标准差 6858.77 元，县域消费市场活跃度差异不大。平均城镇化率 45.68%，城镇化水平最高的县域高出最低县域的 61.87 个百分点。公路密度均值 1.45 千米/平方千米。平均来看，民营经济增加值占 GDP 的 56.90%，标准差 6.19%，县域民营经济发展水平较为类似。发明专利申请数量均值 77.83 个，5 个样本县域没有发明专利产出。县域平均存贷款余额 507.51 亿元，最大值 2315.49 亿元是最小值 28.12 亿元的 82.34 倍。

表 2-13　　　　　　　　　　　描述性统计

指标	单位	均值	标准差	中位数	最小值	最大值
GDP	亿元	227.23	164.11	182.13	13.78	877.95
人均 GDP	元	49404.77	17984.00	45814.00	24579.00	114564.00
单位 GDP 碳排放量	克/元	116.76	84.49	84.38	27.07	402.06
宏观杠杆率	%	18.07	10.45	16.07	3.64	57.98
重点产业发展	%	4.65	3.33	3.76	0.82	18.76
每公顷粮食产量	吨/公顷	5.59	1.00	5.64	2.94	7.78
规上企业平均利润率	%	8.20	5.16	7.04	0.00	27.11
人均社会消费品零售总额	元/人	18260.30	6858.77	17205.71	6027.47	51446.67
城镇化率	%	45.68	12.49	43.23	22.00	83.87
公路密度	公里/平方公里	1.45	0.76	1.49	0.14	3.02
民营经济占比	%	56.90	6.19	57.77	37.85	69.06
发明专利申请数量	个	77.83	176.99	24.50	0.00	1329.00
存贷款余额	亿元	507.51	452.12	380.79	28.12	2315.49

（二）总体评价分析

基于 86 个样本县域数据样本，运用独立性权重法和功效系数法模型，计算样本县域经济高质量发展得分。总体评价得分分布如图 2-9 所示。结果显示，分别有 24 个、20 个样本县域得分布于（74，76］、（76，78］区间，数量合计超过样本县域数量的一半，其余 42 个样本县域较为均匀分布于上述两个得分区间两侧。总体上看，在该评价体系下，得分较为有效地反映了县域之间经济发展水平差异，未出现极端或异常分布，评价结果较为均衡。具体到经济发展水平较好和较差的县域来看，得分较高的县域在 GDP、人均 GDP、宏观杠杆率、重点产业发展、规上企业平均利润率、人均社会消费品零售总额、城镇化率、发明专利申请数量、存贷款余额 9 个指标上排名靠前，表明其在经济发展规模和稳健增长、重点产业发展、工业发展效率、消费市场活跃度、城镇化进程、科技创新、金融服务水平等方面具备优势；得分较低的县域GDP、每公顷粮食产量、规上企业平均利润率、人均社会消费品零售总额、存贷款余额5个指标排名靠后，表明其在经济发展规模、农业和工业生产效率、消费市场活跃度、金融服务水平等方面较为落后。

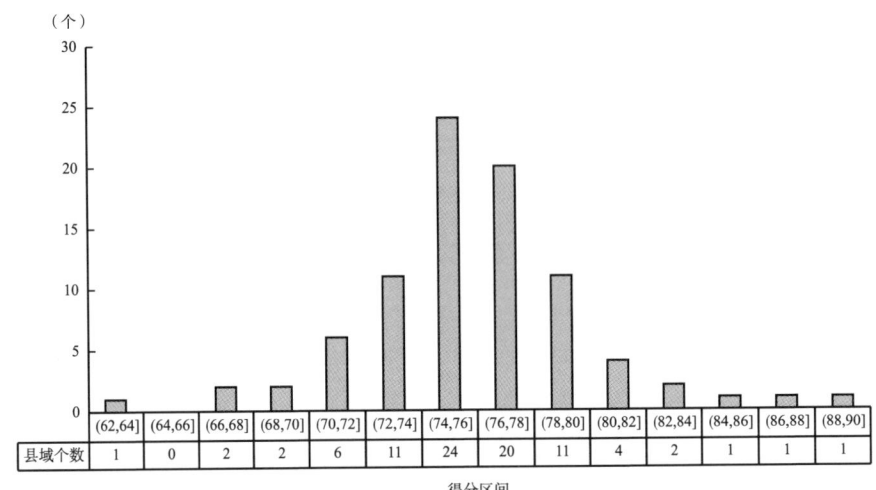

图2-9 县域经济高质量发展得分分布

（三）因素评价分析

在总体评价分析的基础上，利用县域经济高质量发展评价总分排名与各指标排名的相关系数考察影响县域经济高质量发展的主要因素。结果显示，县域总分排名与GDP排名、城镇化率排名、存贷款余额排名最相关，经济规模越大、城镇化进程越快、金融服务水平越高，越有利于县域获得较高评价。总分排名与规上企业平均利润率排名在10%的水平下呈显著正相关关系、相关系数0.206，显著性水平和相关系数均低于其他指标，且规上企业平均利润率排名与其他指标排名总体呈负相关关系。上述分析结果表明，现阶段县域在统筹质的有效提升和量的合理增长方面仍存在短板，尚未实现经济发展规模与发展质效齐头并进，尤其是工业发展效率仍有较大提升空间。具体如表2-14所示。

表2-14 县域经济高质量发展评价总分排名与各指标排名相关系数

	总分排名	X1	X2	X3	X4	X5	X6	X7	X8	X9	X10	X11	X12	X13
总分排名	1.000													
X1	0.827***	1.000												
X2	0.666***	0.524***	1.000											
X3	0.297***	0.258**	-0.060	1.000										
X4	0.369***	0.165	0.545***	-0.248**	1.000									
X5	0.371***	0.377***	0.166	0.195*	0.052	1.000								
X6	0.644***	0.640***	0.418***	0.202*	0.127	0.101	1.000							
X7	0.206*	-0.051	0.062	-0.149	0.170	-0.060	-0.133	1.000						
X8	0.687***	0.566***	0.592***	0.182*	0.297***	0.308***	0.512***	-0.005	1.000					
X9	0.751***	0.689***	0.651***	0.019	0.394***	0.357***	0.450***	0.045	0.693***	1.000				
X10	0.531***	0.632***	0.184*	0.328***	-0.222**	0.147	0.564***	-0.194*	0.333***	0.407***	1.000			
X11	0.285**	0.218**	0.156	0.357***	-0.187*	-0.029	0.373***	-0.081	0.382***	0.148	0.218**	1.000		
X12	0.708***	0.840***	0.532***	0.092	0.179*	0.317***	0.555***	-0.082	0.497***	0.696***	0.586***	0.189*	1.000	
X13	0.722***	0.915***	0.385***	0.234**	0.082	0.446***	0.581***	-0.083	0.490***	0.635***	0.637***	0.121	0.763***	1.000

注：*、**、***分别代表在10%、5%、1%水平下显著。

同时,通过考察县域经济高质量发展各指标的得分率,识别县域经济发展中做得较好的领域和存在的不足。结果显示,县域在单位GDP碳排放量、宏观杠杆率2个指标上得分较高,得分率分别为90.45%、89.35%;在发明专利申请数量、存贷款余额、重点产业发展3个指标上得分较低,得分率分别为62.40%、68.39%、68.53%,表明相比于实现经济低耗能、稳健发展目标,县域在技术创新能力、金融服务水平和重点产业发展等方面存在较大不足,需要进一步在创新驱动发展、金融服务实体经济和优势产业做大做强等领域加快补齐短板。具体如表2-15所示。

表2-15　　　　　　县域经济高质量发展各指标得分率

指标	得分	满分	得分率(%)
GDP	4.12	5.89	69.95
人均GDP	4.84	6.81	71.07
单位GDP碳排放量	7.29	8.06	90.45
宏观杠杆率	6.96	7.79	89.35
重点产业发展	4.53	6.61	68.53
每公顷粮食产量	5.77	7.04	81.96
规上企业平均利润率	12.49	17.33	72.07
人均社会消费品零售总额	4.81	6.79	70.84
城镇化率	4.61	6.12	75.33
公路密度	5.46	6.97	78.34
民营经济占比	6.86	8.12	84.48
发明专利申请数量	4.05	6.49	62.40
存贷款余额	4.09	5.98	68.39
总分	75.88	100.00	75.88

(四)聚类评价分析

在总体评价分析的基础上,考察四种类型县域的排名分布,对比不同类型县域经济发展水平差异。结果显示,10个城市主城区中有6个县域居前6位,占城市主城区总数的60%,且没有城市主城区排名40位以后,城市主城区经济发展水平总体领先。33个重点开发区中位列1~20位和21~40位的县域分别有 10 个、13 个,其余 10 个县域居 40 位以后,排名呈现前中部较多、尾部较少的分布状态,重点开发区经济发展水平仅次于城市主城区。25 个农产品主产区中分别有 7 个县域和 8 个县域位列 1~40 位和 61~86 位,排名呈现前部较少、中部尾部较多的分布状态,农产品主产区经济发展水平总体落后于重点开发区。18 个重点生态功能区没有县域进入前 40 位,有 4 个县域位列 41~60 位,位列 60 位以后的县域有 14 个,占重点生态功能区总数的 77.78%,呈现前部少、尾部多的分布状态,重点生态功能区经济发展水平总体滞后。具体如图 2-10 所示。

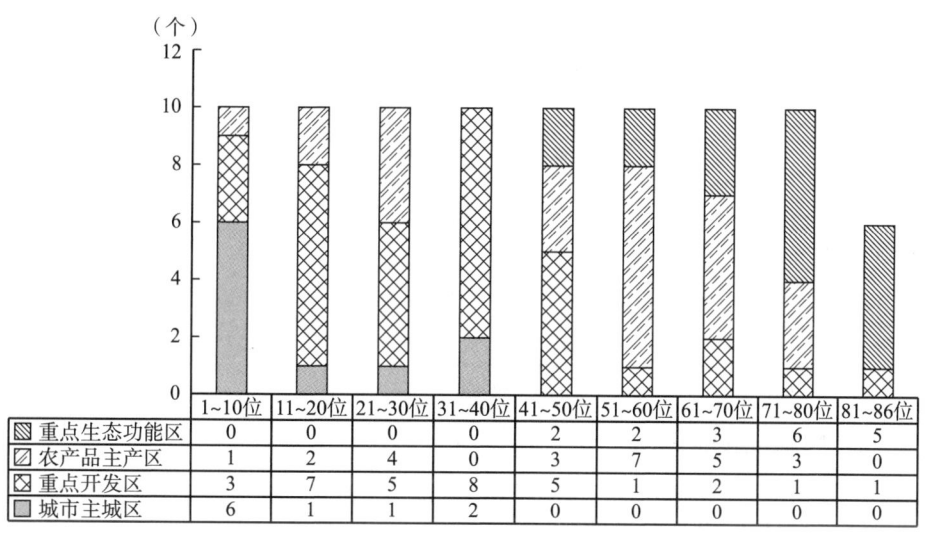

图 2-10 四种类型县域经济高质量发展总分排名分布情况

同时,进一步对四种类型县域各指标得分均值进行分析,识别不同类型县域经济发展过程中的强项和短板。结果显示,城市主城区的 GDP、宏观杠杆率、重点产业发展、每公顷粮食产量、人均社会消费品零售总额、城镇化率、公路密度、发明专利申请数量、存贷款余额 9 个指标得分领先。重点开发区的人均 GDP 优于其他类型县域。农产品主产区的单位 GDP 碳排放量、规上企业平均利润率、民营经济占比 3 个指标得分较高。重点生态功能区没有指标得分高出全省平均水平,在存贷款余额、GDP、公路密度等指标得分上落后城市主城区较多。具体如表 2-16 所示。

表2-16　四种类型县域经济高质量发展评价指标得分均值

指标	城市主城区（10个样本）	重点开发区（33个样本）	农产品主产区（25个样本）	重点生态功能区（18个样本）
GDP	4.83	4.26	3.97	3.68
人均GDP	5.07	5.09	4.58	4.60
单位GDP碳排放量	7.42	7.28	7.63	6.74
宏观杠杆率	7.25	7.06	6.77	6.88
重点产业发展	5.32	4.29	4.43	4.66
每公顷粮食产量	6.17	6.03	5.78	5.03
规上企业平均利润率	12.57	12.30	12.71	12.50
人均社会消费品零售总额	5.28	4.87	4.73	4.54
城镇化率	5.47	4.70	4.40	4.24
公路密度	6.02	5.72	5.47	4.64
民营经济占比	6.69	7.02	7.07	6.35
发明专利申请数量	4.56	4.05	3.94	3.91
存贷款余额	5.12	4.10	3.91	3.73
总分	81.77	76.77	75.39	71.50

四、评价模型检验

（一）评价结果与路径检验

以县域经济高质量发展总排名为被解释变量，13个评价指标排名为解释变量，采用多元线性回归模型，考察评价指标对评价结果的解释力，既检验构建的评价指标模型能否有效反映县域经济高质量发展水平，也有助于识别影响县域经济高质量发展的关键路径。

回归结果显示，线性回归拟合优度0.909，表明在该评价模型下，指标体系较为全面地反映了县域经济发展的主要方面，具备较高的综合性。具体而言，在有效控制指标排名相互影响的情况下，县域经济高质量发展总排名与GDP、人均GDP、单位GDP碳排放量、宏观杠杆率、每公顷粮食产量、规上企业平均利润率、公路密度7个指标排名在1%的水平下显著正相关，表明县域经济发展规模越大、低耗能水平越高、经济增长越稳健、农业和工业生产质效越好、公路密度越高，越有利于提升县域经济高质量发展水平。重点产业发展和城镇化率排名对县域经济高质量发展总排名在5%的水平下有显著正向影响。上述指标涉及县域经济发展总体水平、产业发展规模和效率、城镇化进程和基础设施建设4个方面，体现了县域经济高质量发展评价的全面性。具体如表2-17所示。

表2-17 以县域经济高质量发展总排名为被解释变量的多元线性回归结果

Source	SS	df	MS		
Model	48181.909	13	3706.301	Number of obs = 86 F(12，73) = 55.410 Prob > F = 0.000	
Residual	4815.591	72	66.883	R-squared = 0.909 Adj R-squared = 0.893	
Total	52997.500	85	623.500	Root MSE = 8.178	
综合排名	Coef.	Std. Err.	t	P > |t|	[95% Conf. Interval]
GDP	0.403	0.119	3.380	0.001	0.165　0.640
人均GDP	0.154	0.057	2.690	0.009	0.040　0.268
单位GDP碳排放量	0.171	0.044	3.920	0.000	0.084　0.258
宏观杠杆率	0.178	0.051	3.490	0.001	0.076　0.280
重点产业发展	0.104	0.043	2.390	0.019	0.017　0.190
每公顷粮食产量	0.144	0.054	2.680	0.009	0.037　0.251
规上企业平均利润率	0.259	0.037	6.940	0.000	0.184　0.333
人均社会消费品零售总额	0.061	0.058	1.050	0.298	0.055　0.177
城镇化率	0.135	0.067	2.010	0.048	0.001　0.269
公路密度	0.161	0.058	2.790	0.007	0.046　0.275
民营经济占比	0.050	0.046	1.100	0.276	0.041　0.142
发明专利申请数量	-0.021	0.074	-0.290	0.774	0.170　0.127
存贷款余额	-0.077	0.100	-0.760	0.447	0.276　0.123
_cons	-31.382	4.127	-7.600	0.000	-39.608　-23.156

（二）差异化赋权检验

为检验评价结果是否受到不同赋权方法的影响，采用信息量权重法进行测试。信息量权重法利用指标变异程度计算权重，变异系数越大，携带的信息越多，权重越大。信息量权重法计算步骤如下。

1. 采用公式（2-6）计算均值 $\bar{x}_j$

$$\bar{x}_j = \frac{1}{86}\sum_{i=1}^{86} x_{ij} \qquad (2-6)$$

其中，x_{ij} 为第 i 个样本县域的第 j 个指标值。

2. 采用公式（2-7）计算标准差 σ_j

$$\sigma_j = \sqrt{\frac{\sum_{i=1}^{86}(x_{ij}-\bar{x}_j)^2}{86-1}} \qquad (2-7)$$

3. 采用公式（2-8）计算变异系数 V_j

$$V_j = \frac{\sigma_j}{\bar{x}_j} \qquad (2-8)$$

4. 采用公式（2-9）计算各个指标的权重 W_j

$$W_j = \frac{V_j}{\sum_{j=1}^{13} V_j} \times 100 \qquad (2-9)$$

表2-18对比了两种赋权方法获得的各指标权重。信息量权重法下，发明专利申请数量变异系数最大，赋予权重最高；民营经济占比变异系数最小，赋予权重最低。总体上看，两种赋权法下的指标权重成负相关关系，例如，发明专利申请数量、存贷款余额、GDP等绝对量指标变异系数较大，在信息量权重法下赋予较高权重，但其与其他指标关联度较高，在独立性权重法下赋予较低权重。相比于独立性权重法，信息量权重法的赋权结果更为极端，指标之间权重差距较大。

表2-18　　　　独立性权重法和信息量权重法下各指标权重

三级指标	独立性权重	信息量权重	一级指标	独立性权重	信息量权重
GDP	5.89	8.65	经济总体发展水平	28.55	28.59
人均GDP	6.81	4.36			
单位GDP碳排放量	8.06	8.66			
宏观杠杆率	7.79	6.92			

续表

三级指标	独立性权重	信息量权重	一级指标	独立性权重	信息量权重
重点产业发展	6.61	8.56	产业发展规模和效率	37.77	22.73
每公顷耕地粮食产量	7.04	2.13			
规上企业平均利润率	17.33	7.54			
人均社会消费品零售总额	6.79	4.50			
城镇化率	6.12	3.27	城乡融合	6.12	3.27
公路密度	6.97	6.23	经济发展支撑	27.56	45.41
民营经济占比	8.12	1.30			
发明专利申请数量	6.49	27.22			
存贷款余额	5.98	10.66			

图 2-11 对比了两种赋权方法评价结果。在两种赋权方法下，进入前 5 位的县域无变化，进入前 10 位的 9 个县域相同。在独立性权重法下位列倒数后 10 位的县域，在信息量权重法下也位列倒数后 10 位。两种赋权法下，总分及排名的相关系数分别为 0.934 和 0.943，且在 1% 的水平下显著。检验结果表明，独立性权重法和信息量权重法下的县域经济高质量发展评价结果没有显著差异。

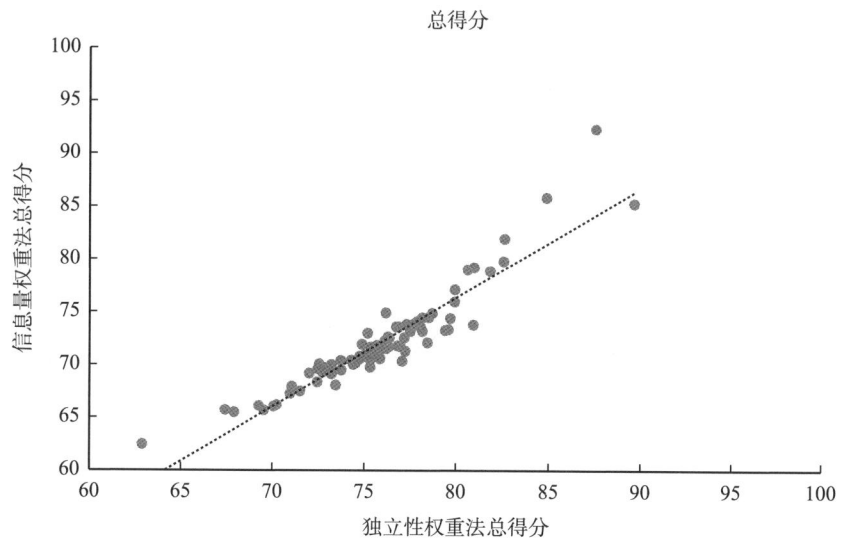

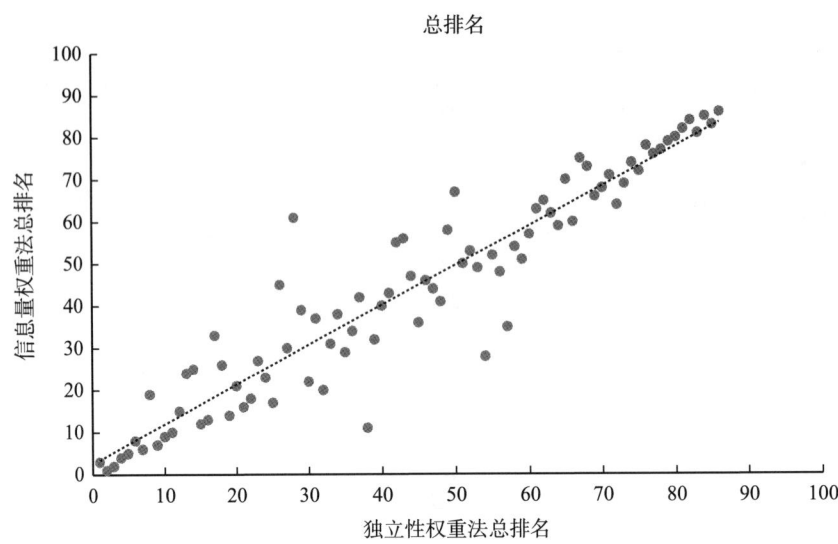

图 2-11 独立性权重法和信息量权重法下总得分与总排名相关关系

图 2-12 对比了两种赋权法下四种类型县域位次分布情况。与前面的对比结果相符,两种方法下四种类型县域位次分布特征相似。其中,在信息量权重法下,城市主城区位列第 1~20 位、第 21~40 位的县域数量分别增加 1 个、减少 1 个;重点开发区各排名区间的县域数量没有变化;农产品主产区位列

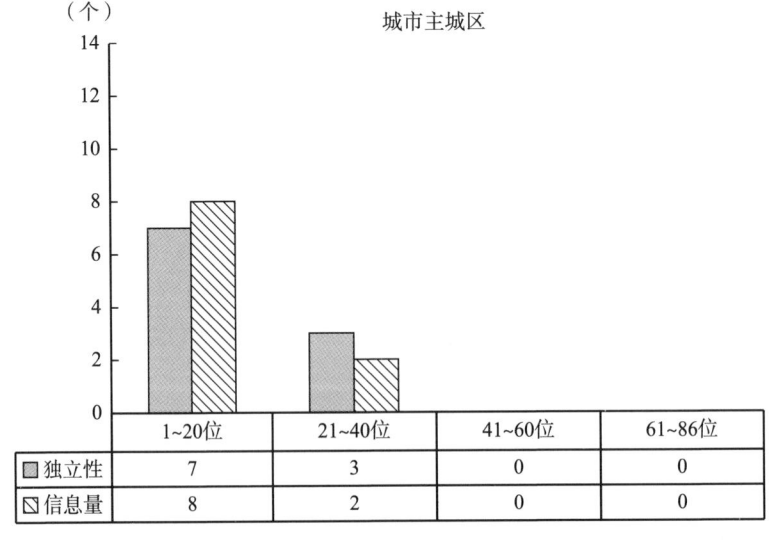

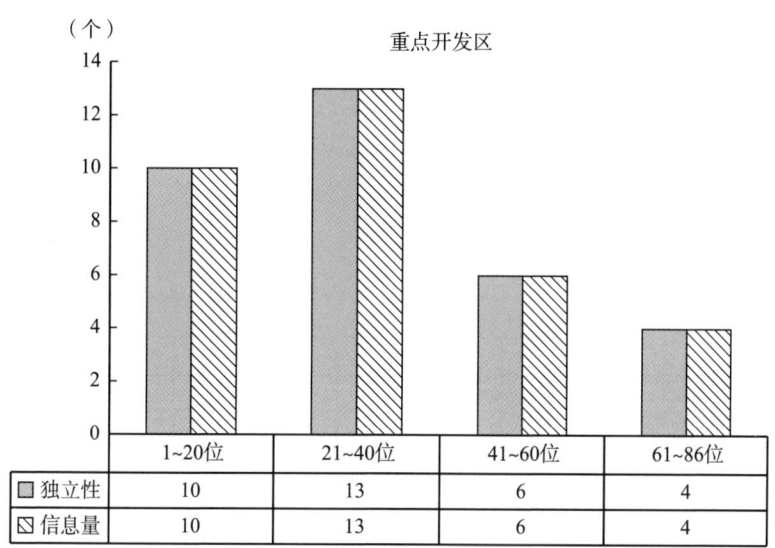

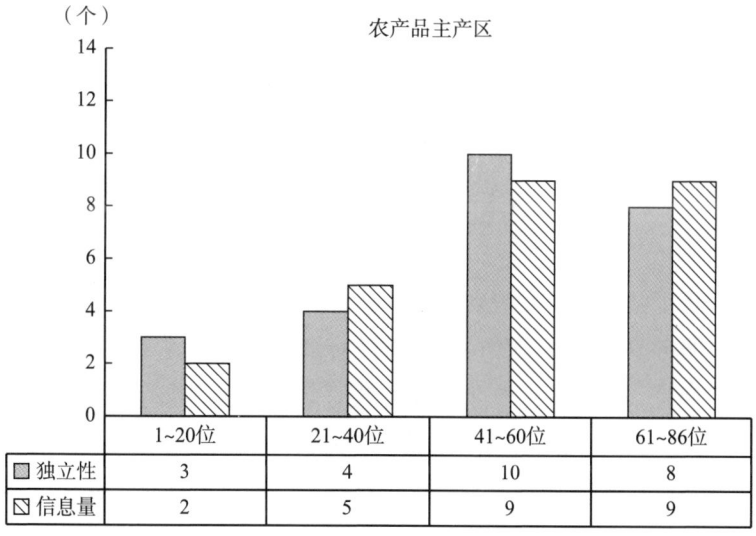

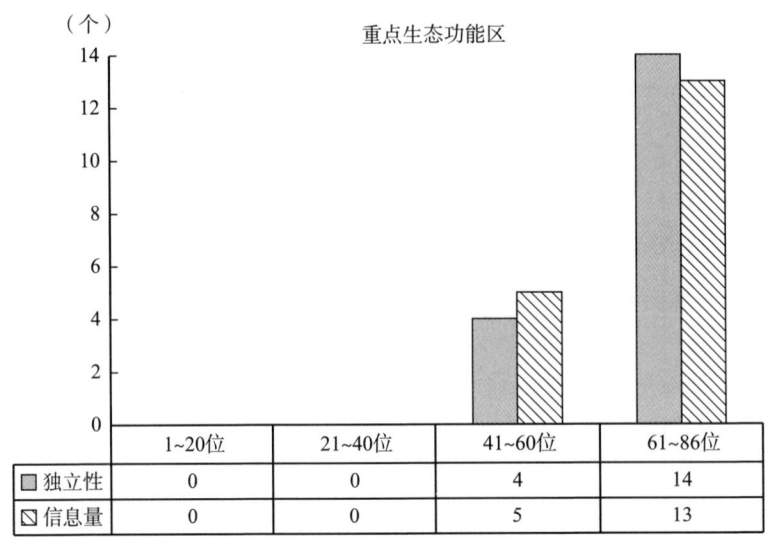

图 2-12 两种赋权方法下四种类型县域位次分布情况

第 1~20 位和第 41~60 位的县域均减少 1 个，位列第 21~40 位和第 61~86 位的县域均增加 1 个；重点生态功能区位列第 41~60 位、第 61~86 位的县域数量分别增加 1 个、减少 1 个。总体上看，四种类型县域在各排名区间分布的县域数量变化不超过 1 个，表明所构建的评价模型对不同类型县域的评价结果较为稳健，未受到差异化赋权方法的影响，具有一定的科学性。

第七节 本章小结

本章分析了县域经济发展现状，从产业体系、基础设施、科技创新、营商环境和金融服务等方面研究探讨了县域经济高质量发展的实施路径。基于经济可持续发展理论，从一二三产业融合发展的角度，通过指标筛选分析，形成了由 13 个指标构成的县域经济高质量发展评价体系。在此基础上，采用独立性权重法赋予指标权重，利用功效系数法对指标数据进行转化，构建以客观赋权为核心的县域经济高质量发展评价模型，并基于 A 省 86 个样本县域数据，运用评价模型对 A 省县域经济高质量发展水平进行实证分析。为加强对评价模型的检验分析，进一步采用路径检验以及差异化赋权检验两种方法对县域经济高质量发展评价模型进行验证。实证分析和检验结果表明：本章所构建的县域经济高质量发展评价模型线性回归拟合优度超过 0.9，70% 的指标回归系数在

5%的水平下显著,且不同赋权方法下的模型相关系数超过0.9,综合筛选的评价指标、构建的评价模型较好地揭示了影响县域经济高质量发展的主要因素,具有一定的科学性、有效性。

评价模型实证分析结果显示,城市主城区经济发展水平总体较好,但民营经济占比得分低于全省平均水平2.48%。重点开发区经济发展水平落后于城市主城区,主要在重点产业发展和规上企业平均利润率方面存在不足,得分分别低于全省平均水平5.30%、1.52%。农产品主产区经济发展水平与全省平均水平基本持平,人均GDP和宏观杠杆率得分落后,分别低于全省平均水平0.26分、0.19分。重点生态功能区整体经济发展水平较为滞后,10个指标得分均位列四种类型县域末位,尤其在公路建设方面落后较多,公路密度指标得分低于全省平均水平15.02%。

根据评价模型实证分析结果,推动县域经济高质量发展,城市主城区需要进一步促进民营经济发展壮大,持续提升经济实力和区域服务能力。重点开发区需要一手抓传统产业转型升级、一手抓新兴产业培育壮大,深入推进新型工业化,提升产业发展质效。农产品主产区需要加快农村一二三产业融合发展,大力推进农村产业升级和乡村振兴,扩大县域经济规模的同时提升经济稳健增长和可持续增长水平。重点生态功能区需要通过积极发展生态产业和特色文化旅游业,进一步将生态优势转化为竞争优势,同时加快缩小基础设施与全省平均水平差距。

第三章 县域生态高质量发展

县域生态高质量发展是遵循自然规律、实现人与自然和谐共生的发展。县域生态高质量发展是县域高质量发展的基础，贯穿于经济、文化、治理、民生高质量发展各方面和全过程。推动县域生态高质量发展，重点是协同推进降碳、减污、扩绿、增长，推进生态优先、节约集约、绿色低碳发展，加快建设人与自然和谐共生的新型县域生态系统。

第一节 县域生态高质量发展概述

一、污染综合治理

1. 空气污染治理

2020年全省空气质量总体改善，平均优良天数率为90.8%，同比提高1.7个百分点，较2015年提高5.6个百分点，其中优占44.6%、良占46.2%。总体污染天数比为9.3%，重污染天数平均为0.6天，同比减少0.2天，细颗粒物（$PM_{2.5}$）年均浓度同比下降8.8%。自2016年大气监测质量新标准执行以来，空气质量优良天数率连续5年稳步提高。但部分县域$PM_{2.5}$浓度较高，氮氧化物（NO_X）、二氧化硫（SO_2）超标问题仍然存在。

2. 水污染治理

全省共有大小河流近1400条，2020年水环境质量总体呈改善趋势。153个国省控监测断面中，有146个达到优良水质，占95.42%；Ⅳ类水质断面7个，占4.58%；Ⅴ类、劣Ⅴ类水质断面全面消除。其中，87个国考断面（84个河流断面、3个湖库断面）中，Ⅰ类水质断面20个，占比22.99%；Ⅱ类水质断面43个，占比49.43%。46个集中式饮用水水源地共计46个断面（点位）所测项目达到或优于Ⅲ类标准，达标率100%。

3. 土壤污染治理

"十三五"期间,重金属污染物排放量削减17.35%,超额完成削减9.50%的目标任务。2020年全省化肥使用量减少到210.8万吨(折纯)、农药使用量减少到4.63万吨,连续四年实现化肥农药使用量负增长。县城生活垃圾无害化处理率97.5%,较2015年提高15.4个百分点;危险废物利用处置能力达到70.3万吨/年,较2017年增长651%。2020年末县域土壤污染情况如表3-1所示。

表3-1　　　　　　　　2020年末县域土壤污染情况

土壤类型	土壤点位超标率(%)	主要污染源	污染等级	污染比例(%)
耕地	34.30	镉、镍、铜、铬、滴滴涕和多环芳烃	轻微	27.80
			轻度	3.95
			中度	1.37
			重度	1.20
林地	10.70	镉、砷和滴滴涕	轻微	6.73
			轻度	1.99
			中度	1.83
			重度	0.15
草地	38.30	镉	轻微	27.50
			轻度	4.90
			中度	1.96
			重度	3.92
未利用地	32.00	镉和铜	轻微	25.40
			轻度	1.64
			中度	3.28
			重度	1.64

二、清洁能源开发

1. 清洁能源分布

全省水能资源理论蕴藏量1.43亿千瓦、技术可开发量1.0亿千瓦,分别占全国的21.20%和27.20%。风能资源理论开发量4850万千瓦、技术可开发量1800万千瓦。技术可开发太阳能资源8500万千瓦，其中太阳能资源最丰富地区的53个县域属于全国太阳能资源一类和二类地区，可供开发使用太阳能约 1.67×10^{21} 焦耳/年，占全省的72%。天然气总资源量约为7.2万亿立方米，有多个县域位于国家天然气千亿立方米级产能基地重点区域。

2. 清洁能源开发

全省有序推进干流水能开发，集中推进省内多个县域清洁能源基地建设。到2020年末，水力发电装机容量8082万千瓦，占全省电力总装机容量的78.50%；年发电量3514亿千瓦，占全省发电量的84.90%，居全国前列。风电装机426万千瓦，占总装机容量的4.14%。光伏发电装机191万千瓦，占总装机容量的1.86%。天然气产量432亿立方米，其中页岩气119亿立方米。2020年末能源装机容量如图3-1所示。

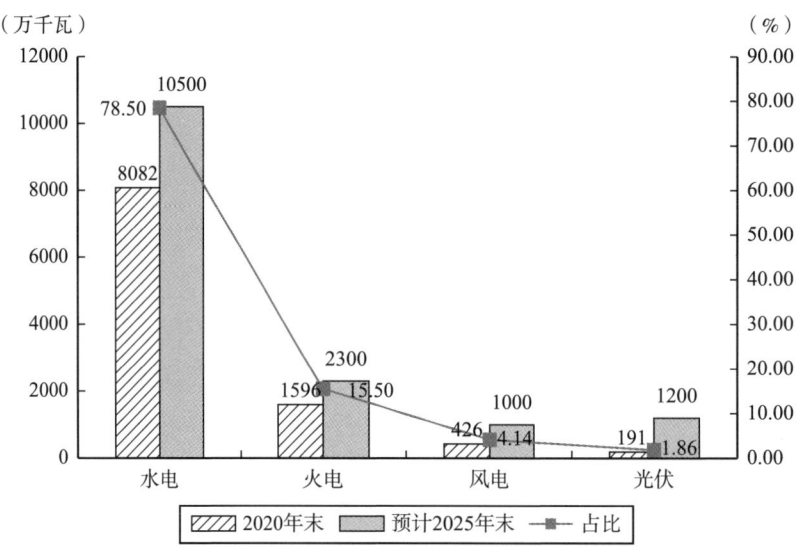

图3-1 2020年末能源装机容量①

三、生态资源保护

1. 生物资源分布

全省拥有脊椎动物近1300种，约占全国总数的45%以上，兽类和鸟类约

---

① 火电装机包括煤电、气电、生物质发电等。

占全国总数的53%；有各类高等植物14470种，占全国总数的1/3以上。野生高等动植物区域分布差异明显，生物多样性保护优先区域集中分布在由北至南纵贯西部的高山高原区。拥有大量珍稀生物资源，其中极危物种126个，占比5.85%；濒危物种399个，占比18.52%；易危物种1094个，占比50.79%；近危物种535个，占比24.84%。部分生物多样性保护优先区域物种受威胁状况如表3-2所示。

表3-2　　　　部分生物多样性保护优先区域物种受威胁状况　　　　单位：种

序号	优先区域名称	植物受威胁程度					动物受威胁程度				
		合计	极危物种	濒危物种	易危物种	近危物种	合计	极危物种	濒危物种	易危物种	近危物种
1	M1	613	51	110	321	131	222	10	45	98	69
2	M2	171	8	31	98	34	230	9	45	101	75
3	M3	253	10	42	143	58	82	5	20	34	23
4	M4	233	15	38	120	60	65	5	14	29	17
5	M5	196	9	38	108	41	89	4	16	42	27

2. 生态保护区建设

截至2020年末，全省自然保护区165个，面积8.0万平方千米，占全省土地面积的16.50%，四种类型县域涉及自然保护区情况差异较大（如图3-2所示）。共有湿地公园54个，其中国家湿地公园（含试点）29个。年末森林覆盖率40%，比2019年末提高0.4个百分点。建成32个国家生态文明建设示范区和8个"绿水青山就是金山银山"实践创新基地，国家级森林城市增至12个。

3. 生态治理修复

山水林田湖草沙生态系统整体得到较大幅度改善，各项生态系统综合发展指数逐步提升，2020年全省生态环境状况整体为"良"，生态环境状况指数（EI值）为71.3，同比下降0.6。县域生态环境状况为"优"和"良"的县域数量占比96.72%，其中"优"等级的县域41个，占比22.40%。

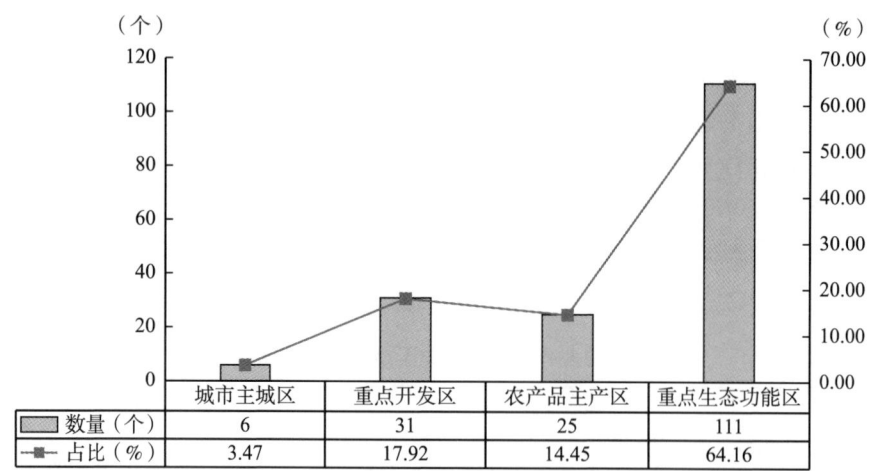

图 3-2 四种类型县域涉及自然保护区情况①

四、绿色转型发展

1. 生产方式绿色转型

全省建立了以96家国家级农业产业化重点龙头企业为核心、902家省级重点龙头企业为骨干,近3000家市级重点龙头企业为基础的绿色产品数据库。到2020年,建成省级绿色工厂130余家,绿色供应链管理企业1家,绿色园区17家。在加快推进传统产业绿色转型升级过程中,各地县域围绕当地特色,开展了很多具有研究推广价值的探索,形成了一系列以生态产业发展为基础的特色优势产业集群,带动了其他产业的复合增长和转型发展。

2. 生活方式绿色转型

2019~2022年,县域绿色环保平均总投入金额为1.9亿元。2022年有1231个社区入围第四批绿色社区名单,城镇新增民用建筑中绿色建筑占比达85%,两个城市成功申报国家"十四五"第二批海绵城市建设示范城市,全省新改建"口袋公园"102个。建成绿色低碳的港口码头岸电系统135套,以清洁能源为主要渠道的长江干线五大类港口岸电配电率达100%。

---

① 有14个自然保护区涉及多个县域。

五、绿色金融发展

1. 绿色金融产品和服务

截至 2020 年末，绿色贷款余额 5164.5 亿元，较年初增长 19%，高于同期各项贷款增幅 5.3 个百分点。累计发行绿色债券 33 只，绿色债券余额 292.3 亿元。获批立项的清洁发展机制（CDM）项目和减排量均居全国前列，温室气体自愿减排（CCER）累计交易量 1617.1 万吨，单边成交额突破 1 亿元。建立省级层面的绿色金融服务平台，131 家绿色企业和 55 个绿色项目完成首批入库。绿色贷款和绿色债券余额如图 3-3 所示。

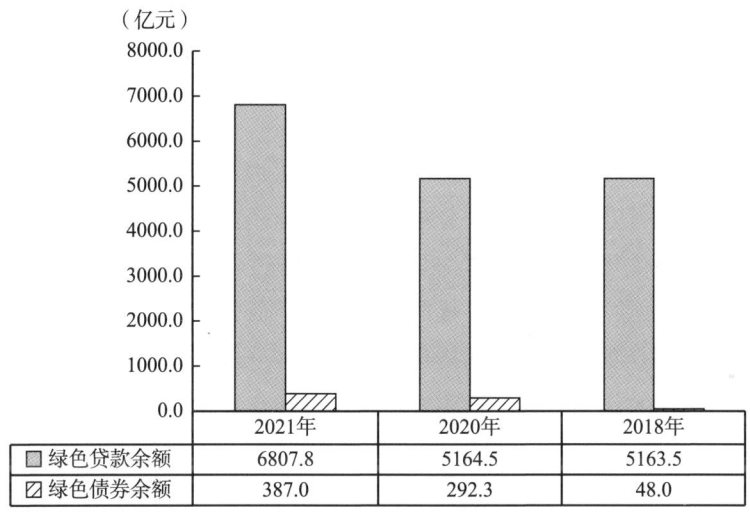

图 3-3 绿色贷款和绿色债券余额

2. 绿色金融创新实践

建设的大数据产业园成为全国首个"碳中和"绿色数据中心，入选国家第十批新型工业化产业示范基地。"碳足迹"挂钩贷款、"点点碳中和"平台、"零碳网点"等金融创新活动在全国形成较强的带动示范效应。但是创新机制尚不健全，碳市场活跃度低，各类市场主体面临缺乏绿色融资抵质押物等问题，导致部分规模化生产企业绿色产能扩能受到资金不足的制约。

第二节　县域环境污染防治

一、加强大气污染防治

1. 强化重点区域联防联控

推广部分县域大气联防联控模式，在重点区域内建立信息共享、重大项目会商、统一预警响应和联合执法机制，综合采取远程监测监控、入企监督指导、污染高值预警、实地监测溯源、综合分析应对等方式，全面提升重污染天气应急管控实效。在工业污染重点区域，将开展区域联防联控作为应对重污染天气的重要途径，强化区域环境空气质量预测预报能力，有针对性地制定重污染天气应急预案，加强应急减排清单标准化管理，推动重点区域联防联控大气环境质量持续改善。

2. 加强重点行业空气污染治理

强化对重点行业企业的绩效分级管理，依据企业不同状况制定相应的排放标准，动态调整优化重点企业"一厂一策"实施方案。聚焦煤矿企业规模小、污染大的实际问题，逐步淘汰高耗能、高污染、低效能燃煤锅炉。严格秸秆露天焚烧管控，建立县域全覆盖网格化管理体系，分区域、分作物推广秸秆还田模式，大力推广农作物秸秆生物质颗粒燃料化转化技术，降低县域秸秆污染排放来源。

二、加强水污染防治

1. 加强农业水污染防治

持续推广科学施肥技术和施肥机械设备，加快以新型肥料缓释肥和水溶肥替代部分传统化肥、环境友好型农药替代高污染农药。加强规模化畜禽养殖场和养殖专业户的粪污综合治理，建设雨污分流设施、污水存储池，减少粪污的直接排放及粪污水污染。严格管理饵料和饲料，降低水体中的氮、磷含量，降低水体富营养化的风险。

2. 加强工业水污染治理

依法有序关停、搬迁、改造或封闭在城市建成区内污染严重的钢铁、有色金属、造纸、印染、原料药制造、化工等企业。强化环保、能耗、安全等标准约束，综合运用法律、经济和行政手段，淘汰落后和过剩产能。推动钢铁、纺织印染、造纸、石油石化、化工、制革等高耗水企业进行废水深度处理回用，推动重点企业冷却水的循环利用。

3. 加大城镇污水及黑臭水体治理

强化入河排污口整治和城市建成区"污水零直排区"建设，对城中村和老旧城区的污水管网进行改造和修复，更新改造使用年限较长、材质落后的供水管网，对居民改装节水器具等进行补贴。推广使用小型分散式生活污水处理设备，充分发挥其设计适应性强、检修便利且生物流失少的优势，推动农村生活及城市餐饮业污水处理信息化、智慧化。

部分县域水生态环境保护与修复措施如表3-3所示。

表3-3　　　　　　部分县域水生态环境保护与修复措施

地区	管理措施	技术措施
C1	官方河长+民间河长+专家河长	（1）污水处理厂（站）建设或改造； （2）水生态工程项目建设
C2	河（湖）长制	（1）污水处理厂（站）建设或改造； （2）集中式饮用水水源地规范化整治
C3	（1）水源地环境问题排查； （2）专项检查	（1）污水处理厂（站）建设或改造； （2）整改辖区水源地环境问题
C4	（1）"河长+警长+河道管理员"制度； （2）督察制度、会议制度、考核验收制度； （3）"一河一档""一河一策"； （4）划定饮用水水源保护地	（1）污水处理厂（站）建设或改造； （2）"四乱"问题整治； （3）小水电清理工作
C5	（1）河长制； （2）制定河流清单	（1）污水处理厂（站）建设或改造； （2）饮用水源地规范化建设； （3）黑臭水体整治； （4）配套规模养殖场粪污处理设施装备

三、加强土壤污染防治

1. 加强农业用地土壤污染防治

实施化肥农药减量替代计划，避免不达标的肥料投入农业生产，通过科学合理的用肥用药减少化肥农药的使用量，减少对土壤的污染。加强农作物秸秆综合利用，提高其利用率。推动畜禽粪污资源化利用，将畜禽粪污转化为有价值的产品。积极推广使用可降解地膜①,减少地膜和包装物对土壤的污染。

2. 加强工业用地土壤污染防治

规范重金属企业的准入,推进铅蓄电池、电镀、有色金属冶炼及皮革鞣制加工等企业环保基础设施建设,提升整个产业链的环保水平。强化对重金属企业的监管,进行强制性清洁生产审核,加强对废弃电子产品、废旧发动机和废弃塑料等固体废弃物的科学化管理。完善固体废弃物信息台账,推动县域固废申报登记管理系统普及和有效运行。

3. 加强建设用地土壤污染防治

持续更新建设用地土壤污染风险管控和修复名录,确保名录内容的精确性和时效性,对于未达到土壤污染风险评估报告确定的风险管控、修复目标的建设用地地块,禁止其开工建设任何与风险管控、修复无关的项目。加强联动监管,执行建设用地土壤污染修复终身责任制,严格落实有关污染防治措施,避免任何形式的二次污染,防止土壤污染扩散。

县域环境污染防治路径如图3-4所示。

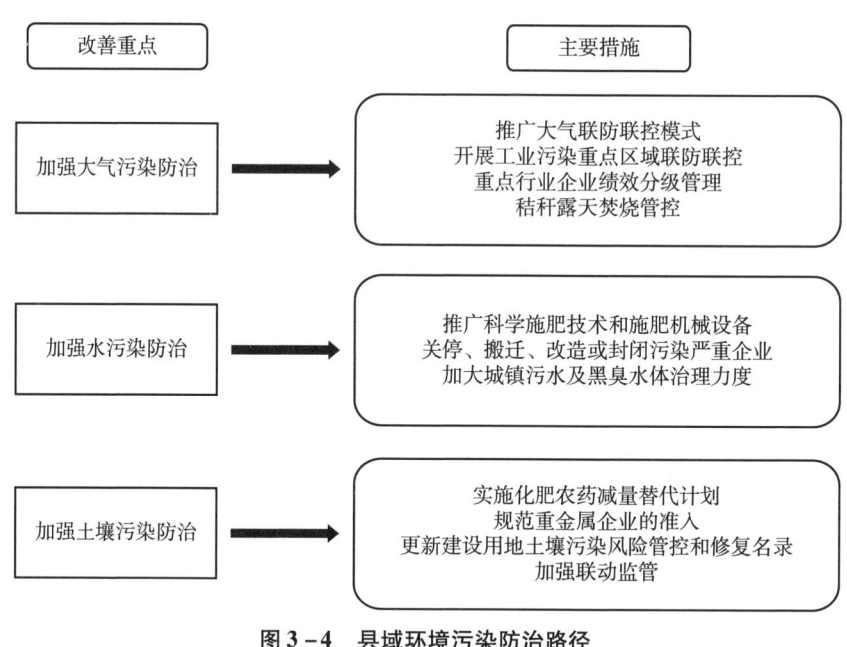

图3-4 县域环境污染防治路径

---

① 可降解地膜是一种可降解的新型地膜。其降解原理是在塑料成分中掺入可降解的生物质,使得大块塑料容易降解为小块塑料。

第三节　县域清洁能源开发

一、科学有序开发水电项目

1. 推进水电设施建设

制定水电设施建设勘察方案，合理预期勘察周期、勘察任务量，提升勘察精确度。充分利用水能资源丰富的优势，创新开发技术，打破极端环境束缚。采用无人值守和有人值班相结合的方式，定时巡查、定期监测、定期预防性试验，确保水电设施正常运行。建设大型抽水蓄能电站以及具有灵活调度功能的中小型抽水蓄能电站，增强水电基地和水电站的调峰、调频能力。根据水源地质条件、水文环境，科学规划抽水蓄能电站的建设容量和建设标准，提高水电项目建设能力。利用常规梯级水电站、常规泵站资源、常规水电站机组改建抽水蓄能电站。

2. 提升水电项目运行能力

调整优化水电开发结构，优先建设季以上调节能力水库电站。借鉴有关经验，将投资建设与实施生态补偿并行，制定运行期环境保护经济预案、环境空气保护制度，实现水资源高效利用与环境保护的有机结合。建设竞争有序的水能资源市场，保障水资源综合开发利用效益，促进开发建设与生态保护的良性循环。

3. 提高水电运输储备效率

加快形成政府储备、企业社会责任储备和生产经营库存相结合、互为补充的水电能源储备体系。积极研发新型储能技术，减少水电资源在储备期间的电力消耗。完善高压交流输变电工程，增强特高压交流电力的汇集能力，通过传输效率的提升，满足电源多元化开发输送需求。创新应用智能化运输，监测分析运输过程中设备的温度、湿度等参数，实现水电能源运输的实时追踪管理，提高运输效率及安全性。

二、大力发展风电能源项目

1. 推动风电项目开发建设

通过进行风能资源评估、地形分析、环境影响评价、社会影响评价、可行性分析等多种方法，选择适宜的风力发电场址和适宜的风电机组排布方式。对风电机组进行实时监测，利用风力发电场风机基础沉降、塔筒垂直度观测工作，分析和预告风电场工程运营情况。统筹协调风电开发与电网建设的进度，优化风电设备布局和设计，增加电力系统运行的灵活性和电源消纳能力，解决风电场规模大、远离负荷中心导致的电力送出矛盾。推广利用串补、可控高抗技术，通过超高压、特高压电网与省外电网连接，以提高电网的西电东送能力和系统稳定性。

2. 推进风电基地扩机及电站机组增容改造

做好风能发电机组的布局优化，一体化开展建设、运行、送出、消纳规划。推进风资源较好地区老旧风电机组升级改造，提升风能利用效率。对使用年限长、单机容量小、叶轮直径小的风电机组进行全面评估，通过技术改造和置换等方式进行升级，促进风电产业提质增效。

三、积极发展光能源项目

1. 加强光能的研发力度

强化太阳能供热、采暖和制冷技术研发，研究集热、制冷、蓄热相结合的多能源互补技术，发挥太阳能在能源替代中的积极作用。加强太阳能制冷技术研发，在不同地区、不同类型的建筑上开展热水、供暖、制冷联供应用试点，积极扩大示范项目范围。通过光电转换、光热转换，以电制冷、以热制冷，运用太阳能吸收式制冷、太阳能吸附式制冷、除湿蒸发冷却技术，有效降低能源消耗，减少空气污染。

2. 加快光伏电站建设

积极稳妥推进光伏基地建设，采取风光互补开发模式，推进智能光伏产业创新升级和特色应用。探索复合型光伏电站应用示范，采用农光、渔光等互补复合开发模式建设光伏电站，实现与农业、林业、生态修复产业协调发展。充分发挥小规模光伏电站的作用，在农村地区推广应用分散式光伏，推广清洁能源供热供能的太阳能热水器、太阳能灶、太阳能路灯。

四、加强氢能源技术开发

1. 加大氢能源产业项目建设

促进有条件的县域高质量建设可再生能源制氢示范项目,大力发展"风光发电+绿电制氢",推动风电、光伏配置储氢项目发展,建立多能互补模式,降低氢能综合利用成本。稳妥推进氢走廊及氢能产业生态圈构建试点建设,在焦化、氢碱、丙烷脱氢等行业聚集区优先使用工业副产氢,利用低成本的氢能源打通产业链。加强氢能技术攻关研究,建立以工业副产氢和可再生能源制氢就近利用为主的氢能供应体系。

2. 推广应用氢能源技术

推动氢能源安全生产以及"制储输用"全链条发展,探索在工业、交通运输等领域的应用。推广在公共交通、公务用车等领域优先使用氢燃料汽车,引导大中型企业购置使用氢燃料电池汽车。开展掺氢天然气管道、纯氢管道等试点,逐步构建高密度、轻量化、低成本、多元化的氢能储运体系,提高高压气态储运效率,降低储运成本,有效破解绿氢资源与市场错配难题。

五、加大天然气勘探开发力度

1. 加快天然气资源勘探与开发

加大开发力度,运用地质勘探技术,绘制三维图像,利用适用井进行煤层开采,综合考虑环境、生态和土地产权等情况选择开采井位置。加大天然气勘探资金和人力资源投入,不断扩大天然气产能。推动以市场化方式转让矿业权,优化矿业权价值评估规则,建立天然气地质资料公开与共享机制。运用好低成本绿电支撑减氧空气驱、二氧化碳驱、稠油热采电加热辅助等三次采油方式,不断增加原油产量。

2. 提升天然气管网运行建设水平

强化有关县域天然气基础设施建设,加快管道建设进程,加强与国家干线管道的互联互通,以实现天然气生产区与消费区之间的畅通互动。加大天然气管网等基础设施向第三方市场主体开放力度,高质量建好天然气管道和液化天然气(LNG)接收站等关键项目。推进储气群建设,增强气田与储气库联动效益,增强季节调峰能力,强化事故应急供气保障。完善地下储气库设施的设计、建设、验收、运行等行业标准,科学改造地质结构、扩建贮气洞、改善运行设施,推进形成储气设施标准体系。

县域天然气勘探开发重点措施如图3-5所示。

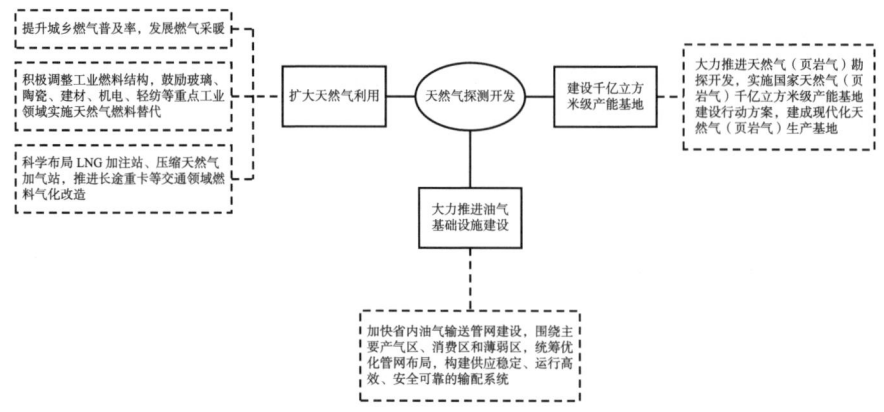

图3-5　县域天然气勘探开发重点措施

第四节　县域生态环境建设

一、加强生态系统修复

1. 加大山地生态系统保护

完善保障山地生态工程投入机制,进一步筑牢生态安全屏障工程,加强山地生态保护与建设,提升山地生态系统整体功能。对山地基础条件、自然环境、社会经济及发展现状开展全面考察,科学制定县域山地资源环境承载发展规划,正确处理保护生态和经济社会发展的关系。立足山地立体空间、立体资源基础,发挥生态本底和资源优势,发展有地方特色的山地产业。

2. 加大江河生态系统保护

严格落实江河生态保护红线制度,完善江河生态系统修复制度,加强动态管控。充分发挥河长制作用,探索建立跨区域联防联控机制,为江河生态保护治理提供更加有力的体制机制保障。继续实施长江十年禁渔计划,开展禁渔专项执法,严厉打击非法捕捞行为,有效保护流域生态和渔业资源,提升江河生态系统质量。

3. 加大森林生态系统保护

积极培育"工业树",打造"产业林",增强林地在气候水文调节、原料生产、生物多样性保护和土壤保持等方面的供应能力。提升森林质量,以森林抚育、退化林修复技术为抓手,进一步优化森林结构。全面推行林长制,完善天然林保护制度,强化管护设施与森林防火体系建设,抓好重大有害森林生物防控。

4. 加大湿地生态系统保护

根据县域实际情况,推进湿地分级管理体系建设,设置湿地名录动态清单台账,采取退养还滩、退耕还湿等举措,建设人工湿地。加强部门协作,推动湿地保护诉讼中多部门执法衔接,严肃整治乱占湿地行为。因地制宜开展湿地保护专项行动,确保湿地面积的稳定和扩展,提高湿地保护率,提升湿地生态服务功能。

5. 加大湖泊生态系统保护

做好统筹规划,加强对湖泊水空间的管控,科学开展开发建设活动。规范湖泊区域范围内畜禽养殖活动,排查入湖污染源。加强综合防治,系统治理环湖周边污染和水体污染,改善水环境质量。科学开展湖泊渔业资源增殖、水草种植,保护水生生物多样性,修复生态环境,维护生态安全。

6. 加大草原生态系统保护

根据区域草原生态、生产能力等合理核定载畜量标准,通过季节性休牧轮牧和减畜,实现草原饲草生产量与放牧牲畜的饲草需求量平衡。加快培育草原生态养殖模式、养殖方式,在适度规模经营的基础上推行分群饲养、划区轮牧。扎实开展毁林毁草等专项治理行动,加大草原检查执法力度,增强规范合理利用草原的自觉性。

重点生态系统修复部分清单事项如表 3-4 所示。

表 3-4 重点生态系统修复部分清单事项

清单事项	内容
加大森林生态系统保护力度	(1) 培育"工业树",打造"产业林"; (2) 推进长江、黄河上游绿化工程; (3) 全面推行林长制,完善天然林保护制度

续表

清单事项	内容
保护湿地生态系统	(1) 提高湿地保护率，提升湿地生态服务功能； (2) 设置湿地名录动态清单台账； (3) 推动湿地保护诉讼中多部门执法衔接
推进湖泊生态环境治理	(1) 全面落实河湖长制，加强对湖泊水空间的管控； (2) 推广美丽河湖优秀案例； (3) 提升水体水源涵养能力

二、加强重点保护区建设

1. 加强国家公园建设

提高国家公园建设力度，落实规划方案，完善保护区布局，将具有生态、观赏、文化和科学价值的生态系统、遗迹和景观区域划入园区，增强国家公园服务科研、教育、文旅的功能。按照现场考察、科学论证、科学规划、国家审批、标桩立界、社会公示同步推进等方式，做好统一管理机构、健全法治保障、完善资金保障机制、推进共建共享、提升能力建设、促进合作交流等工作。制定国家公园一般控制区项目发展准入清单、特许经营项目清单，对集体森林（草原）生态效益给予合理补偿，提升建设效率。

2. 加强生态保护区建设

对生态保护区进行精准定位和测绘，结合地理实体边界和自然保护地边界，完善生态保护红线监管体系，加大对生态保护红线监管信息化建设投入，准确获取重点区域及县域生态保护红线的面积、性质、功能、管理情况及变化趋势。将生态保护红线作为空间规划的重要基础，在县域发展、工业园区布局、矿产资源开发等项目建设中严把占用生态保护红线审查关，提高生态保护区发展水平。

三、加强生物多样性保护

1. 加强珍稀濒危物种保护

严格执行禁食陆生野生动物规定，维护生态链平衡，防止有害病原体的传播。建设野生动物救护和繁育中心，完善野生动物救护网络。完善栖息地保护设施，结合区域物种丰富度、动植物珍稀濒危程度。加强动物及其栖息地的森林生态系统保护,以及高原湿地生态系统保护。

2. 防治外来有害生物入侵

健全外来物种入侵风险评估体系,对外来有害物种的入侵风险进行审慎评估。对外来入侵物种的引进、销售、购买、放生等环节作出明确规范并加强宣传宣讲,引导公众积极履行植物检疫责任、参与科普教育、志愿参与防控活动、规范放生行为,积极营造共同参与防控外来物种入侵的氛围。

生物多样性保护措施如图3-6所示。

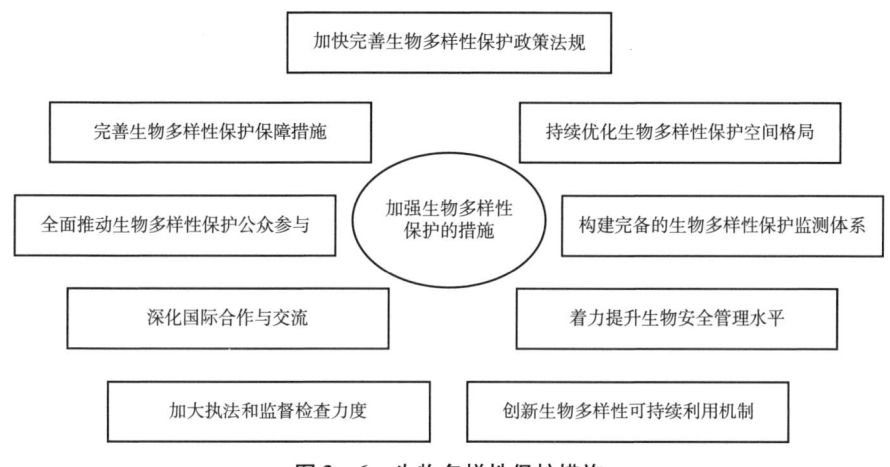

图3-6 生物多样性保护措施

第五节 县域绿色转型发展

一、推进生产方式绿色转型

1. 推进农业生产绿色转型

实施新能源乡村振兴工程,引进农业绿色工艺,推动农业绿色成果快速转化。引进"光伏+设施农业"低碳农业模式,因地制宜发展分散式风电、分布式光伏、农光互补等低碳农业。创新应用减碳增汇型农业技术,推广二氧化碳肥的应用,实现二氧化碳有效收集、存贮、利用和监测,降低二氧化碳肥使用成本,有效减少农用化肥的使用。提高农膜回收率,建立县乡村三级农膜使用台账和农膜工作网络体系,布设农膜应用调查与残留污染监测点位,跟踪农膜回收情况。

2. 推进工业生产绿色转型

推动重大节能技改项目建设，提高重点行业、重点企业能效水平，持续推动钢铁、电解铝、水泥、平板玻璃、炼油、乙烯、合成氨、电石等高耗能行业节能降碳改造。转变企业用能方式，以电力、天然气代替煤炭作为燃料，推动能量梯级利用，提高化工产业资源利用率。加大产业结构调整力度，严格执行建设项目环境准入制度，加快传统产业技术转型。

3. 推进服务业绿色转型

构建现代物流体系，加快软件和信息服务、科技服务、现代物流等生产性服务业整体绿色转型，促进物流降本增效，培育绿色流通主体。提升冷链物流网络化、标准化、智能化水平，加强高效节能与可再生能源利用、环保制冷剂及安全应用的技术研究。加快淘汰高排放冷藏车和制冷设备，使用绿色低碳高效制冷剂和保温材料。推进产业数据中心等新型基础设施建设和改造，建立绿色运营维护体系，优化运输组织模式。加快培育环保产业集群，促进环保产业链上下游整合，通过资金支持和技术支持打造环保龙头企业。

推进县域生产方式绿色转型实施路径如图3-7所示。

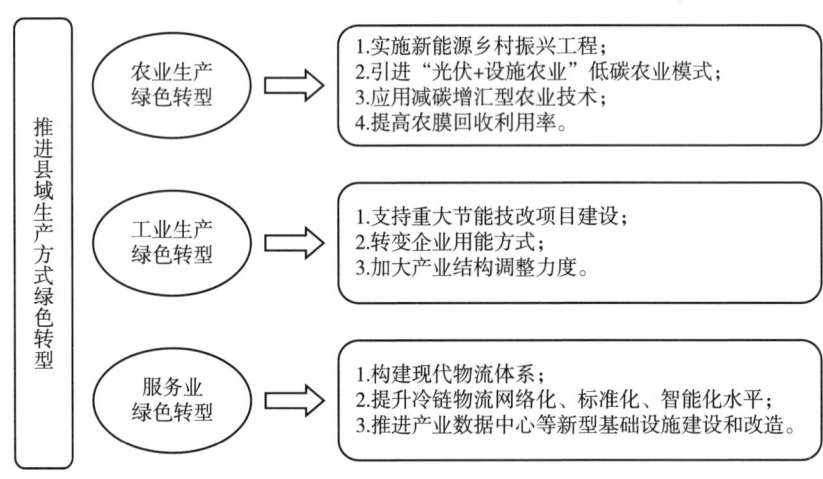

图3-7 推进县域生产方式绿色转型实施路径

二、推进生活方式绿色转型

1. 加强生活垃圾分类管理

加快构建分类投放、分类收集、分类运输、分类处理的生活垃圾处理系统，促进垃圾再循环，提高垃圾的资源价值和经济价值。推广建立可回收物三级回收体系，依托便民网络平台系统，从垃圾分类前端、中端、末端三级，实现线上线下、前端至末端的全网络互联互通。建立不同模式的回收体系，强化可回收垃圾、厨余垃圾等垃圾资源的再循环利用。搭建信息交流平台，营造积极氛围，普及垃圾分类知识，提升垃圾分类的知晓率、支持率、参与率。生活垃圾分类回收流程如图 3-8 所示。

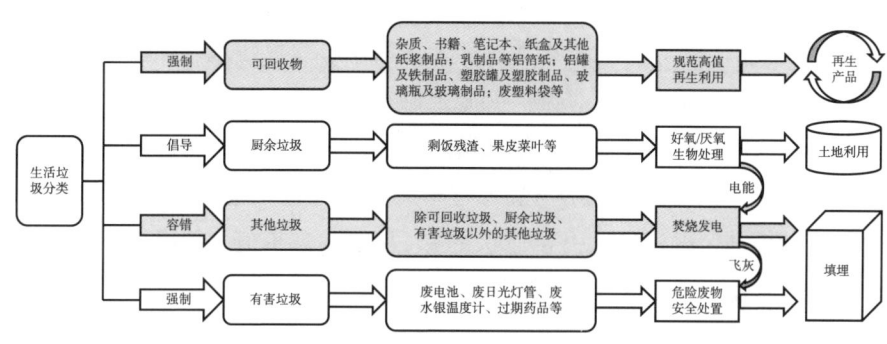

图 3-8　生活垃圾分类回收流程

2. 培养绿色健康生活习惯

加强全民节约意识、环保意识、生态意识的培养，积极推广崇尚低碳生活、合理适度消费的绿色理念。健全碳普惠机制，提升绿色低碳产品在生产和消费中的比例。建立绿色消费激励约束机制，推广绿色产品认证与标识制度，强化低碳产品的质量安全责任保障。开展低碳社会全面创建活动，大力推行绿色建筑、绿色办公、绿色出行、绿色餐饮、绿色宣传以及绿色文化，推动全民在衣、食、住、行、游等方面加快向勤俭节约、绿色低碳、文明健康的方式转变。坚决抵制和反对各种形式的奢侈浪费、不合理消费。

第六节　县域生态高质量发展金融服务

一、推进绿色金融产品创新

1. 创新绿色信贷产品

发挥金融机构在推动绿色发展中的作用，增强绿色信贷发展动力，统一绿色产业与绿色信贷认定标准。围绕低碳、零碳、减碳、负碳四条主线，持续加大对低碳产业的支持力度。创新担保方式，促进应收账款质押、履约保函、知识产权质押、股权质押以及林权、农村土地"两权"抵押等抵押、质押方式发展。加快推进碳排放权、用能权、排污权等市场化交易，提高绿色贷款可获得性。

2. 创新绿色保险产品

引导保险机构积极开发气候保险等险种，提高应对环境变化的风险管理能力。推动保险机构针对非化石能源、新能源汽车、绿色建筑、绿色基础设施等行业，提供责任保险和保证保险。实施强制重污染产业环境责任保险，将保费与企业环境风险管理水平挂钩，淘汰落后产能。推动保险机构进入养殖业环境污染风险管理，进行保险理赔与病死牲畜无害化处理。建立差异化保险费率，融合保险精算和金融定价，引导企业关注环境与生态价值。拟推广和重点开发的环境污染保险产品如表3-5所示。

表3-5　　　　　拟推广和重点开发的环境污染保险产品

产品分类	产品名称	保险风险
责任保险	环境污染责任保险	企业发生污染事故对第三者造成的损害依法应承担的赔偿责任和清污费用
	安全生产与环境污染责任保险	企业发生安全生产事故和污染事故对第三者造成的损害依法应承担的赔偿责任和清污费用
	道路危险货物承运人责任保险	运载危险货物发生污染事故对第三者造成的损害依法应承担的赔偿责任和清污费用
船舶保险	沿海内河船舶污染责任险	沿海内河船舶漏油造成的损害依法应承担的赔偿责任和清污费用
	远洋船东保赔险	远洋船舶漏油造成的损害依法应承担的赔偿责任和清污费用
特殊保险	石油井喷控制费用保险	石油井喷事故造成的费用支出

3. 创新绿色债券产品

推进绿色金融工具与各期限、品种债务融资工具组合，有序发行绿色金融债，不断满足市场需求。开发多元化绿色投资产品，用好绿色基金、绿色信托等金融工具，引导社会资本进入绿色项目。促进绿色企业上市融资和再融资，推动满足准入条件的企业通过资本市场多渠道融资。

绿色金融产品创新实施路径如图 3-9 所示。

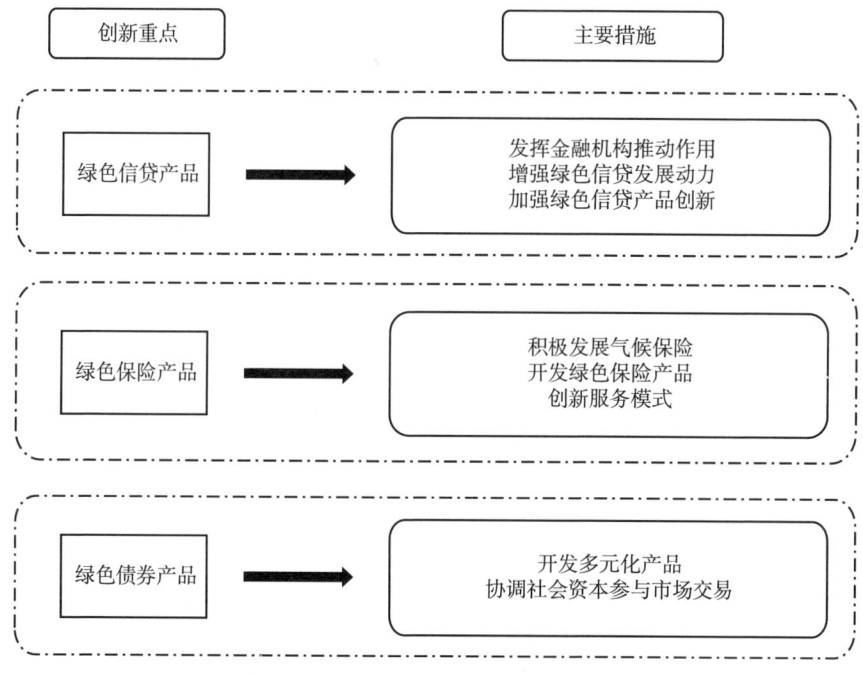

图 3-9　绿色金融产品创新实施路径

二、推进碳交易市场建设

1. 丰富碳交易市场金融工具

根据绿色产业建设发展需要，推广碳回购、碳债券、碳信托等金融产品，拓宽企业碳资产融资渠道，引导企业、非政府组织、机构和个人等多元主体参与，积极发展使用碳排放权抵押融资、法人账户透支等碳金融创新业务。丰富完善碳交易金融产品种类，积极研发推广碳远期、碳期货、碳掉期、碳期权等碳金融衍生工具，增强碳交易市场的流动性和活跃度。创新类碳金融衍生产品如表 3-6 所示。

表 3-6　　　　　　　　　创新类碳金融衍生产品

产品类型	产品名称
碳远期	CDM 远期合约、碳资产投资应收账款货币化产品
碳期货	欧洲气候交易所碳金融合约、排放指标期货（EUA Futures）、重灾保险、基于环境社会风险的保险品种
碳期权	经核证的减排量期货（CER Futures）、"承兑" CER（gCER）
碳结构性产品	排放配额/指标期权（EUA Options）、CER 与 EUA 互换、CER 与 ERU 互换
碳资产货币化	经核证的减排量期权（CER Options）
碳保险	基于 CER 与 EUA 的价差期权（Spread Option）
碳担保	中银一年期美元"挂钩二氧化碳额度期货价格"产品
互换	深发展挂钩"欧盟第二承诺期的二氧化碳排放权期货合约"产品

2. 优化碳排放配额分配

根据县域产业结构、能源消耗、经济发展水平等实际情况，科学测算碳排放总量，合理确定碳排放配额的分配方式。加强区域碳排放配额协调，优化不同行业碳排放总量设定，统一区域和行业之间的碳排放配额标准。在现行的历史排放法、行业基准法等方法基础上，进一步探索符合地方碳排放实际的科学、公平、公正的配额分配方法，推动碳排放市场实现更高水平的供求平衡。引入动态调整机制，强化碳排放配额监管，防止碳排放从配额稀缺地区向配额宽松地区转移。坚决打击违规转让、出售或购买配额等行为，维护市场秩序和公平竞争。

3. 加强碳交易管理

加强碳排放数据源控制，引导企业提升碳排放管理水平，完善排放监测和计量系统，提高排放数据的准确性和可信度。建立交易质量评估制度，定期评估碳排放交易笔数和金额，推动碳排放与企业用电、用能互证，提高异常排放识别能力。加大培训教育力度，强化排放企业、监测机构和相关人员合规操作意识和责任意识。强化碳交易工作检查和执法，建立违规交易问题举报制度和奖励机制，严肃查处虚假交易、瞒报交易限额等违法违规行为。

我国碳金融市场的层次结构如图 3-10 所示。

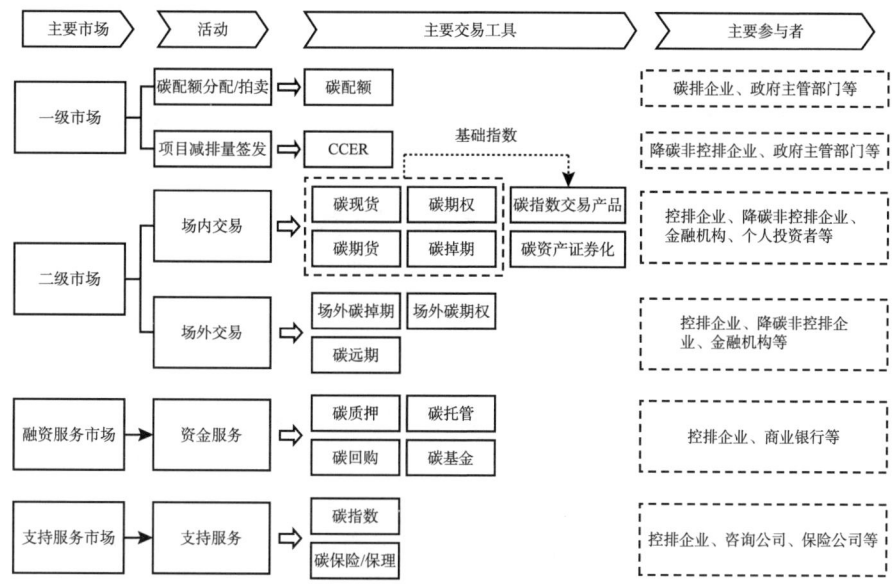

图 3-10 我国碳金融市场的层次结构

三、健全绿色金融服务体系

1. 提升绿色金融信息管理

完善企业环境信息披露制度，加强绿色项目环境、社会、公司治理（ESG）风险评估，有效获取绿色金融发展数据以及环境技术、标准、企业违规等信息，增强绿色金融市场透明度。加强绿色评定评级、绿色技术交易、碳交易、碳核算、碳中和、碳账户、信息披露建设等系统融合，增加绿色企业（项目）申报、融资信息对接、金融产品宣传等功能使用，加大对符合条件的绿色低碳企业融资支持力度。拓展绿色金融服务场景，建立健全绿色生活激励机制。推动碳核算信息共享，完善碳减排支持体系，逐步开展金融机构碳核算和环境信息披露。

2. 推进绿色金融科技建设

整合人工智能（AI）、物联网等数字技术，聚焦绿色金融企业和项目，建立多维度关系图谱和专属绿色档案，实现客户分级分类管理。借助促活算法、虚拟客服等技术，优化绿色信贷运作模式。构建"政府+银行+企业+个人"的绿色多元场景生态圈，提供绿色信贷、绿色基金、绿色债券等金融业务支持。建设数据安全共享平台，扩大绿色金融覆盖范围，打造高效安全的绿色金融科技支撑体系。

3. 加强绿色金融风险防范

严格新客户准入，切实防范信贷风险。强化绿色信贷风险管理流程制约，通过风险排查、专项检查等手段，识别客户和产品风险，提升风险识别与计量水平。引导银行信贷人员加强宏观政策、法律法规等知识的学习，提升专业水平，守好风控底线。围绕新政策、新要求开展业务培训，增强信贷人员风险识别能力，提升银行风险管理水平。

4. 健全绿色金融考核机制

完善绿色金融考核指标，明确金融机构在支持绿色项目方面的责任和义务，引导金融机构积极推动绿色金融的发展。建立绿色金融评估机制，定期对金融机构的绿色金融业务进行评估和考核，完善配套奖惩政策。引导金融机构建立健全绿色金融考评机制，通过专项激励费用补贴、绿色金融尽职免责等方式，提高金融机构发展绿色金融业务的积极性。健全金融机构绿色金融领导和协调机制，完善绿色金融信贷评级政策和投资评价政策。

第七节 县域生态高质量发展评价

一、评价指标设计

（一）评价指标初步设计

根据赫尔曼·戴利（Herman Daly）提出的生态经济学和可持续发展理论，以及联合国开发计划署构建的环境可持续指数（ESI）测度模型，借鉴有关生态高质量发展评价指标体系设计的有益做法，基于环境污染防治、清洁能源开发、生态环境建设、绿色转型发展的路径探索，构建县域生态高质量发展评价指标体系。初步构建的县域生态高质量发展评价指标体系，包括4个一级指标、10个二级指标、33个三级指标。具体如表3-7所示。

表 3-7　初步设计的县域生态高质量发展评价指标体系

一级指标	二级指标	三级指标	指标解释
环境污染防治	空气治理	细微颗粒（$PM_{2.5}$）浓度、空气质量优良天数比率、空气质量综合指数	反映空气污染程度
	污水治理	国考断面水质优良比例、县域集中式饮用水水源水质达标率、污水排放量、行政村农村生活污水有效治理比例	反映地表水和生活污水污染程度
	土壤治理	受污染耕地安全利用率、土壤重金属点位超标率	反映土壤污染程度
清洁能源开发	水电风氢天然气能源开发	水电装机容量、非化石能源电力装机比重、非化石能源消费比重、天然气产量	反映核电、风能、水能、太阳能、生物质能、地热能等非化石能源建设情况
	效率提升	单位 GDP 能耗、万元地区生产总值能耗降低率、单位 GDP 二氧化碳排放量、环保支出	反映经济发展、环境保护管理事务支出与能源消费之间的关系
生态环境建设	生态系统修复	森林覆盖率、草原综合植被盖度、建成区绿化覆盖率、生态环境状况指数、水土保持率	反映区域内植物面积、水土保持状况和生态环境质量状况
	保护区建设	自然保护地占比、湿地保护率、生态保护红线占国土面积比例	反映区域内保护区建设情况
	生物多样性	重点生物物种种数保护率	反映生态保护红线内受保护的重点生物物种种数占本地应保护的重点生物物种种数的比例
绿色转型发展	绿色生产	秸秆综合利用率、废旧农膜回收利用率、农药使用量、化肥使用量	反映农业生产中秸秆综合利用、农膜回收利用和农药化肥使用情况
	绿色生活	农村卫生厕所普及率、生活垃圾无害化处理率、畜禽粪污综合利用率	反映绿色生活发展情况

（二）评价指标筛选

在评价指标初步构建的基础上，按照可检验、可比较、可追溯标准，从样本数据的有效性、相关性和一致性角度筛选出县域生态高质量发展评价指标。

1. 有效性检验

根据评价模型所使用指标的样本数据覆盖率需要达到 5% 置信水平的要

求,废旧农膜回收利用率、农村卫生厕所普及率、畜禽粪污综合利用率3个指标数据样本容量的观测值均在95%以下,即在5%的置信区间以外,容易对评价模型的最终结论形成偏误干扰,因此将上述指标从初步构建的指标体系中剔除。

2. 相关性检验

在计量经济学中,相关性被广泛应用于数据分析和建模,以探究变量之间的潜在关系。通过相关系数矩阵研究分析,细微颗粒浓度、空气质量优良天数比率、秸秆综合利用率、草原综合植被盖度和水土保持率5个指标与其他25个指标的相关系数在1%和5%的显著性水平下不存在相关性,因此将上述指标从初步构建的指标体系中剔除。

3. 一致性检验

按照德格鲁特(Morris H. DeGroot)提出的评价指标统计口径公允性准则,样本数据的测算方法应保持一致。对指标进行检验分析发现,水电装机容量、非化石能源电力装机比重、非化石能源消费比重、天然气产量和万元地区生产总值能耗降低率等16个评价指标的取数口径来源于不同的行业标准。由于缺乏相对一致的数据追索和口径认定标准,从初步回归模拟的显著性水平来看,上述16个指标的中心偏离度系数在10%以上,指标数据的模拟分析数据缺失值无法通过方差分析等技术手段进行修复,数据的一致性较差,因此将上述指标从初步构建的指标体系中剔除。

通过多维度筛选,从33个初步设计指标中筛选出9个评价指标,构建出县域生态高质量发展评价指标体系。具体如表3-8所示。

表3-8 经筛选形成的县域生态高质量发展的评价指标体系

一级指标	二级指标	三级指标	指标定义	数据来源	指标性质
清洁能源开发	效率提升	Y1-单位GDP二氧化碳排放量	每单位GDP排放的二氧化碳量	中国碳核算数据库(CEADs)	逆向指标
生态环境建设	生态修复	Y2-生态环境状况指数	0.35×生物丰度指数+0.25×植被覆盖指数+0.15×水网密度指数+0.15×(100-土地胁迫指数)+0.10×(100-污染负荷指数)+环境限制指数	A省环境状况公报	正向指标

续表

一级指标	二级指标	三级指标	指标定义	数据来源	指标性质
环境污染防治	空气治理	X1－空气质量综合指数	SO_2、NO_2、PM_{10}、$PM_{2.5}$、CO、O_3 6种污染物污染程度综合计算	A省环境状况公报	逆向指标
清洁能源开发	效率提升	X2－环保支出	环境保护管理事务支出、环境监测与监察支出、污染治理支出等支出之和	A省财政决算报告	正向指标
生态环境建设	生态修复	X3－森林覆盖率	森林面积占土地总面积的百分比	A省统计年鉴	正向指标
生态环境建设	生态修复	X4－建成区绿化覆盖率	建成区绿化植物的垂直投影面积占建成区总用地面积的比值	A省统计年鉴	正向指标
绿色转型发展	绿色生产	X5－农药使用量	年使用的农药总规模	A省统计年鉴	逆向指标
绿色转型发展	绿色生产	X6－化肥使用量	农业生产过程中年使用的化肥总规模	A省统计年鉴	逆向指标
绿色转型发展	绿色生活	X7－生活垃圾无害化处理率	生活垃圾无害化处理量/生活垃圾产生量	A省统计年鉴	正向指标

二、评价模型构建

(一) 评价指标赋权原理

按照奥德姆（Eugene P. Odum）提出的生态系统论观点，生态高质量发展的评价模型应该是相关评价指标体系构成的综合性量化分析系统。由于县域生态高质量发展的评价指标的选择范围较为多元，且指标之间的关联性较弱，需要通过线性插值的方法将各评价指标的离散分布观测值转化为可以进行关联分析的连续曲线，进而根据曲线的几何特征构建量化模型。

基于上述原理，为尽量减少和避免某些指标选择中可能存在的数据偏误以及相关性随机扰动因素对指标权重确定的影响，更客观地反映出各指标的发展变化情况，在对不同评价模型综合筛选和比较分析基础上，按照有利于客观评价分析、有利于差异化结果检验的标准，择优选取灰色关联度法对县域生态高质量发展水平进行权重确定。

（二）评价模型权重设计

县域生态高质量发展的核心任务是打好蓝天、碧水、净土保卫战，稳妥推进碳达峰碳中和，加强生态系统多样性保护，加快生产生活方式绿色转型，建设人与自然和谐共生的新型县域生态系统。采用灰色关联度法对县域生态高质量发展水平进行权重确定，能够有效应对多个指标之间影响因素的不确定性。

由于各指标的单位不同，需要对原始数据进行无量纲化处理，分别利用公式（3-1）和公式（3-2）将正向指标和逆向指标转化为0~1，使原始数据标准化。其中，正向指标包括环保支出、森林覆盖率、建成区绿化覆盖率、生活垃圾无害化处理率和生态环境状况指数；逆向指标包括空气质量综合指数、农药使用量、化肥使用量和单位GDP二氧化碳排放量。

$$\text{正向指标：} x_{ij} = \frac{U_{ij} - \min(U_j)}{\max(U_j) - \min(U_j)} \tag{3-1}$$

$$\text{逆向指标：} x_{ij} = \frac{\max(U_j) - U_{ij}}{\max(U_j) - \min(U_j)} \tag{3-2}$$

其中，U_{ij}为原始发展指标数据第i个样本的第j个指标的数值，$i=1,2,\cdots,86$，$j=1,2,\cdots,7$；U_j为第j列的指标数列；x_{ij}为标准化后第i个样本的第j个指标的数值。

确定比较数列和参考数列，分别为：

$$\boldsymbol{x}_j = \{x_j(k) \mid k=1,2,\cdots,86\}, \quad j=1,2,\cdots,7 \tag{3-3}$$

$$\boldsymbol{y}_0 = \{y_0(k) \mid k=1,2,\cdots,86\} \tag{3-4}$$

比较数列为7个发展指标数列，表示为$\boldsymbol{x}_j$，$j=1,2,\cdots,7$；参考数列为结果指标数列，表示为$\boldsymbol{y}_1$和$\boldsymbol{y}_2$，分别指结果指标Y1采用公式（3-2）标准化后的数列、结果指标Y2采用公式（3-1）标准化后的数列。

灰色关联度法中，关联度反映曲线间几何形状的差别，常用的关联度有邓氏关联度[①]、绝对关联度、相对关联度、点关联度、斜率关联度等。这里采用邓氏关联度，其原理是通过线性插值的方法将系统因素的离散行为观测值转化为分段连续的折线，进而根据折线的几何特征构造测度关联程度。

计算每个比较数列与参考数列对应k点的关联系数$\gamma(y_0(k), x_j(k))$：

[①] 由邓聚龙教授提出，在计算灰色关联系数中应用广泛。

$$\Delta \min = \min_{j} \min_{k} | y_0(k) - x_j(k) | \qquad (3-5)$$

$$\Delta \max = \max_{j} \max_{k} | y_0(k) - x_j(k) | \qquad (3-6)$$

$$\Delta_{jk} = | y_0(k) - x_j(k) | \qquad (3-7)$$

$$\gamma(y_0(k), x_j(k)) = \frac{\Delta \min + \rho \Delta \max}{\Delta_{jk} + \rho \Delta \max} \qquad (3-8)$$

其中，$\gamma(y_0(k), x_j(k))$ 为 x_j 对 $y_0(k)$ 在 k 点的关联系数，$\Delta \min$ 为 y_0 数列与 x_j 数列在 k 点的两级最小差数绝对值；$\Delta \max$ 为 y_0 数列与 x_j 数列在 k 点的两级最大差数绝对值；Δ_{jk} 为 y_0 数列与 x_j 数列在 k 点的绝对差；ρ 为分辨系数。关联系数 $\gamma(y_0(k), x_j(k))$ 是分辨系数 ρ 的单调增函数，ρ 越大，表明对 $\Delta \max$ 越重视，各因子对关联度的影响越大。ρ 的范围是 $0 \sim 1$，取值没有规定，在统计研究中，多数实证研究分辨系数 ρ 取 0.5。

在此基础上，分别计算各比较数列与参考数列对应点的关联系数的平均值，求出 x_j 与 $y(k)$ 的关联度 r_j，7 个比较数列的关联度 r_j 加权平均计算后得到权重 ω_j。

$$r_j = \frac{1}{86} \sum_{k=1}^{86} \gamma(y_0(k), x_j(k)) \qquad (3-9)$$

$$\omega_j = \frac{r_j}{\sum_{j=1}^{7} r_j} \qquad (3-10)$$

基于 86 个样本县域数据，运用灰色关联度法公式（3-1）至公式（3-9），计算结果层次指标生态环境状况指数与 7 个发展指标的灰色关联度。与生态环境状况指数关联度最大的前三个指标分别是：森林覆盖率（0.753）、空气质量综合指数（0.733）和环保支出（0.700）。具体如表 3-9 所示。

表 3-9　　　　　　　生态环境状况指数灰色关联度结果

指标	关联度	排名	指标	关联度	排名
空气质量综合指数	0.733	2	农药使用量	0.595	6
环保支出	0.700	3	化肥使用量	0.612	5
森林覆盖率	0.753	1	生活垃圾无害化处理率	0.497	7
建成区绿化覆盖率	0.624	4			

同理，计算单位 GDP 二氧化碳排放量与 7 个发展指标的灰色关联度。与单位 GDP 二氧化碳排放量关联度最大的前 3 个指标分别是：建成区绿化覆盖率（0.791）、化肥使用量（0.720）和农药使用量（0.705）。具体如表 3-10 所示。

表 3-10　　　　　　单位 GDP 二氧化碳排放量灰色关联度结果

指标	关联度	排名	指标	关联度	排名
空气质量综合指数	0.660	6	农药使用量	0.705	3
环保支出	0.617	7	化肥使用量	0.720	2
森林覆盖率	0.673	4	生活垃圾无害化处理率	0.670	5
建成区绿化覆盖率	0.791	1			

　　生态高质量发展涉及多个维度，在选择结果指标得出最终权重时，由于生态环境状况指数关联度排名靠前的指标中覆盖清洁能源开发、环境污染防治和生态环境建设 3 个一级指标，单位 GDP 二氧化碳排放量关联度排名靠前的指标中覆盖生态环境建设和绿色转型发展 2 个一级指标。所以，选取综合性更高的生态环境状况指数关联度排名结果进行权重计算。其中，森林覆盖率、空气质量综合指数和环保支出 3 个指标权重占比相对较高，合计占到全部指标权重的 48.43%。按维度对比，绿色转型发展指标权重系数占比最大，合计 37.75%，生态环境建设指标权重系数占比 30.50%，环境污染防治指标权重系数占比 16.24%，清洁能源开发指标权重系数占比 15.51%。具体如表 3-11 所示。

表 3-11　　　　　　　　　　指标权重系数

一级指标	三级指标	权重（%）	排名
环境污染防治	空气质量综合指数	16.24	2
清洁能源开发	环保支出	15.51	3
生态环境建设	森林覆盖率	16.68	1
生态环境建设	建成区绿化覆盖率	13.82	4
绿色转型发展	农药使用量	13.18	6

续表

一级指标	三级指标	权重（%）	排名
绿色转型发展	化肥使用量	13.56	5
绿色转型发展	生活垃圾无害化处理率	11.01	7

（三）评价模型参数转化

鉴于县域生态高质量发展评价研究的系统性和综合性的特点，选择优劣解距离法（TOPSIS法）构建县域生态高质量发展评价模型。该方法是一种常用的组内综合评价方法，具有能充分利用原始数据信息、避免数据主观性的优点，其结果能精确地反映各评价方案之间的差距。用TOPSIS法构建县域生态高质量发展评价模型的主要思路是，基于归一化后的原始数据矩阵，采用余弦法找出有限方案中的最优方案和最劣方案，计算各评价对象与最优方案和最劣方案间的距离，获得各评价对象与最优方案的相对接近程度，以此作为评价优劣的依据。

首先对原始数据正向化处理。区分指标体系中的指标类别（高优或低优），并根据不同类型的指标需要按照不同的公式进行正向化处理。其中，高优指标越高越好，这样的指标称为极大型指标；低优指标越小越好，这样的指标称为极小型指标。采用公式（3-1）和公式（3-2）分别对正向指标、逆向指标进行处理，都转换为极大型指标。

构建86行7列的正向化矩阵 $X_{86 \times 7}$。构建正向化矩阵后，对矩阵 $X_{86 \times 7}$ 除以所在列的平方和再开根号得到矩阵 $Z_{86 \times 7}$。

$$X_{86 \times 7} = \begin{pmatrix} x_{1,1} & x_{1,2} & \cdots & x_{1,7} \\ x_{2,1} & x_{2,2} & \cdots & x_{2,7} \\ \vdots & \vdots & \ddots & \vdots \\ x_{86,1} & x_{86,2} & \cdots & x_{86,7} \end{pmatrix} \quad (3-11)$$

$$Z_{ij} = \frac{x_{ij}}{\sqrt{\sum_{i=1}^{86} (x_{ij})^2}} \quad (3-12)$$

$$Z_{86 \times 7} = \begin{pmatrix} z_{1,1} & z_{1,2} & \cdots & z_{1,7} \\ z_{2,1} & z_{2,2} & \cdots & z_{2,7} \\ \vdots & \vdots & \ddots & \vdots \\ z_{86,1} & z_{86,2} & \cdots & z_{86,7} \end{pmatrix} \quad (3-13)$$

其中，x_{ij} 为正向化后第 i 个样本的第 j 个指标的数值，$i=1,2,\cdots,86$，$j=1,2,\cdots,7$。

定义最优解：
$$Z^+ = (Z_1^+, Z_2^+, \cdots, Z_7^+)$$
$$= (\max\{z_{1,1}, z_{2,1}, \cdots, z_{86,1}\}, \max\{z_{1,2}, z_{2,2}, \cdots, z_{86,2}\}, \cdots, \max\{z_{1,7}, z_{2,7}, \cdots, z_{86,7}\})$$

定义最劣解：
$$Z^- = (Z_1^-, Z_2^-, \cdots, Z_7^-)$$
$$= (\min\{z_{1,1}, z_{2,1}, \cdots, z_{86,1}\}, \min\{z_{1,2}, z_{2,2}, \cdots, z_{86,2}\}, \cdots, \min\{z_{1,7}, z_{2,7}, \cdots, z_{86,7}\})$$

计算各评价指标与最优及最劣解之间的差距。其中，ω_j 为第 j 个属性的权重，即运用灰色关联度法计算所得权重，第 i（$i=1,2,\cdots,86$）个评价对象与最优及最劣解之间的距离值分别为：

$$D_i^+ = \sqrt{\sum_{j=1}^{7} \omega_j (Z_j^+ - Z_{ij})^2} \qquad (3-14)$$

$$D_i^- = \sqrt{\sum_{j=1}^{7} \omega_j (Z_j^- - Z_{ij})^2} \qquad (3-15)$$

D_i^+ 值越大，说明与最优解距离越远；D_i^- 值越大，说明与最劣解距离越远。

（四）评价模型构建

按照图 3-11 所示步骤，构建出公式（3-16）所示的县域生态高质量发展评价模型。即通过灰色关联度法的评价模型权重设计和 TOPSIS 法的评价模型参数转化，分别得到 D_i^+ 值和 D_i^- 值，评价第 i（$i=1,2,\cdots,86$）个评价对象与最优解的接近程度：

$$C_i = \frac{D_i^-}{D_i^+ + D_i^-} \qquad (3-16)$$

$$= \frac{\sqrt{\sum_{j=1}^{7} \omega_j (Z_j^- - Z_{ij})^2}}{\sqrt{\sum_{j=1}^{7} \omega_j (Z_j^+ - Z_{ij})^2} + \sqrt{\sum_{j=1}^{7} \omega_j (Z_j^- - Z_{ij})^2}}$$

得到相对接近度 C_i 值，其中 $0 \leq C_i \leq 1$，且 C_i 值越大，即越接近最优解，表明评价对象越优。

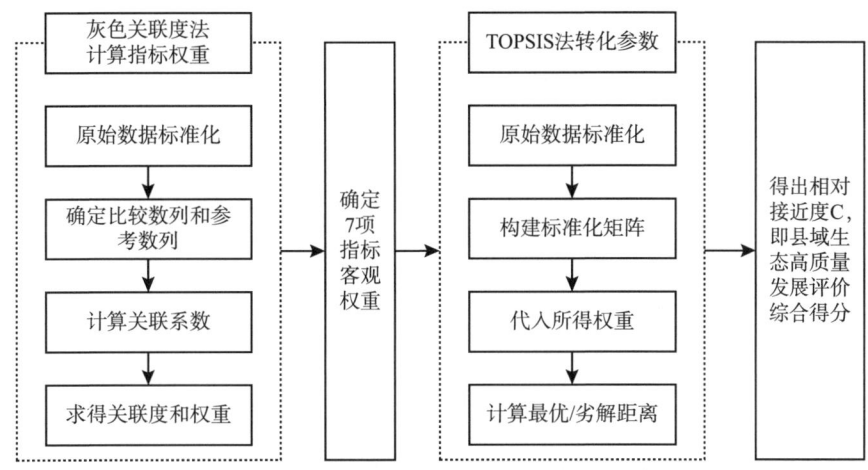

图 3-11 县域生态高质量发展评价模型构建

三、评价模型实证分析

(一) 描述性统计分析

基于 86 个样本县域数据，对 7 个评价指标进行描述性统计，概括性描述样本数据特点，结果如表 3-12 所示。统计分析结果显示，2020 年，空气质量综合指数平均值为 3.07，前 9 位由重点生态功能区组成，部分城市主城区和重点开发区空气状况较差。环保支出平均值为 8298.97 万元，标准差为 4438.79 万元，最高支出 21121.00 万元，最少支出 1592.00 万元，排名前 10 位中城市主城区占比最高。森林覆盖率平均值为 45.13%，最高 77.46%，最低 13.47%。建成区绿化覆盖率平均值 38.98%，最高 52.20%，最低 10.80%。农药使用量平均值为 255.07 吨，标准差为 185.70 吨，县域之间差异明显。化肥使用量平均值 13883.62 吨，标准差为 9681.73 吨，最大 41588.00 吨，最小 31.00 吨。生活垃圾无害化处理率变异系数为 0.01，最低 93.01%，有 61 个县域生活垃圾无害化处理率达到 100%。

表 3-12 描述性统计

指标名称	最小值	最大值	平均值	标准差	中位数	变异系数
空气质量综合指数	1.50	4.55	3.07	0.66	3.11	0.21
环保支出（万元）	1592.00	21121.00	8298.97	4438.79	7376.50	0.53

续表

指标名称	最小值	最大值	平均值	标准差	中位数	变异系数
森林覆盖率（%）	13.47	77.46	45.13	13.84	44.19	0.31
建成区绿化覆盖率（%）	10.80	52.20	38.98	6.07	39.75	0.16
农药使用量（吨）	2.00	834.00	255.07	185.70	236.44	0.73
化肥使用量（吨）	31.00	41588.00	13883.62	9681.73	12253.00	0.70
生活垃圾无害化处理率（%）	93.01	100.00	99.28	1.42	100.00	0.01

（二）总体评价分析

基于86个样本县域数据，运用灰色关联度法和TOPSIS法模型，计算样本县域生态高质量发展得分。总体评价得分分布如图3-12所示。结果显示，有59个县域得分分布于（52，66］区间，超过样本县域数量的2/3，其余27个样本县域分布于上述得分区间两侧。总体上看，在该评价模型下，得分较为有效地反映了县域之间生态发展水平差异，未出现极端或异常分布，评价结果较为均衡。生态高质量发展水平较高的县域，呈现农药和化肥使用量较小、生活垃圾无害化处理率较高、森林覆盖率和建成区绿化覆盖率较高、空气质量较优的特点。排名后10位的县域绿色转型发展指标均位列后30%，其中5个位于重点开发区，生态高质量发展水平相对落后的县域主要在农药和化肥使用量方面存在短板。

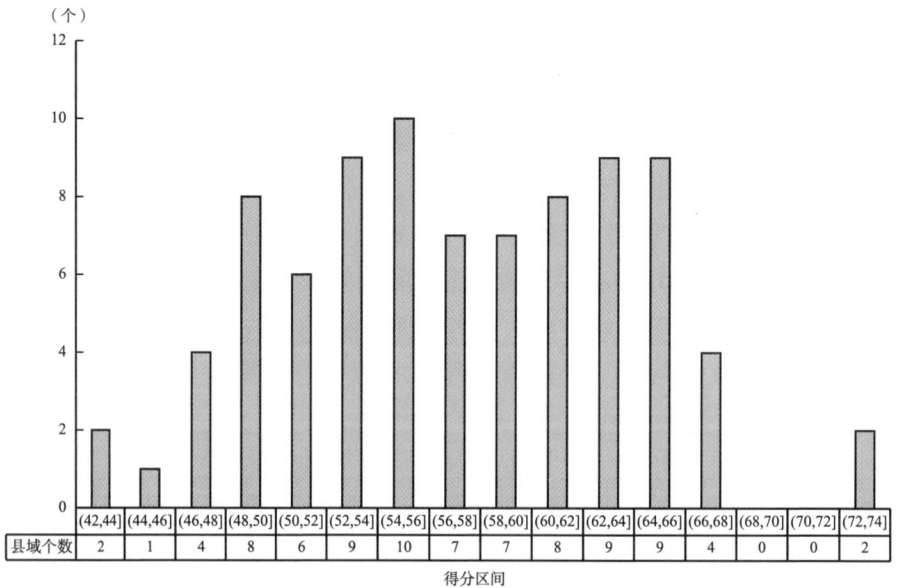

图3-12 县域生态高质量发展得分分布

(三) 因素评价分析

在总体评价分析的基础上,利用县域生态高质量发展评价总分排名与各指标排名的相关系数考察影响县域生态高质量发展的主要因素。结果显示,化肥使用量、农药使用量和森林覆盖率对生态高质量发展评价影响较大,对总排名影响显著。而生活垃圾无害化处理率、建成区绿化覆盖率对县域生态高质量发展影响程度较小,显著性水平和相关系数均低于其他指标,且生活垃圾无害化处理率排名与总排名呈负相关关系。现阶段县域在生态发展方面仍存在短板,未来仍有较大提升空间。具体如表3-13所示。

表3-13　县域生态高质量发展评价总排名与各指标排名相关系数

	总排名	X1	X2	X3	X4	X5	X6	X7
总排名	1.000							
X1	0.272*	1.000						
X2	0.219*	-0.345**	1.000					
X3	0.582**	0.287**	-0.197	1.000				
X4	0.019	-0.442**	0.259*	-0.166	1.000			
X5	0.644**	0.266*	-0.116	0.271*	-0.232*	1.000		
X6	0.698**	0.176	-0.113	0.380**	-0.171	0.791**	1.000	
X7	-0.076	-0.330**	0.061	-0.391**	0.297**	-0.169	-0.180	1.000

注:*、**分别代表在5%、1%的水平下显著。下同。

(四) 聚类评价分析

在总体评价分析的基础上,考察四种类型县域的排名分布,对比不同类型县域生态发展水平差异。结果显示,重点生态功能区生态发展水平领先,排名呈现前部多、尾部少的特点,在前30位中占比40%。重点开发区中位列31~60位的县域有14个,另有2个县域、3个县域分别位列1~10位、11~20位,11个县域位列60位以后,排名呈现中后部较多、前部偏少的特点。农产品主产区有5个县域进入前20位,排名呈现中部较少、两头较多的特点。10个城市主城区中没有县域居前20位,排名呈现前部较少、中后部较多的特点。具体如图3-13所示。

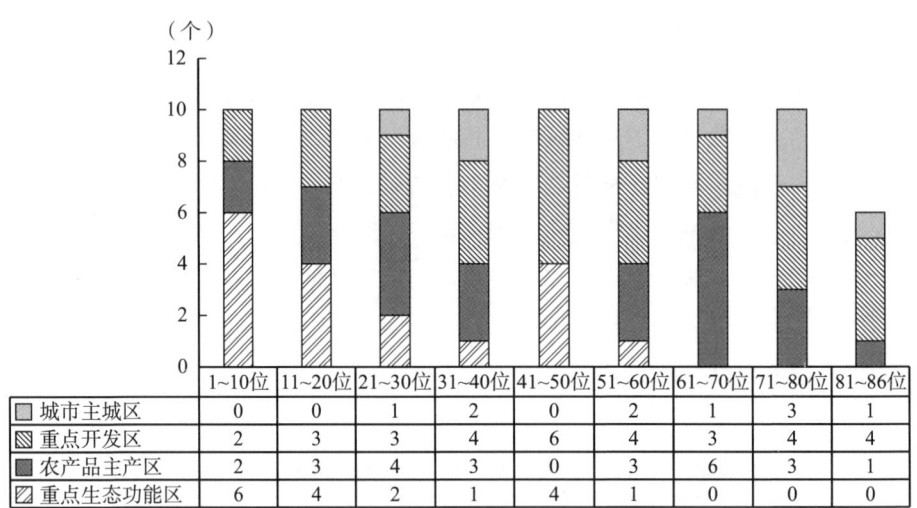

图 3-13 四种类型县域生态高质量发展总分排名分布情况

同时，基于落实"协同推进降碳、减污、扩绿、增长"战略部署，进一步对四种类型县域各指标得分均值和标准差进行分析，识别不同类型县域生态高质量发展过程中的强项、短板和差异情况。结果显示，重点生态功能区增长类、减污类指标优于其他区，18个重点生态功能区大多数位于山区，整体生态发展水平较高。重点开发区减污类、增长类、扩绿类指标得分排名靠后。农产品主产区增长类指标的标准差较大且得分最低，说明各县域农药使用、化肥施用不均衡，需要加强农业技术创新，着力提升县域农业科技服务能力，保证粮食生产的同时降低农药化肥对土壤及水源的污染。城市主城区在四个类别上发展差异较大，减污类和扩绿类指标位于最后，增长类指标较好，但排名较分散，在空气质量提升方面仍需加大投入。具体如表3-14和表3-15所示。

表 3-14　四种类型县域生态高质量发展评价排名及指标得分均值

类型	TOPSIS 排名	降碳	减污	扩绿	增长
重点生态功能区	22.78	4.37	11.97	18.44	32.14
重点开发区	48.61	5.32	6.34	17.57	27.51
农产品主产区	45.84	5.01	7.98	18.63	26.16
城市主城区	58.10	7.88	5.30	14.13	27.57

表 3-15　四种类型县域生态高质量发展评价排名及指标得分标准差

类型	TOPSIS 排名	降碳	减污	扩绿	增长
重点生态功能区	17.52	3.51	3.55	5.32	4.51
重点开发区	23.49	3.69	2.67	3.23	4.59
农产品主产区	25.61	3.08	1.81	3.14	6.72
城市主城区	19.80	3.33	3.17	2.38	6.34

四、评价模型检验

（一）评价结果与路径检验

以县域生态高质量发展总排名为被解释变量，7 个评价指标排名为解释变量，采用多元线性回归模型，考察评价指标对评价结果的解释力，既检验构建的评价指标模型能否有效反映县域生态高质量发展水平，也有助于识别影响县域生态高质量发展的关键路径。

回归结果显示，线性回归 R^2 大于 0.8，7 个评价指标排名可以解释综合排名结果 88.1% 的变化，意味着在该评价模型下，指标体系具备较高的综合性，模型拟合度较好，也有助于识别影响县域生态高质量发展的关键路径。对模型进行 F 检验，$F = 82.175$，p 值为 $0.000 < 0.01$，模型通过 F 检验说明检验结果具有较高的可靠性。对模型的多重共线性进行检验发现，模型 VIF 值小于 5，共线性问题较小，且 D-W 值在数字 2 附近，模型自相关性较弱。具体如表 3-16 所示。

表 3-16　以综合排名为被解释变量的多元线性回归结果

	非标准化系数		标准化系数	t	p	共线性诊断	
	B	标准误	Beta			VIF	容忍度
常数	-49.403	4.801	—	-10.291	0.000**	—	—
X7 生活垃圾无害化处理率排名	0.190	0.034	0.251	5.597	0.000**	1.317	0.759
X6 化肥使用量排名	0.363	0.067	0.363	5.395	0.000**	2.960	0.338

续表

	非标准化系数		标准化系数	t	p	共线性诊断	
	B	标准误	Beta			VIF	容忍度
X5 农药使用量排名	0.274	0.066	0.275	4.165	0.000**	2.855	0.350
X4 建成区绿化覆盖率排名	0.175	0.045	0.175	3.866	0.000**	1.331	0.751
X3 森林覆盖率排名	0.495	0.046	0.495	10.666	0.000**	1.406	0.711
X2 环保支出排名	0.434	0.043	0.434	10.175	0.000**	1.186	0.843
X1 空气质量综合指数排名	0.303	0.048	0.303	6.322	0.000**	1.496	0.668
R^2	0.881						
调整 R^2	0.870						
F	$F(7, 78) = 82.175, p = 0.000$						
D-W 值	1.613						

具体而言,在考虑了指标排名相互影响的情况下,综合排名与7个指标排名在1%的水平下显著正相关,表明空气质量越高、环保支出越多、森林覆盖率越高、建成区绿化覆盖率越高、农药和化肥施用越少、生活垃圾无害化处理越充分,越有利于提升县域生态发展水平,且上述指标涉及了县域生态高质量发展的4个一级指标,体现了评价的全面性。

(二)差异化参数转化检验

为检验评价结果是否受到不同评价方法的影响,采用秩和比法(RSR法)进行测试。秩和比法以秩的平均值为评价标准,利用RSR值进行计算(RSR值介于0~1且连续),对评价对象的优劣进行分档排序,可用于评价多个指标的综合水平。秩和比法计算步骤如图3-14所示。

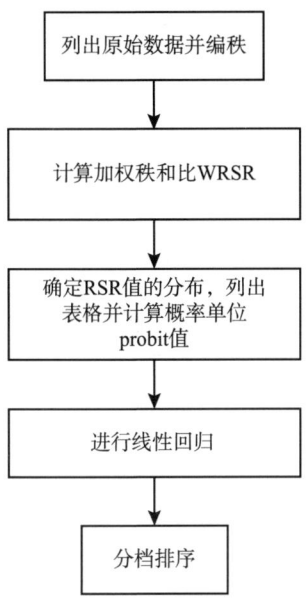

图 3-14 秩和比法计算步骤

按模型原理，针对 86 个评价对象，7 个评价指标的样本数据（86 行 7 列），分别对每个指标列的数据编秩：正向指标从小到大编秩，负向指标从大到小编秩，当数据的值相同时编平均秩，得到秩矩阵 $R_{86 \times 7}$。

当各评价指标的权重不同时，加权秩和比计算公式为：

$$WRSR_i = \frac{1}{n} \sum_{j=1}^{m} W_j R_{ij} \qquad (3-17)$$

$$\sum_{j=1}^{m} W_j = 1 \qquad (3-18)$$

其中，R_{ij} 表示第 i 行第 j 列元素的秩，W_j 为第 j 个指标的权重。

计算概率单位并编秩，得到 WRSR 频率分布表，列出各组频数 f，计算各组的累计频数 cf 和累计频率 p，基于"百分数与概率单位对照表"，根据累计频率 p，将其转换为概率单位 probit。以 probit 值为自变量，以 WRSR 为因变量，进行线性回归：

$$WRSR = a + b \times probit \qquad (3-19)$$

按照回归方程推算得到的 WRSR 估计值对评价对象进行分档排序，档次数量为 3 档，档级越高，排名越靠前。具体如表 3-17、表 3-18 所示。

表 3-17　　　　　　　　　　　　回归模型

	非标准化系数		标准化系数	t	p	R^2	调整 R^2	F
	B	标准误	Beta					
常数	-0.038	0.012	—	-3.020	0.003	0.959	0.959	$F(1, 84) = 1970.756$
Probit 值	0.108	0.002	0.979	44.393	0.000			$p = 0.000$

因变量：WRSR

表 3-18　　　　　　　　　　　　分档排序临界值

档次	百分位数临界值	probit 临界值	RSR 临界值（拟合值）
第 1 档	<15.866	<4	<0.394
第 2 档	15.866~	4~	0.394~
第 3 档	84.134~	6~	0.610~

图 3-15 对比了秩和比法与 TOPSIS 法下县域生态高质量发展评价结果。在两种参数转化方法下，县域生态高质量发展评价总分排名没有显著差异，排名前 10 位和后 10 位的 20 个县域中有 11 个县域相同。TOPSIS 法评价结果中前 20 名，按县域类型划分包括 10 个重点生态功能区、5 个重点开发区、5 个农产品主产区；秩和比法评价结果中前 20 名，包括 10 个重点生态功能区、6 个农产品主产区、3 个重点开发区、1 个城市主城区，不同类型县域排名分布比较类似。总体上看，所构建的评价模型对不同类型县域的评价结果较为稳健，未受到差异化参数转化方法的影响，具有一定的科学性。

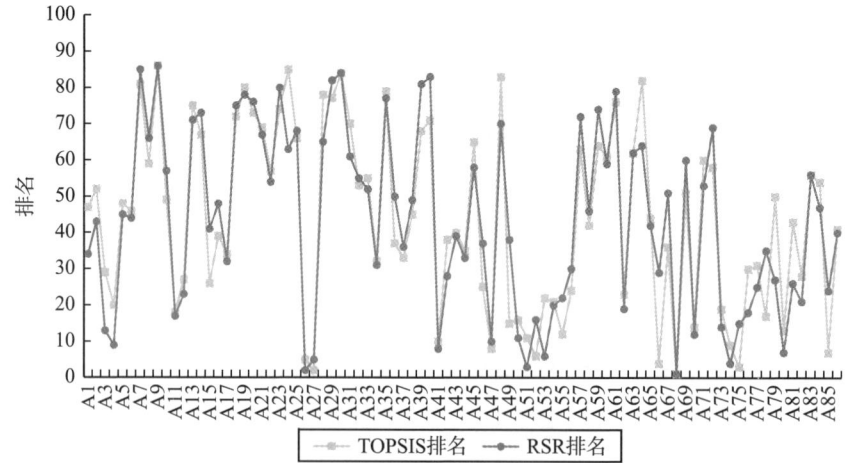

图 3-15　秩和比法与 TOPSIS 法评价排名对比

以 TOPSIS 排名为被解释变量,以秩和比法排名为解释变量,进行线性回归分析。表 3-19 的结果显示,模型 R^2 为 0.860,表明秩和比法排名可以解释 TOPSIS 排名 86% 的变化。回归系数值为 0.927,t 检验 p 值为 0.000、小于 0.01,表明两者具有显著的正相关关系。总体上看,拟合分析效果较好,评价结果未受到差异化参数转化方法的影响,具有统计意义上的推广价值。

表 3-19　　　　　　　　　　线性回归结果

	非标准化系数		标准化系数	t	p	VIF	R^2	调整 R^2	F
	B	标准误	Beta						
常数	3.164	2.046		1.546	0.126		0.860	0.858	$F=515.197$
RSR 排名	0.927	0.041	0.927	22.698	0.000**	1.000			$P=0.000**$

因变量:TOPSIS 排名

第八节　本章小结

本章分析了县域生态发展现状,从降碳、减污、扩绿、增长和金融服务等方面研究探讨了县域生态高质量发展的实施路径。基于生态经济学和可持续发展理论,从降碳、减污、扩绿、增长的角度,通过指标筛选分析,形成了由 9 个指标构成的县域生态高质量发展评价体系。在此基础上,采用灰色关联度法赋予指标权重,利用 TOPSIS 法对指标数据进行转化,构建以矩阵关联系数为核心的县域生态高质量发展评价模型,并基于 A 省 86 个样本县域数据,运用评价模型对县域生态高质量发展水平进行实证分析。为加强对评价模型的检验分析,进一步采用路径检验和差异化参数转化检验两种方法,对县域生态高质量发展评价模型进行验证。实证分析和检验结果表明:本章所构建的县域生态高质量发展评价模型线性回归拟合优度大于 0.8,回归系数在 5% 的水平下显著,且不同参数转化方法下的模型相关系数超过 0.8,构建的评价模型较好地揭示了影响县域生态高质量发展的主要因素,具有一定的科学性、有效性。

评价模型实证分析结果显示,城市主城区生态高质量发展水平总体落后,得分低于全省平均水平 6.18%,尤其在空气质量综合指数和森林覆盖率方面得分较低,分别低于全省平均水平 32.66% 和 54.73%。重点开发区生态高质量发展水平略优于城市主城区,但仍不及全省平均水平,空气质量综合指数得分低于全省平均水平19.46%。农产品主产区生态高质量发展水平与全省平均水平基本持平，在化肥科学使用方面存在明显短板，化肥使用量得分低于全省平均水平12.91%。重点生态功能区生态高质量发展水平总体较好，得分高于全省平均水平9.95%，但在环保支出和生活垃圾无害化处理率方面得分较低，分别低于全省平均水平17.90%和14.56%。

根据评价模型实证分析结果，推动县域生态高质量发展，城市主城区需要持续加强大气污染治理和森林资源保护，加快推进县域减污和扩绿。重点开发区在推进新型工业化过程中，需要做好大气污染防治，减少污染物对生态环境的污染破坏。农产品主产区需要提升化肥使用效率，积极推进农业生产绿色转型。重点生态功能区需要坚持生态保护优先，提升环保支出使用效率，做好生活垃圾无害化处理，进一步强化保障生态安全的功能定位。

第四章 县域文化高质量发展

县域文化高质量发展，是以满足人民日益增长的精神文化需求为导向，提供高质量的文化供给，在实现物的全面丰富的同时不断促进人的全面发展。县域文化高质量发展是县域高质量发展的重要支点，是经济、生态、治理、民生高质量发展的灵魂。推动县域文化高质量发展，核心是以社会主义核心价值观为引领，扎实抓好意识形态建设、公共文化服务、特色文化传承与发展、文化产业发展和金融配套支持等工作，不断增强人民群众文化自豪感。

第一节 县域文化高质量发展概述

一、意识形态建设情况

全省把县域落实意识形态工作责任制摆在重要位置，全覆盖组建县级融媒体中心、打造当地可控舆论场，县域通过融媒体建设取得舆情引导新成效（如表4-1所示），部分县域用户数量累积超过50万人，主流舆论巩固壮大。2020年，各地各部门开展党的十九届五中全会精神宣讲6.6万场次，直接受众570万人次，4个基层理论宣讲项目获中宣部表彰。面对百年不遇之大疫情，统筹各类媒体、各条战线、各个平台同频共振、同向发力，各级举办疫情防控新闻发布活动400余场，县级融媒体中心日均发稿1万余条，凝聚起干部群众克难攻坚、砥砺前行的磅礴力量。社会主义核心价值观广泛弘扬，第六届全国文明城市获评数量超过前五届总和，县级全国文明城市实现零的突破，新命名省级爱国主义教育基地9个。县域网络意识形态安全总体稳定，部分县域构建起"1+2+N"① 网络舆情监测及应对处置体系，清朗有序的网络空间得到有效维护。但一些地方舆情管控力量薄弱，监管和引导存在盲区。

表4-1　　　　　　　　县域融媒体建设典型案例

序号	特色	成效
1	全天候监管；四色预警机制；1+N舆论导向模式	全年累计收集4千余条舆情警报信息，其中整理编写并上报的达到600多条，实现对风险隐患的严防布控
2	打造"一树九花"融媒体集群，根据不同受众需求，分类确立媒体定位，深耕本土内容	微信号长期居于全国县级微信榜前列和全省县级微信榜首位
3	融媒体中心开设"有奖爆料平台"，对网民反映问题给予红包奖励，及时将问题移交相关部门办理，按照"一交二巡三曝光"进行督办追责	自媒体乱曝光、乱发帖、乱投诉等现象逐渐失去生存空间
4	在政府重大决策出台前，微信公众号平台充分征求网民意见建议	平台上线1年多以来，收集网民意见建议3万余条，为基层党委政府科学决策提供了重要参考，避免了极端意识形态事件发生

二、公共文化服务情况

1. 公共文化设施建设

截至2020年末，全省建成公共图书馆207个、文化馆207个、博物馆251个（如图4-1所示），基本实现"县有公共图书馆、文化馆，乡有综合文化站，村（社区）有公共文化场所"，"三馆一站"② 面向社会免费开放。通过线上VR、公共文化云平台、24小时"掌上图书馆""网上博物馆"，从视、听、说等多方面满足群众精神文化生活需要。

---

① "1"指县域宣传部网络新闻宣传中心，"2"指县域公安分局和融媒体中心，"N"指各乡镇街委、县域相关部门。

② 三馆一站指文化馆、图书馆、博物馆、综合文化站。

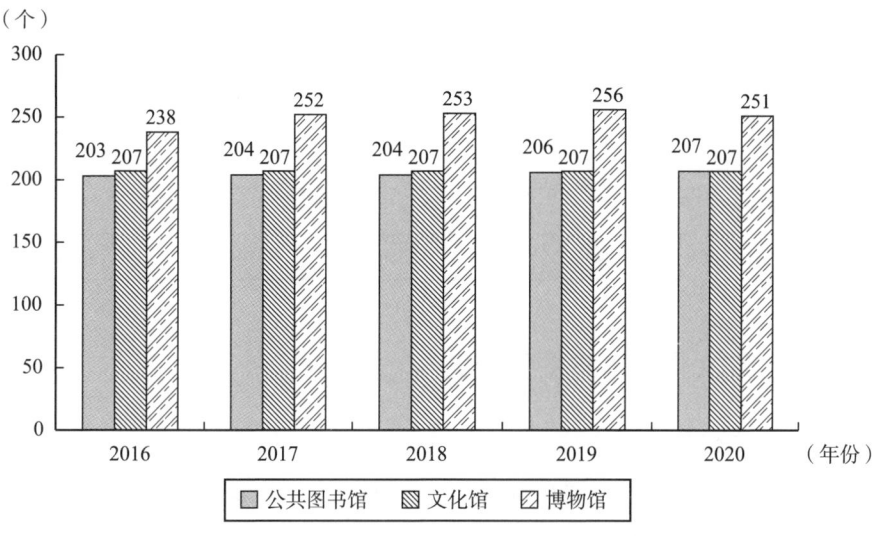

图4-1 2016~2020年全省文化设施数量

2. 公共文化服务质量

从资源分配看,县域每百万人有公共图书馆2.5个,公共图书馆整体向高质量服务转型。从传输水平看,2020年广播综合覆盖率98.87%,同比增长0.6个百分点;电视综合覆盖率99.33%,同比增长0.4个百分点。全省现代公共文化服务体系示范县达到21个。

3. 公共文化队伍建设

截至2020年末,全省公共图书馆从业人员2365人,文化馆从业人员3072人,博物馆从业人员6522人,艺术表演团体从业人员2932人。全省每年组织实施"千名文化站长"培训、文旅云讲堂培训,推进基层公共文化从业人员分级分类轮训,县域文化队伍专业能力持续提升。

4. 公共文化经费支出

截至2020年,全省人均文化事业费由2015年48.2元提高到62.2元,增长29.05%;文化旅游体育与传媒支出22.9亿元,占全省一般公共预算支出比重2.05%,低于全国0.3个百分点。分县域看,四种类型县域人均文化旅游体育与传媒支出不平衡(如表4-2所示),供需矛盾和结构性短缺问题相对突出,存在文化资源和资金投入产出不高的现象。

表4-2　　　　四种类型县域人均文化旅游体育与传媒支出情况

县域类型	县域数量（个）	人均文化旅游体育与传媒支出（元）
城市主城区	33	78.7
农产品主产区	35	136.2
重点开发区	57	158.1
重点生态功能区	58	699.7

三、传统文化传承与发展情况

1. 传统文化传承与发展

截至2020年末，全省拥有8098项非遗资源，国家级非遗项目153项、国家级传承人107人，省级项目611项、省级传承人764人（含国家级双重身份）。共有国家历史文化名城8个、国家历史文化名镇31个、国家历史文化名村6个、省级历史文化名城24个、省级历史文化名镇56个、省级历史文化名村15个。共有历史文化街区101片、历史建筑1139处，公布省级传统村落四批次1046个，数量均位居全国前列。

2. 农耕文化传承与发展

截至2020年末，全省共有8项传统农业系统入选中国重要农业文化遗产名录。2020~2021年，累计投入2630万元，分两批次重点支持27个县域开展农村生产生活遗产保护传承工作，已收录农村生产生活遗产310个。连续5年开展农村手工艺大师评选活动，评选出农村手工艺大师207人。

3. 红色文化传承与发展

截至2020年末，全省拥有不可移动革命文物1900余处，其中全国重点文物保护单位22处、省级文物保护单位214处，位居全国前列；不可移动长征文物在红军长征途经全国15个省份中名列前茅。拥有革命主题博物馆、纪念馆70家，馆藏革命文物5万余件/套。红色文旅资源丰富，拥有4A级及以上红色旅游景区43个，其中5A级旅游景区5个。

四、文化产业发展情况

1. 文化经济总量

2020年，全省文化及相关产业实现增加值2037.1亿元，较2016年增长

53.88%。文化产业增加值占 GDP 比重由 2016 年 4.02% 提高到 2020 年 4.20%,提高 0.18 个百分点（如图 4-2 所示）。文化产业核心领域实现增加值 1430.1 亿元,增长 58.50%,占整个文化产业 70.20%。全省共实现旅游收入 6500 亿元,接待国内游客 4.3 亿人次。

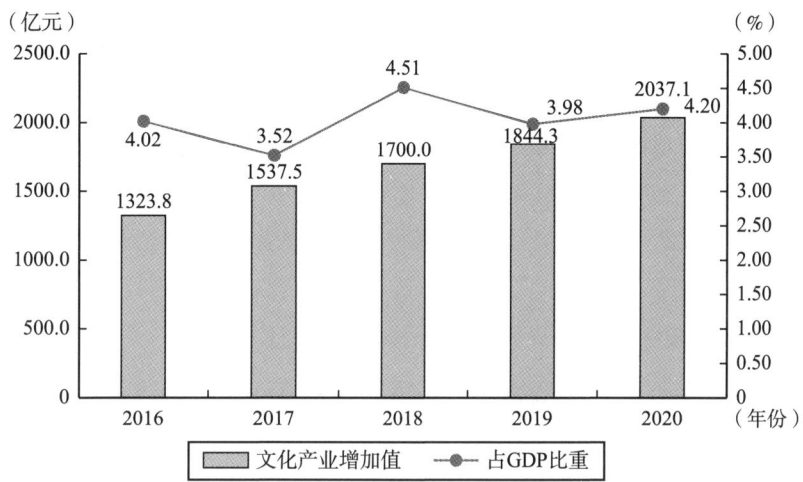

图 4-2 2016~2020 年全省文化产业增加值及占 GDP 比重

2. 文旅产业集群

截至 2020 年末,建成国家 A 级旅游景区 742 家、旅游星级饭店 356 家、旅行社 1336 个。2021 年末,全省共有国家级文化产业示范（试验）园区 1 个、国家级文化和科技融合示范基地 2 个、国家文化消费试点城市 5 个、国家级动漫游戏基地 1 个、国家级文化产业示范基地 15 个,省级文化产业示范园区 11 个、省级文化产业试验园区 5 个、省级文化产业示范基地 59 个。

3. 文化市场主体

截至 2021 年末,全省规模以上文化企业 2228 家,资产总计 6877.6 亿元,全年实现营业收入 4638.6 亿元,分别较 2016 年增长 44.4%、117.7%、79.2%。资产规模和年营业收入突破"双百亿"的企业达到 6 家。文化新业态特征较为明显的 16 个行业小类中规模以上文化企业达到 188 个,实现营业收入 1014.3 亿元,占全部规模以上文化企业营业收入的 21.87%。

五、金融支持文化发展情况

1. 文化金融产品和服务创新

金融机构根据文化资产特性和文化企业经营特点，推出"再贷款+"文化信贷产品、民宿贷、影视动漫专项贷款等系列金融产品。采取"资本金+风投+担保+补贴"、未来版权质押、未来应收账款质押等新兴担保方式进行贷款。2021年，全省发布4批次362家文化和旅游企业融资"白名单"和238个项目融资"需求清单"，促成金融机构与文旅企业签订金额达173.01亿元的贷款发放协议，先后设立30家文旅特色支行，推出了"乡旅贷""全域旅游贷""中银文产贷""民宿贷""文创贷"等87种惠及文旅企业的特色信贷产品和服务。

2. 文化金融交易市场发展

2020年，全省在建和已签约文旅重点项目636个。2019~2020年6月，发行文化和旅游领域专项债券22支，发行规模96.57亿元，发行规模占全国同行业的46.19%。全省文化产业通过私募股权融资、债券、信托、新三板融资、上市首次募资、众筹融资等渠道募集资金并设立文化产业发展专项基金。

3. 地方金融支持保障政策

2020年，全省在建文旅重点项目414个，完成投资1564.8亿元，发行文旅地方政府专项债券116.1亿元。2020年以来，地方政府给予177家文化和旅游企业专项纾困补助资金6540万元，省级财政投入资金5.2亿元，两批次支持57个文旅融合示范项目，引导撬动社会资金1008.1亿元。对成功发行公司债、企业债、非金融企业债务融资工具的文旅企业，债券存续期内按照融资金额给予分档分段贴息。

第二节 县域意识形态建设

一、加强党对意识形态工作的领导

意识形态工作是为国家立心、为民族立魂的工作。当前，全球治理体系和国际格局加速调整，在世界之变、时代之变、历史之变的百年未有之大变局下，和平与发展的时代主题面临严峻挑战。县域作为意识形态工作前沿阵地，需牢牢掌握党对意识形态工作的领导权，进一步强化以正面宣传为主的舆论方针，巩固壮大奋进新时代的主流思想舆论。县域各级党委需放眼全局、把握大势，深入推动落实意识形态工作责任制，加大监督和考核力度，对未能严格履职导致意识形态工作发生重大失误或严重问题的坚决问责处理。充分发挥基层党组织作用，通过集中座谈、实地走访、问卷调查、网络调查等多种方式广泛吸收民意，及时向基层、群众了解掌握意识形态领域存在的突出问题，积极主动做好防范应对工作，确保涉及意识形态领域的信息早发现、苗头性问题早处理、突发性事件早解决。

二、抓深抓实意识形态教育

强化主流思想舆论宣传，坚持不懈用习近平新时代中国特色社会主义思想武装干部、教育群众，坚守好马克思主义这个魂脉和中华优秀传统文化这个根脉，推动社会主义核心价值观入脑入心，引导广大干部群众同心共筑中国梦。不断创新党员教育方式，将"党建+特色文化"作为意识形态教育的重要载体，将民族节日、特色饮食及风土人情等特色文化融入党建工作。针对不同区域实际，突出意识形态教育工作重点，如在革命老区把传承红色基因、赓续红色血脉作为意识形态教育主旋律，在民族地区突出中华民族共同体意识的培养。高度重视人民群众在传播格局中的重要地位，以贴近基层、贴近实际、贴近生活的传播方式和话语体系开展意识形态工作，摒弃"自说自话"及"机械化""程序化""脸谱化"等操作。例如，以"网言网语"讲故事、聊家常，使党的创新理论及国家政策方针以深入浅出的方式"飞入寻常百姓家"。从群众视角切入，在公众舆论热点中捕捉话题，有针对性地开展宣传教育。充分发挥融媒体传播作用，加快构建"纸媒+电视+广播+网站+客户端+微信公众号+微博+抖音"等多个媒体一体化发展格局，通过电视屏幕进行视觉传达、微信公众号进行图文宣传、抖音进行直播引导等方式，使意识形态内容变得具体可感。融媒体发展历程如图4-3所示。

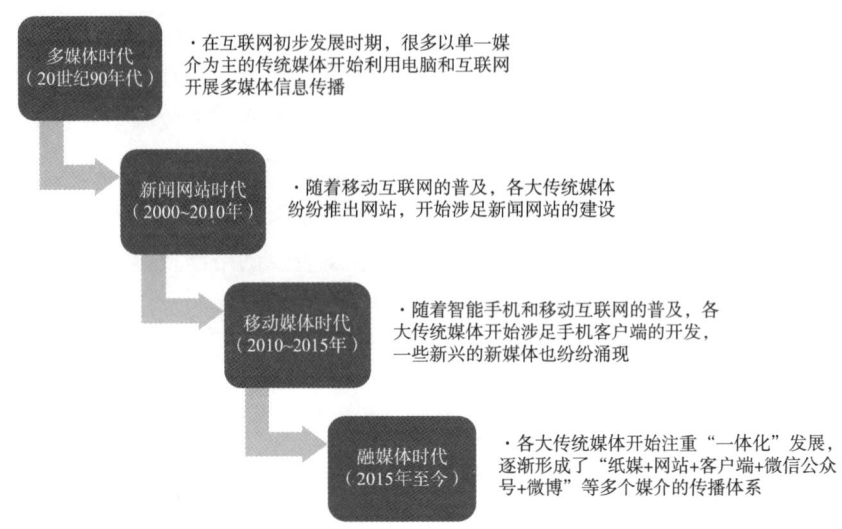

图 4-3 融媒体发展历程

三、加强意识形态工作队伍建设

意识形态工作队伍的素质，事关意识形态建设的质量。将意识形态工作者培养教育纳入当地干部人才工作总体规划，在盘活人才存量的同时，制定短中长期人才引进方案与计划，用好户籍迁移、人事管理、职级晋升、绩效薪酬等优惠政策，积极引进策划指挥、内容生产、数据分析等方面急需紧缺人才。加强与高等院校、科研院所等意识形态专业机构的合作，办好意识形态工作技能培训班和有关专题讲座，不断提升意识形态工作者的综合素养。高度重视政工干部队伍建设，把善于思考根本性、全局性、长远性问题，善于开展战略性、系统性、前瞻性研究，善于把握斗争目标、研判斗争形势、讲究斗争策略、用好斗争武器的人才纳入政工队伍，推动意识形态工作与思想政治工作深度融合，形成强大的政治引领力。

四、有效维护网络意识形态安全

互联网已成为舆论斗争的主战场、主阵地、最前沿，能否顶得住、打得赢，直接关系国家意识形态安全和政权安全。网络意识形态斗争的复杂性、长期性、艰巨性，要求广大县域把维护网络意识形态安全摆在更加重要位置，全面落实党委（党组）网络意识形态工作责任制，打好抢占网上舆论阵地持久战、攻坚战，把意识形态工作的领导权、管理权、话语权牢牢掌握在党的手中。针对当前开放的舆论环境，坚持理论路线和技术路线并举、线上和线下结合，围绕互联网内容安全和网络平台安全开展常态化培训，强化党员干部网络意识形态应对能力的培养，强化政治骨干的政治素养特别是马克思主义理论素养，全面提升懂网、用网、治网能力。做细做实网络意识形态安全维护工作，创新互联网传播手段，全方位加强舆论监测，对意识形态领域风险隐患进行精准识别、有效甄别。积极开展网络舆情风险评估，加大网上重点突出领域舆情管控力度，强化网络生态专项治理，对影响网民认识的错误思潮和言论进行有理有利有节的斗争，大力营造清朗的网络空间。

第三节　县域公共文化服务

一、健全公共文化设施网络

1. 完善公共文化设施规划设计

落实《公共文化服务保障法》，根据国家基本公共文化服务指导标准、省级基本公共文化服务实施标准，结合当地经济社会发展水平、人口状况、环境条件、文化特色，合理确定公共文化设施的种类、数量、规模以及布局，科学规划设计场馆服务、流动服务和数字服务相结合的公共文化设施网络。在旧城改造和新城、新村建设中，高度重视城乡居民精神文化需求，拿出相应空间配备公共文化设施。

2. 扩大公共文化设施城乡覆盖

围绕推进以县城为重要载体的新型城镇化和乡村振兴，高质量建设文化活动场所。采取新建、改扩建、置换、划拨等多种方式，加强县级公共图书馆、文化馆、博物馆等设施建设（如图4-4所示）。探索不同县域实行市区共建、跨区域共享，因地制宜建设文化广场、小微博物馆、非遗传习所等设施，加强乡村网络、文化礼堂等文化设施建设，其中行政村和社区文化活动室、文化广场覆盖率力争达到100%。同步抓好电视、应急广播、体育健身工程等城乡全覆盖工作。

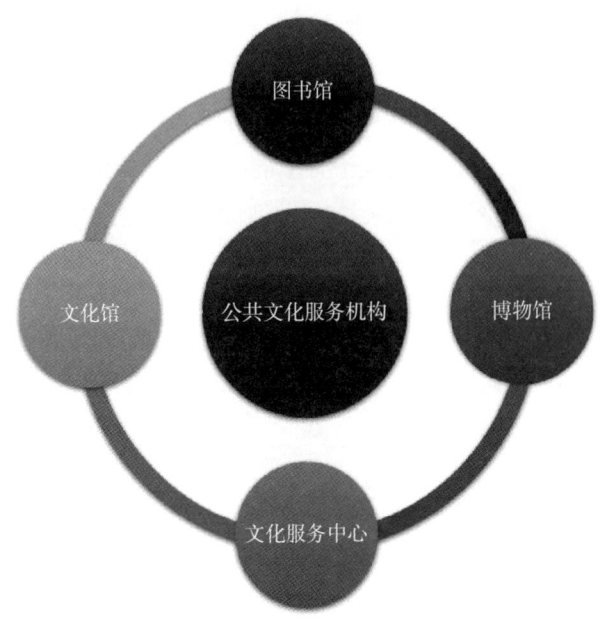

图4–4 县域公共文化服务设施

3. 健全欠发达地区公共文化设施

坚持公共服务设施和基础设施并重，实行一体规划、同步建设、整体提升。统筹公共文化资源调配，采取政策倾斜、结对帮扶、捐赠援助等方式，加大革命老区、脱贫地区、民族地区和山区等特殊类型地区公共文化投入力度，提高公共文化设施现代化水平。充分发挥公共文化设施功能，不断提高使用效率，更好满足人民群众精神文化生活新期待。

二、扩大优质公共文化产品和服务供给

1. 做强公共文化产品

坚持以人民为中心的创作导向，把社会效益放在首位，加强公共文化产品研发。坚持百花齐放、百家争鸣和创造性转化、创新性发展，着眼思想性、艺术性、观赏性有机统一，不断推出思想精深、艺术精湛、制作精良的文艺精品。坚持政府和市场两手发力，实施好文艺推优工程。对县域内公共文化资源和产品进行梳理、筛选和提炼，打造以城市文化精神为内核、具有标志性和唯一性的区域公共文化品牌，扩大文化影响力和吸附力。实施"一乡镇（街道）一品牌""一村（社区）一特色""一行业一亮点"文化创建，提升公共文化

整体水平。

2. 做优公共文化服务

适应群众文化需求多元化、品质化、个性化趋势，建立反映公众文化需求的征询反馈制度，做好群众意愿调查，通过座谈会、服务专线电话、意见簿和网上征集等渠道，广泛征求群众对公共文化活动、文化志愿服务、文艺培训等方面的意见建议，量身定制公共文化服务菜单。紧跟数字化潮流，扩大国家公共文化服务云在县域的运用，建好数字文化馆、移动图书馆、文化旅游公共服务云等公共文化平台，大力发展云阅读、云展览、云视听，推动公共文化服务走上"云端"、进入"指尖"。常态化开展送文化下乡、文化惠民进万家、博物馆进校园、文艺演出进社区等文化惠民活动，形成"要文化""送文化""种文化""秀文化"相得益彰的群众文化供需格局。采取政府购买服务等措施，支持公民、法人和其他组织参与提供公共文化服务。

三、强化公共文化服务保障

1. 加大公共服务保障投入力度

落实政府公共文化服务保障法定职责，将公共文化服务纳入县域国民经济和社会发展规划，按照公益性、基本性、均等性、便利性的要求，对公共文化设施、公共文化服务体系、公共文化服务效能进行系统规划。加强对公共文化服务的统筹协调，推动各方面力量依法有序参与，实现共建共享。加强公共文化队伍建设，对文化科研机构研究人员、保护人员、传承人员等多层次人才进行常态化教育培训，形成高素养、高技能、高品位的专业技术团队。持续加大文化研究与发展等财政投入力度，激励文艺精品创作，保障公共图书馆、文化馆、博物馆、美术馆等重点文化场馆免费开放，支持农村公益电影放映等文化惠民工程实施，提高人均文化旅游体育与传媒支出水平。

2. 健全公共文化服务保障机制

积极创建公共文化示范地区，开展中期督查和第三方机构评估，严格验收创建成果，总结推广典型经验，健全创建后复核机制，推动公共文化服务持续创新发展，形成你追我赶、竞相发展的良好局面。建立有公众参与的公共文化服务考核评价制度，客观准确反映各县域公共文化服务工作水平，并将考核评价结果作为确定补贴或者奖励的依据。健全公共文化服务资金使用的监督和统计公告制度，加强绩效考评，确保资金用于公共文化服务。加强公共文化服务工作监督检查，及时公开公共文化服务信息，主动接受社会监督和舆论监督。对履行公共文化服务保障职责不力的单位和个人，依法进行处理。

第四节 县域特色文化传承与发展

一、提升县域传统文化传承力和影响力

1. 加强传统文化保护传承

将美丽宜居乡村建设与传统民居保护相融合，按照"保护为主、抢救第一、合理利用、传承发展"方针，对历史文化名镇名村、传统古村落、民族传统文化生态保护区、特色文化村内的重点文物保护单位进行保护和修复。依托宝贵的传统文化资源，生产人民群众所喜闻乐见的文化产品，举办赏花灯、猜字谜、体验民俗赢好礼等趣味活动，做精地方传统文化旅游品牌，打造传统文化旅游目的地。发掘民族文化特色，办好少数民族艺术节和民间节庆活动，推出具有浓郁民族民间特色、体现时代特色的优秀节目，提升民族文化的传播力。

2. 抓好传统文化教育

坚持传统文化教育从娃娃抓起，构建中小学多维立体传统文化育人体系。结合学科特点，充分挖掘中华优秀传统文化教育素材。以县域民俗、民间艺术等教育资源为依托，创编传统文化教育读本，与国家课程形成有益补充。创新传统文化教育方式，以"故事引导""意境陶醉""变式朗读"等方法，激发学生诵读经典的兴趣。将优秀传统文化与学校特色创建相结合，通过学校长廊、宣传栏、黑板报等多种形式弘扬传统文化。常态化聘请非遗传承人进校园，让学生近距离感受县域传统文化的独特魅力。

二、做好农耕文化保护发展工作

1. 构建农耕文化保护发展新格局

坚持把农耕文化保护发展作为传承发展中华优秀传统文化的重要方面，落实县级有关部门主体责任、乡（镇）属地责任，发挥村（农村社区）前沿阵地和最小单元作用，形成上下联动、常抓不懈的工作格局。深入挖掘、提炼、总结本地农耕文化显著特征，整理本地农耕文化资源要素。根据本地资源要素

和社会发展状况，围绕传承和谐天成的农耕思想、保护山水田园的乡村生态、建设守望相助的乡风民风、发扬耕读传家的优良传统、发挥以文化人的治理功效等重点任务，错位开展农耕文化创造性转化和创新性发展。

2. 推动农耕文化繁荣兴盛

坚持农耕文化繁荣兴盛与农业农村现代化同步推进，开发以农事体验、文化展示、科普教育为一体的农耕文化园。以乡村旅游创客示范基地、返乡下乡人才培养基地为基础，选择具有长远产业开发价值的传统手工艺，鼓励技术和设计能力较强的企业、高校等单位到农村设立传统手工艺工作站。加强村庄历史馆、农耕文化博物馆建设。推动县域范围具有较高历史、文化、科学、艺术、社会、经济价值的古早村落留存其丰富的传统文化资源。

三、大力弘扬红色文化

1. 加强革命精神的传承弘扬

深入研学我们党以伟大建党精神为源头，包括长征精神、红岩精神、抗美援朝精神、"两路"精神、"两弹一星"精神、三线精神、抗洪精神等在内的中国共产党人的精神谱系。在加强这些精神宣传阐释的同时，对一些县域在长期革命实践中形成的革命精神继续加以发掘、总结和提炼，使之得到更加系统地传承弘扬。

2. 推动红色文旅资源连线成片

以革命老区县（市、区）为重点，对红色精品旅游景区进行串联，构建革命老区红色文旅走廊。加强走廊沿线基础设施和公共服务配套设施建设，不断挖掘其红色文化内涵。组织开展系列红色文旅活动，将革命老区红色文旅走廊建成传承弘扬红色文化的政治廊道、宣讲中国革命史的人文廊道、做强红色文旅产业的经济廊道，有效带动覆盖县域高质量发展。

3. 深入抓好红色宣传教育

将红色资源开发保护与群众生产生活有机结合，加强爱国主义教育基地、党性教育基地创建。建设红色记忆馆，组建革命老区红色干教联盟。广泛开展红色遗址打卡、红色故事宣讲、"红色之旅＋行走党课"等集知识性、趣味性于一体的红色宣教活动，以此打造红色基地品牌、红色服务品牌，不断延伸红色文化传承的广度和深度，使红色血脉在潜移默化中得以赓续。

四、拓展县域特色文化传播渠道和载体

1. 巩固传统文化传播主渠道

坚持走本土化道路,将当地受众的文化、风俗、收视习惯等作为出发点,深耕当地资源,创新服务内容,延展服务领域,丰富报道方式,不断增强传统媒体在当地的吸引力、影响力。在内部稳定传播基础上,扩大与不同层级、不同行业、不同地域间主流媒体的合作,推动本地优秀传统文化走出县域,在更大范围传播。

2. 健康有序开展线上传播

将移动互联网作为品牌宣传的主阵地,积极培育本地传播人才,组建若干传播实验室或工作室,定期或不定期开展县域特色文化宣传。扶持和激励本地传媒传播特别是自媒体传播梯队,吸引更多的居民、企业、投资者和游客广泛参与,充分利用移动互联网为本地讲述更多的故事、发出更多的声音。

第五节　县域文化产业发展

一、完善现代文化市场体系

1. 壮大文化市场主体

文化市场主体是文化市场的细胞,决定着文化产业发展的层级。政府着力当好企业坚强后盾,坚持包容审慎、鼓励创新,给市场留足发展空间,进一步激发市场创造力和文化消费潜力。实施文化制造业企业、文化批发零售企业、文化服务企业提质增量计划,支持文化旅游规划策划、研发孵化、管理咨询等专业机构和服务企业发展。推动文化娱乐、上网服务、演出等行业转型升级,丰富经营业态,支持建设多业态经营或混业经营的演艺、娱乐空间。

2. 优化文化市场环境

发挥市场在资源配置中的决定性作用,加强市场供需信息对接,促进资源交流整合,深耕文化创新转化,拓展文化市场发展空间。加强文化市场培育和规范,健全文化资产评估和文化产权交易体系,打造综合性、专项性、区域性文化产品和服务交易平台,放宽市场准入、破除市场壁垒、促进文化市场发展,降低制度性交易成本,做优文化发展软环境。

3. 强化文化市场服务引导

加强对文化市场经营业主和从业人员准入、合规、安全指导，适时举办各种形式的交流会、教育讲堂等活动，引导市场主体增强法治观念、提升合规经营能力。规范文化市场行业协会建设，切实发挥协会在自律、维权和促进行业发展中的作用。加大市场监管设施投入，健全文化市场动态监测网络和管理信息网络，实现文化市场管理电子化和网络化。

二、培育多元文化业态

1. 丰富文化产品类型

群众多元化文化需求，决定了要建立多层次的县域文化市场、提供多样化的产品供给。推进文化供给侧结构性改革，支持文化企业发展图书报刊、电子音像制品、演艺娱乐、电影电视、动漫游戏等传统文化产品，开发以网络为载体的新兴文化产品，培育大众性文化消费产品。支持文娱场所、景区景点、街区园区开发数字化产品，支持文物、非物质文化遗产、地方特色文化资源通过新媒体传播推广，鼓励线下文艺资源、文娱模式数字化。充分运用网络游戏、数字艺术、创意设计等产业形态，打造更多具有广泛影响力的数字文化产品。

2. 打造文化产业发展平台

依托重点发展区域，打造文化产业聚合平台，构建全方位文化产业生态圈，培育城市文化地标型创意集群。优化经济政策，支持文化产业类企业集聚发展。发挥龙头文化企业的带动作用，培育新型文化业态和文化消费模式，推动文化产品、文化服务和文化体验数字化转型。加快完善数字文化基础设施，推动"数字+文化+金融产业"深度融合发展。

3. 提升文化科创水平

依托县域内高等院校和科研单位，加大文化、创意、艺术、设计等社会科学类应用型研究项目的支持力度，建立文化创意产业"产－学－研"和校企合作运行体系，促进文化创意产业向多层次和高品质融合发展，积极申报文化专利。打造各具特色的文化研学教育基地，提升对县域文化科创的辐射力影响力。建成一批"文化创客空间"，打造大学生文化产业创新创业策源地。

三、推动文旅产业融合发展

1. 加强统筹规划设计

坚持全域统筹，把文旅产业作为推动县域高质量发展重点来抓，将文旅产业融合发展纳入县域经济社会发展大局，高标准编制文旅产业发展规划。树立全域旅游理念，因地制宜确定县域文旅产业发展方向（如图4-5所示），将全域旅游与乡村振兴、城镇化建设、旅游示范基地建设等有机结合，结合国土空间规划布局，科学规划布局城市游、景区游、乡村游等旅游点位和线路，高标准编制和实施一批融历史、文化、科技、艺术于一体的文旅项目。有序推进国家全域旅游示范区、国家文化和旅游消费示范城市、国家文化产业和旅游产业融合发展示范区等品牌培育创建工作。加强研究论证和统筹谋划，特别是在A级景区创建、民宿、乡村旅游业发展等方面要坚持质量第一、效益优先。

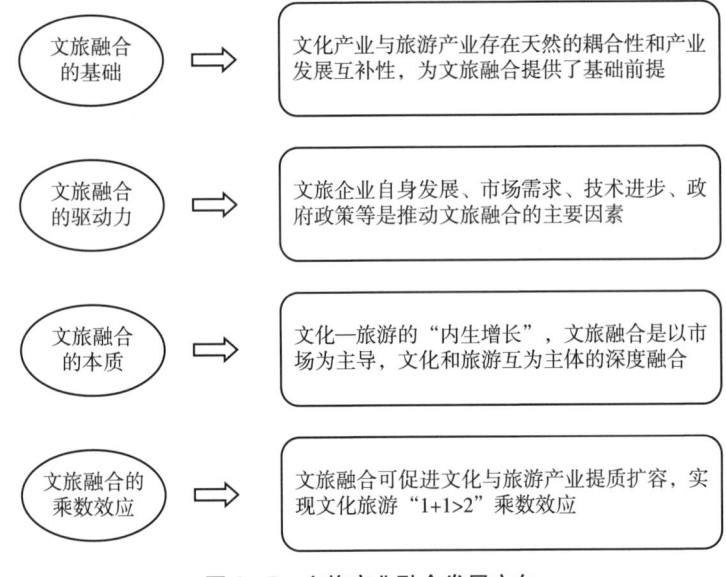

图4-5 文旅产业融合发展方向

2. 培育文旅融合新业态

推动主题公园、红色旅游、文化节庆会展旅游等现有融合业态转型升级、提质增效，培育融合发展的新型文化和旅游业态。推动文化、旅游与相关产业融合发展，促进创意设计、数字文化等文化产业门类与制造业、建筑业等相关产业融合发展，因地制宜发展工业旅游、乡村旅游、休闲旅游等业态。

文旅产业融合发展路径如图 4-6 所示。

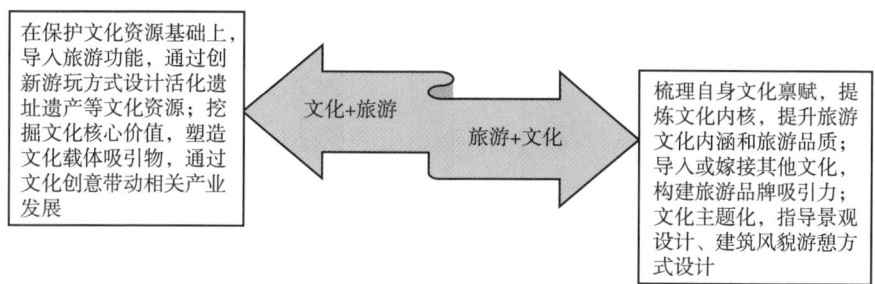

图 4-6 文旅产业融合发展路径

3. 打造特色文化体验新格局

沉浸式、体验型旅游已成为吸引游客、发展县域文化的重要途径，文化体验也成为居民出游的一大热点。2020 年起"盲盒经济"火热出圈，国潮国风爱好者对华服、特色文创等消费的投入不断增加，艺术节、音乐节等新型文化发展形式成功拓展了县域文化发展空间。顺应发展新趋势，推动文化消费内容持续创新和文化体验全新升级，大力发展旅游过程中打卡文艺特色目的地、文博场馆参观等热门文化消费。文旅产业"2+3"发展模式、2021 年游客主要文化休闲方式分别如图 4-7、图 4-8 所示。

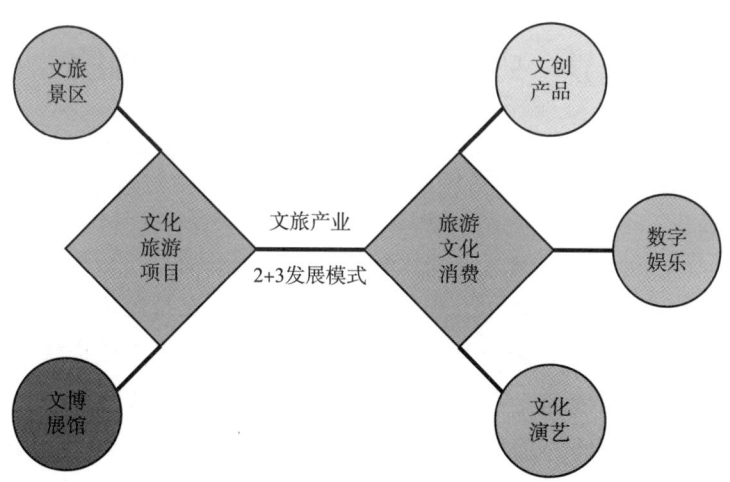

图 4-7 文旅产业"2+3"发展模式

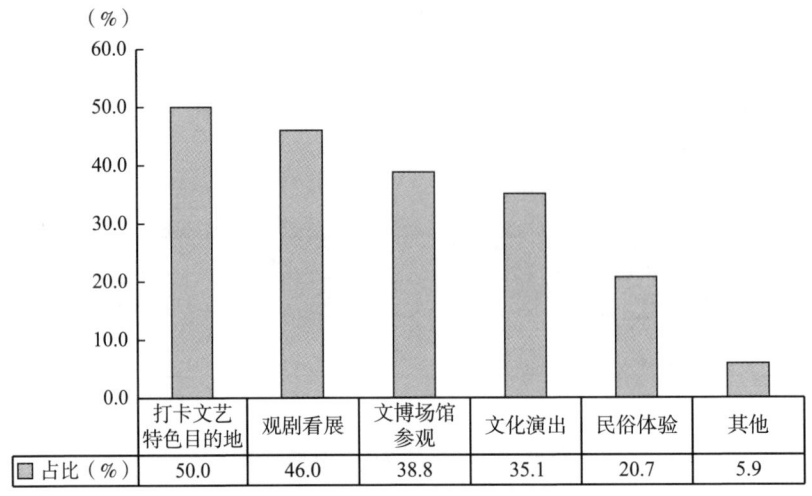

图 4-8 2021年游客主要文化休闲方式

4. 大力发展智慧文旅

利用大数据等信息技术和线上平台，拓展文旅发展新空间。加快发展"直播经济"，探索直播与文旅、直播与演出等在城乡文化产品和服务消费中的运用。鼓励互联网企业与文物单位、旅游景区与度假区合作，开展数字精品内容创作，鼓励线上直播、有声产品、地理信息等服务新方式。大力培育"云端经济"，壮大云旅游、云娱乐、云展览等新型消费形态，探索服务运营新模式，不断催生文化消费新场景。

第六节 县域文化高质量发展金融服务

一、加强文旅金融产品创新

1. 创新文旅信贷产品

聚焦文旅企业的金融需求，引导银行业进一步开发特色化金融产品，为文旅企业提供定制化服务。充分运用再贷款、再贴现、普惠小微贷款等货币政策工具，降低企业融资成本，破除文旅项目融资障碍。开展文化产品、景区收益权等抵质押融资，丰富文旅企业信贷融资工具。推广主动授信、随借随还贷款模式，打通金融服务文旅产业"最后一公里"。文化企业融资路径如图 4-9 所示。

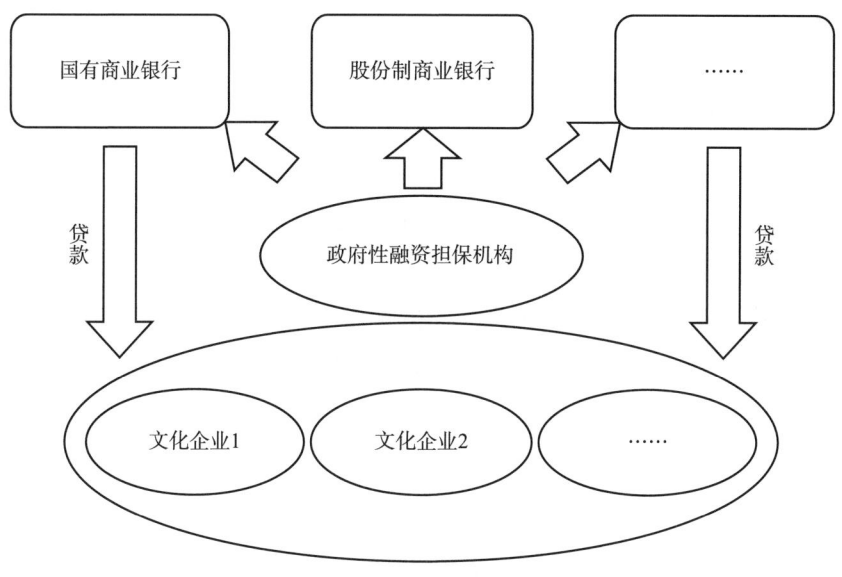

图 4-9　文化企业融资路径

2. 创新文旅保险产品

引导保险机构创新完善演艺活动财产保险、艺术品综合保险、文化企业信用保证保险、文化企业知识产权侵权保险等文化创意产业保险产品，完善文化创意企业保险服务模式，不断增强文化产业企业抗风险能力。积极开发与文化企业人才激励配套的养老和医疗保险产品。

3. 创新文旅债券产品

鼓励文旅信贷资产证券化、文化产业园区资产证券化等产品创新。积极发挥开发性金融中长期融资优势和"投资、贷款、债券、租赁、证券"协同支持作用，为文化和旅游项目提供直接投资、证券发行承销、融资租赁等多元化金融服务。

二、有序推进文化领域金融市场建设

1. 完善文化金融交易市场

金融市场交易涉及企业、政府机构、金融监管部门、金融机构、居民个人（家庭）等多个方面的主体。顺应文化交易市场需要，发挥金融政策、财政政策与文化产业政策的协同作用，鼓励金融机构大力开拓文化金融市场，积极引进和设立各类文化金融专营机构。做优各类文交所，促进文化产业要素跨行业、跨地域流动。

2. 推动文化产权交易快速发展

积极支持文创企业深耕文化产权交易共同市场、有效融入地方市场，助力演艺、设计和动漫等各类文化企业股权、版权、商标、品牌交易。建立健全文化产权交易规程，从组织保障、财政支持、金融支持和督促政策落实等方面对文化产权交易进行支持，推动文化产权项目融资与交易。

3. 构建全链条文化金融交易服务体系

强化区域统筹，系统搭建综合性文化金融服务平台，建设政府主导、市场主体参与的文化金融服务中心，促进银、政、企等主体沟通对接，形成"创业孵化、风险投资、投贷联动、上市培育、政策支持"的融资服务闭环，为文创企业提供全生命周期的投融资服务。

三、做实文化金融基础工作

1. 建立文化资产评估体系

围绕文化企业无形资产、著作权、知识产权等发布资产评估指南，推动一系列评估准则完善，不断提升评估机构为文化企业服务水平。加强构建以无形资产为核心的文化资产评估体系，积极推动政府部门、交易平台、评估机构、银行等和文化企业的对接与互动，积极构建无形资产评估生态系统。

2. 完善文化企业信用评价

实行政府、金融机构、评级机构、行业协会和社会组织等多方联动，建立统一的文化企业信用评价平台，细化评价指标，明确评价标准，规范操作程序，着力解决中小微文化企业信用评价难题，为企业享受融资等金融服务创造条件。开展文化旅游企业信用评估试点，优化评估指标和方法，明确信用信息来源和渠道，根据信用评估结果实行分级监管，形成一套以信用评价为基础的分级监管体系，激发行政部门、市场主体、社会机构等各方参与信用建设的主动性和创造力。

3. 加强各机构协调联动

建立文旅、金融等部门支持文旅产业发展的协调机制，推动文化金融纳入区域金融改革试点。参与现代文化企业培育、现代文化企业家群体建设，构建金融顾问和辅导服务机制，帮助文化企业树立现代企业意识，提升经营管理和资本市场运作能力。推进文化资本市场建设，促进金融资本、社会资本与文化资源有效对接，充分利用国内外多层次资本市场解决文化企业融资难问题。

第七节　县域文化高质量发展评价

一、评价指标设计

（一）评价指标初步设计

根据斯图亚特·霍尔（Stuart Hall）提出的文化研究理论，吸取有关文化产业高质量发展指数等评价体系的成果，基于意识形态建设、公共文化服务、特色文化传承与发展、文化产业发展路径，初步构建县域文化高质量发展评价指标体系，包括4个一级指标、13个二级指标、36个三级指标。具体如表4-3所示。

表4-3　　　　　　　初步设计的县域文化高质量发展指标体系

一级指标	二级指标	三级指标	指标解释
意识形态建设	领导保障	意识形态责任制落实	反映意识形态工作的政治责任和领导责任
	意识形态教育	县域融媒体覆盖率	反映县域融媒体中心建设情况
		意识形态宣传工作内容覆盖率	反映微博、微信公众号、手机报、手机客户端等新媒体工作开展、内容审核、管理到位等情况
	意识形态工作队伍	意识形态专职工作者数量	反映专门从事意识形态工作人员的配备情况
	网络意识形态安全	网络意识形态责任制落实	反映贯彻落实党中央和上级党委关于网络意识形态工作的决策部署和指示精神等情况
公共文化服务	公共文化设施	公共文化设施数量	反映县域提供公共文化服务的数量
		文化馆等级	反映馆舍建筑面积、人均财政拨款金额、馆内常设免费服务项目等条件考核情况
		图书馆等级	反映年文献外借量、读者满意率、年财政拨款总额、年人均新增文献入藏量、建筑面积、专业技术人员占比六个条件评级考核情况

续表

一级指标	二级指标	三级指标	指标解释
公共文化服务	公共文化设施	博物馆等级	反映综合管理与基础设施、藏品管理与科学研究、陈列展览与社会服务等考核评定情况
		博物馆数量	反映县域博物馆事业发展状况和文化生活享受的指标
	文化产品和服务供给	文化需求征询反馈制度建立	反映符合实际的公共文化服务群众需求征集和评价反馈机制建立情况
		公共文化线上服务平台数量	反映线上公共文化服务平台建设情况
		全国性文艺奖项获奖数量	反映全国性文艺奖项的数量
		年均"送文化"下乡次数	反映文化演出等文艺活动到农村基层情况
	服务保障	人均文化旅游体育与传媒支出	反映县域公共财政在文化、文物、体育、广播影视、新闻出版等方面支出的指标
		研究与发展经费投入强度	反映县域文化研发支出情况,进一步反映公共文化的服务质量
特色文化传承与发展	传统文化	文化资源数量	反映古籍、美术馆藏品、地方戏曲剧种、传统器乐种、非物质文化遗产、文物等数量
		旅游资源数量	反映地文景观、遗址遗迹、水域风景、生物景观、天象气候景观、建筑和设施、旅游商品、人文活动等数量
		历史文化街区数量	反映文物古迹和历史文化遗产数量
		非遗项目数量	反映非物质文化遗产继承和发扬数量
		中国传统村落数量	于2012年经住建部、文化部、国家文物局和财政部四部门联合发起、调查和认定的村落
		中小学开展传统文化教育次数	反映传统文化进教材、开展传统文化宣传活动等情况
	农耕文化	农耕文化园数量	反映建成农耕文化园的数量
		中国农民丰收节参与人数	反映年度参与中国农民丰收节的人数
	红色文化	中国红色旅游精品线路数量	反映建成红色旅游精品线路的数量
		全国爱国主义教育基地数量	反映建成全国爱国主义教育基地的数量

续表

一级指标	二级指标	三级指标	指标解释
文化产业发展	文化市场体系	规模以上文化产业从业人员数量	反映新闻信息服务、内容创作生产、创意设计服务、文化传播渠道、文化投资运营和文化娱乐休闲服务等活动的从业人员数量
		规模以上文化企业数量	反映以文化、创意和人力资本等无形资源为投入要素，提供文化产品和服务，以及运用这些精神内容获取商业利益的组织数量
	文化业态	文化创意产业集群数量	反映在文化创意产业的领域中，由众多独立又相互关联的文化创意企业以及相关支撑机构，依据专业化分工和协作关系建立起来的，并在一定区域集聚而成的产业组织数量
		文化企业获得专利数量	反映文化企业获得的各项专利数量
		文化科研机构专业技术人才数量	反映在文化科研机构从事专业技术工作的人才数量
	文旅产业融合	旅游收入	反映县域旅游业总体规模和发达程度的综合性指标
		接待旅游人次	反映旅游者对旅游商品需求程度和县域旅游流量的指标
		旅游星级饭店数量	反映县域旅游基础设施和接待能力的指标
		文化产业示范园区数量	反映县域文化企业集聚发展、文化资源集约利用情况的指标
		文化产业示范基地数量	反映县域生产文化产品和文化生产要素的市场主体及主体集聚地影响力的指标

（二）评价指标筛选

在评价指标初步构建的基础上，按照可检验、可比较、可追溯标准，从样本数据的相关性、有效性和一致性角度筛选出县域文化高质量发展评价指标。

1. 相关性检验

根据评价指标之间的相关系数显著性水平需在5%以下的要求，中国传统村落数量、中小学开展传统文化教育次数、农耕文化园数量、中国农民丰收节参与人数、中国红色旅游精品线路数量5个指标与其他指标的相关系数在5%的显著性水平下不存在相关性,将上述指标从初步设计指标体系中剔除。

2. 有效性检验

根据评价模型所使用指标的样本数据覆盖率需要达到5%置信水平的要求,公共文化设施数量、文化需求征询反馈制度建立、公共文化线上服务平台数量、全国性文艺奖项获奖数量、年均"送文化"下乡次数、研究与发展经费投入强度6个指标数据的样本观测值均在95%以下,即在5%的置信区间以外,难以满足置信区间的统计检验要求,将上述指标从初步设计指标体系中剔除。

3. 一致性检验

按照德格鲁特(Morris H. DeGroot)提出的评价指标统计口径公允性准则,样本数据的测算方法应保持一致。在对指标进行检验分析发现,意识形态责任制落实、意识形态宣传工作内容覆盖率、意识形态专职工作者数量、网络意识形态责任制落实、全国爱国主义教育基地数量、规模以上文化产业从业人员、规模以上文化企业数量、文化创意产业集群数量、文化企业获得专利数量、文化科研机构专业技术人才数量10个指标目前在界定上还存在分歧,不同认定标准下所得到的数据偏离度在5%以上。考虑到文化高质量发展的数据样本来源差异度较大,使用上述指标构建自回归移动平均模型,计量结果显示,上述指标的Omitted Variable检验置信区间和样本系数都不显著,将上述指标从初步设计指标体系中剔除。

通过多维度筛选,从36个初步设计指标中筛选出15个评价指标,构建出县域文化高质量发展评价指标体系。具体如表4-4所示。

表4-4　　　　经筛选形成的县域文化高质量发展评价指标

一级指标	二级指标	三级指标	指标定义	数据来源	指标性质
意识形态建设	意识形态教育	X1-县域融媒体覆盖率	建成县域融媒体中心得1分,否则0分	A省日报	正向指标

续表

一级指标	二级指标	三级指标	指标定义	数据来源	指标性质
公共文化服务	公共文化设施	X2 - 文化馆等级	按照馆舍建筑面积、人均财政拨款金额、馆内常设免费服务项目等条件考核。根据级别赋值,最高1级,赋3分;2级2分;1级1分;无级别0分	A省政务服务网	正向指标
		X3 - 图书馆等级	按照年文献外借量、读者满意率、年财政拨款总额、年人均新增文献入藏量、建筑面积、专业技术人员占比六个条件进行评级考核,根据级别赋值。最高1级,赋3分;2级2分;1级1分;无级别0分	A省政务服务网	正向指标
		X4 - 博物馆等级	按照综合管理与基础设施、藏品管理与科学研究、陈列展览与社会服务等考核评定等级。根据级别赋值,最高1级,赋3分;2级2分;1级1分;无级别0分	A省政务服务网	正向指标
		X5 - 博物馆数量	县域博物馆数量	A省政务服务网部门直通	正向指标
	服务保障	X6 - 人均文化旅游体育与传媒支出	县域公共财政在文化、文物、体育、广播影视、新闻出版等方面的支出	县域财政决算	正向指标
特色文化传承与发展	传统文化	X7 - 文化资源数量	包括古籍、美术馆藏品、地方戏曲剧种、传统器乐乐种、非物质文化遗产、文物六个大类的数量	A省文化和旅游资源云	正向指标
		X8 - 旅游资源数量	包括地文景观、遗址遗迹、水域风景、生物景观、天象气候景观、建筑和设施、旅游商品、人文活动八个大类的数量	A省文化和旅游资源云	正向指标
		X9 - 历史文化街区数量	文物古迹和历史文化遗产的数量	A省政府网站(历史文化街区公示名单)	正向指标
		X10 - 非遗项目数量	非物质文化遗产数量	A省政务服务网部门直通	正向指标

续表

一级指标	二级指标	三级指标	指标定义	数据来源	指标性质
文化产业发展	文旅产业融合	X11-旅游收入	县域旅游总收入	A省旅游年鉴和各县区统计公报	正向指标
		X12-接待旅游人次	县域旅游接待人次	A省旅游年鉴和各县区统计公报	正向指标
		X13-旅游星级饭店数量	县域旅游地区星级饭店数量	A省政务服务网部门直通	正向指标
		X14-文化产业示范园区数量	县域文化产业示范园区数量	A省文化和旅游厅官方网站（文化产业园区公示名单）	正向指标
		X15-文化产业示范基地数量	县域文化产业示范基地数量	A省文化和旅游厅官方网站（文化产业示范基地公示名单）	正向指标

二、评价模型建立

（一）评价指标赋权原理

霍夫斯泰德（Geert Hofstede）提出了文化维度理论，构成了一个以跨文化交流为中心的知识框架，对文化发展的多维度进行探究，并提供了一个可用作维度对比的评分体系。文化发展既包括有形的物质文化形态，也包括无形的制度、行为文化以及精神文化形态，导致了文化发展评价的复杂性，难以通过主观方法进行科学准确地评价。由于县域文化高质量发展各指标相关性较弱，为尽量减少和避免某些指标选择中可能存在的数据偏误以及各项主观因素对指标权重确定的影响，更客观地反映出各指标的发展变化情况，在评价方法上选取客观赋权法中的熵值法，构建县域文化高质量发展评价模型。熵值法作为一种常见的客观确定权重的方法，其主要思想是利用各评价指标所承载的信息量以及对整个评价系统的影响程度判断各指标的有效性和重要性，进而对指标进行客观准确赋权。根据各指标的熵值来判断指标的离散程度和信息承载量大小，熵值越大,离散程度越小,所提供的有效信息越少,对综合评价的影响越小,即所占的权重也就越小,反之,所占权重则越大。

(二) 评价指标权重设计

运用熵值法对指标进行赋权。

1. 计算第 j 个指标下第 i 个样本所占权重 p_{ij}

$$p_{ij} = \frac{z_{ij}}{\sum_{i=1}^{86} z_{ij}}, \ i = 1, 2, \cdots, n, \ j = 1, 2, \cdots, m \qquad (4-1)$$

其中,$i = 1, 2, \cdots, n$,样本总数为 86,$j = 1, 2, \cdots, m$,指标总数为 15,z 为各指标标准化后的新数值。

2. 计算第 j 个指标的熵值 e_j

$$e_j = -k \sum_{i=1}^{n} p_{ij} \ln(p_{ij}), \ i = 1, 2, \cdots, n, \ j = 1, 2, \cdots, m \qquad (4-2)$$

其中,i 为样本总量,j 为指标总数,$k = 1/\ln(n) > 0$,n 为 86 个县域总数。

3. 计算第 j 个指标的信息效用值 d_j

$$d_j = 1 - e_j, \ j = 1, 2, \cdots, m \qquad (4-3)$$

其中,j 为指标总数,d_j 越大,说明该指标对县域文化高质量发展所起的作用越大。

4. 计算各指标权重 w_j

$$w_j = \frac{d_j}{\sum_{j=1}^{m} d_j} \ j = 1, 2, \cdots, m \qquad (4-4)$$

基于 86 个样本县域数据,运用熵值法公式 (4-1) 至公式 (4-4),计算各指标权重 w_j (如表 4-5 所示)。文化产业示范园区数量,提供的信息量较多,权重较高。县域融媒体覆盖率、旅游资源数量,提供的信息量较少,权重较低。总的来看,各指标间权重比例存在一定的差异性。为检验评价结果是否受到不同赋权方法的影响,评价模型检验部分采用 CRITIC 法进行测试。

表 4-5　　　　　县域文化高质量发展评价指标权重

指标	权重 w_j（%）	排名
文化产业示范园区数量	29.43	1
历史文化街区数量	14.88	2
博物馆等级	13.05	3
文化产业示范基地数量	12.28	4
文化资源数量	5.63	5
人均文化旅游体育与传媒支出	5.03	6
旅游星级饭店数量	4.38	7
博物馆数量	3.57	8
图书馆等级	2.13	9
文化馆等级	2.01	10
接待旅游人次	2.00	11
旅游资源数量	1.98	12
非遗项目数量	1.85	13
旅游收入	1.78	14
县域融媒体覆盖率	0.00	15

（三）评价模型参数转化

根据熵值信息效用值模型，由于衡量部分指标之间单位不同，无法统一进行比较，为了消除指标之间的量纲影响，需要对指标进行标准化处理，实现指标的无量纲化。即将指标从绝对数值变为相对数值，从而解决不同指标间的异质性问题。另外指标还有正向指标和负向指标之分，一般来说，正向指标越大越好，负向指标越小越好。对于正向指标，计算方法具体见公式（4-5）。

$$z_{ij} = \frac{x_{ij} - \min(x_{ij})}{\max(x_{ij}) - \min(x_{ij})} \quad (4-5)$$

$\min(x_{ij})$ 是第 i 个样本在第 j 个指标下的数值的最小值，$\max(x_{ij})$ 是第 i 个样本在第 j 个指标下的数值的最大值。

（四）评价模型构建

按照图 4-10 所示步骤，构建出公式（4-6）所示的县域文化高质量发展评价模型。即通过基于熵值法的评价模型权重设计和基于数据标准化的评价指标值参数转化,分别得到各指标权重和转化后指标数据,将二者相乘计算各指标得分,最后加总各指标得分,得到县域文化高质量发展评价总分。

$$s_i = \sum_{j=1}^{15} z_{ij} w_j, \ i = 1, 2, \cdots, n \qquad (4-6)$$

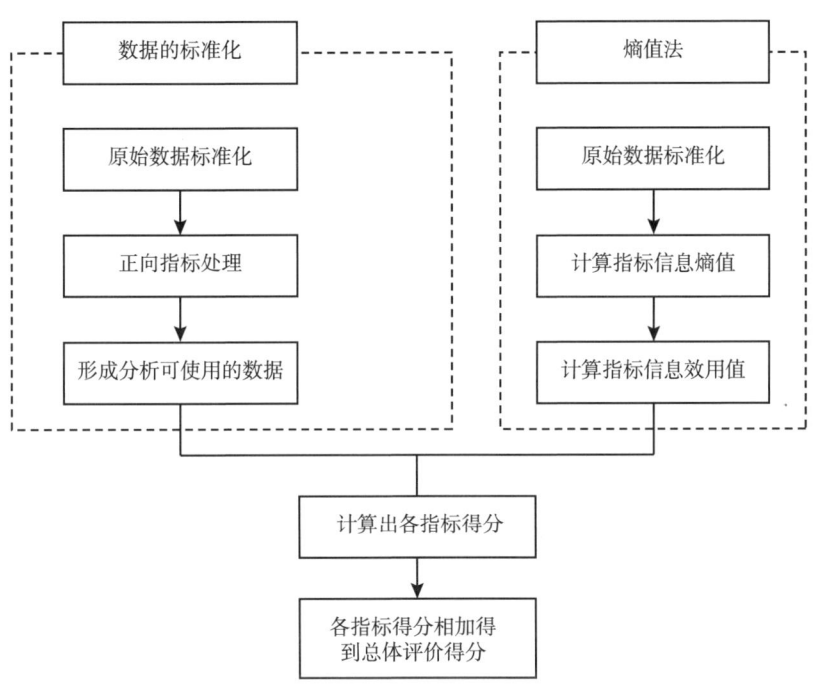

图 4-10 县域文化高质量发展评价模型构建过程

三、评价模型实证分析

(一) 描述性统计分析

基于 86 个样本县域数据,对 15 个评价指标进行描述性统计,概括性描述样本数据特点,结果如表 4-6 所示。统计分析结果显示,2020 年 86 个样本县域融媒体覆盖率为 100%;文化资源数量平均值为 5940.00 个,标准差为 7568.83 个;旅游资源数量平均值为 1317.19 个,标准差为 472.71 个;历史文化街区数量平均值为 0.27 个,标准差为 0.66 个;非遗项目数量平均值为 4.02 个,标准差为 2.93 个;文化馆等级平均值为 1.87 级,标准差为 1.12 级;图书馆等级平均值为 1.55 级,标准差为 1.12 级;博物馆等级平均值为 0.38 级,标准差为 0.83 级；人均文化旅游体育与传媒支出平均值为 196.50 元，标准差为 240.09 元；旅游收入平均值为 54.47 亿元，标准差为 31.80 亿元；接待旅游人次平均值为 611.01 万人、标准差为 398.46 万人；旅游星级饭店数量平均值为 1.59 个，标准差为 1.68 个；文化产业示范园区数量平均值为 0.02 个，标准差为 0.15 个；文化产业示范基地数量平均值为 0.29 个，标准差 0.61 个。

表 4-6 描述性统计结果

指标	单位	平均值	标准差	中位数	最小值	最大值
县域融媒体覆盖率	%	100.00	100.00	100.00	100.00	100.00
文化资源数量	个	5940.00	7568.83	2560.50	153.00	31187.00
旅游资源数量	个	1317.19	472.71	1207.50	522.00	3320.00
历史文化街区数量	个	0.27	0.66	0.00	0.00	3.00
非遗项目数量	个	4.02	2.93	3.00	0.00	19.00
文化馆等级	级	1.87	1.12	2.00	0.00	3.00
图书馆等级	级	1.55	1.12	2.00	0.00	3.00
博物馆等级	级	0.38	0.83	0.00	0.00	3.00
博物馆数量	个	1.86	1.74	1.50	0.00	9.00
人均文化旅游体育与传媒支出	元	196.50	240.09	114.21	29.87	1531.57
旅游收入	亿元	54.47	31.80	50.66	5.10	151.14
接待旅游人次	万人	611.01	398.46	544.74	42.80	1696.02
旅游星级饭店数量	个	1.59	1.68	1.00	0.00	8.00
文化产业示范园区数量	个	0.02	0.15	0.00	0.00	1.00
文化产业示范基地数量	个	0.29	0.61	0.00	0.00	3.00

（二）总体评价分析

基于 86 个样本县域数据，运用熵值法和参数标准化，计算样本县域文化高质量发展得分。总体评价得分分布如图 4-11 所示。结果显示，分别有 27 个、22 个县域得分分布于（0.1，0.2]、（0.05，0.08] 区间，数量合计超过样本县域数量的一半，其余 37 个样本县域得分分布较为分散。通过测算，排名靠前的县域中有 3 个属于城市主城区、5 个属于重点开发区、1 个属于农产品主产区、1 个属于重点生态功能区。排名靠后的县域中有 6 个属于重点生态功能区、2个属于农产品主产区、2个属于重点开发区。具体到文化发展水平较好和较差的县域来看，得分较高的县域在非遗项目数量、旅游收入、接待旅游人次、文化产业示范园区数量4个指标上排名靠前，表明其在县域特色文化传承与发展、文化产业发展等方面具备优势；得分较低的县域在图书馆等级、博物馆数量、旅游收入3个指标上排名靠后，表明其在公共文化服务、文化产业发展等方面较为落后。

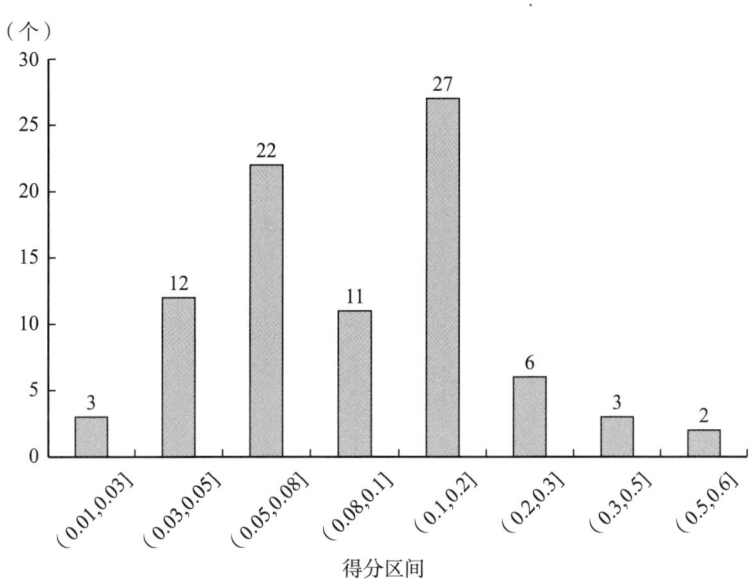

图4-11 熵值法评价结果分布

（三）因素评价分析

在总体评价分析的基础上，利用县域文化高质量发展评价总分排名与各指标排名的相关系数考察影响县域文化高质量发展的主要因素（如表4-7所示）。总体来看，文化产业发展、公共文化服务方面对文化高质量发展评价指标影响较大，其中接待旅游人次、博物馆数量、旅游收入、文化资源数量、博物馆等级5个指标越好，文化高质量发展程度越高。而旅游资源数量、非遗项目数量对县域文化高质量发展影响程度较小。由于县域人均文化旅游体育与传媒支出较小，且人均文化旅游体育与传媒支出排名与总分排名呈负相关关系，表明现阶段县域在统筹支出增加与质量提升方面仍存在短板，尚未实现财政支出增加与县域文化高质量发展同步发展，因此未来仍有较大提升空间。

表 4-7 县域文化高质量发展评价总排名与各指标排名相关系数

	总排名	X2	X3	X4	X5	X6	X7	X8	X9	X10	X11	X12	X13	X14	X15
总排名	1.000														
X2	0.497***	1.000													
X3	0.566***	0.630***	1.000												
X4	0.615***	0.044	0.213**	1.000											
X5	0.677***	0.219**	0.199*	0.491***	1.000										
X6	-0.128	-0.140	-0.138	-0.054	-0.107	1.000									
X7	0.645***	0.404***	0.327***	0.423***	0.552***	-0.286***	1.000								
X8	0.150	-0.069	0.096	0.038	0.231**	0.274**	0.103	1.000							
X9	0.444***	-0.020	0.261**	0.198*	0.361***	-0.041	0.266**	0.215**	1.000						
X10	0.181*	0.045	0.070	-0.132	0.120	0.146	-0.120	0.262**	0.204*	1.000					
X11	0.664***	0.428***	0.265**	0.306***	0.428***	-0.224**	0.465***	-0.058	0.099	0.071	1.000				
X12	0.741***	0.416***	0.423***	0.479***	0.482***	-0.243***	0.520***	0.035	0.178	0.062	0.836***	1.000			
X13	0.479***	0.246**	0.268**	0.311***	0.358***	-0.168	0.138	-0.056	-0.049	0.052	0.423***	0.388***	1.000		
X14	0.261**	-0.005	0.203*	0.186*	0.082	-0.044	0.099	0.034	-0.064	0.107	0.174	0.221**	0.159	1.000	
X15	0.522***	-0.028	0.083	0.461***	0.268**	-0.135	0.251**	-0.060	0.178	0.132	0.373***	0.429***	0.228***	0.304***	1.000

注:*、**、***分别代表在10%、5%、1%的水平下显著。

同时，通过考察县域文化高质量发展各指标的得分率，识别县域文化发展中做得较好的领域和存在的不足。总体上看，县域在文化馆等级、接待旅游人次2个指标上得分较高，得分率分别为0.92、0.89。在县域旅游资源数量、文化产业示范基地数量2个指标上得分较低，得分率分别为0.29、0.56。上述结果表明，县域文化馆建设水平较高，但旅游资源发掘等方面存在欠缺，还需要进一步加强。具体如表4-8所示。

表4-8　　　　　　　　县域文化高质量发展各指标得分率

指标	得分	满分	得分率
文化产业示范园区数量	25.60	29.43	0.87
历史文化街区数量	11.01	14.88	0.74
博物馆等级	10.18	13.05	0.78
文化产业示范基地数量	6.88	12.28	0.56
文化资源数量	3.72	5.63	0.66
人均文化旅游体育与传媒支出	3.72	5.03	0.74
旅游星级饭店数量	2.89	4.38	0.66
博物馆数量	2.82	3.57	0.79
图书馆等级	1.79	2.13	0.84
文化馆等级	1.85	2.01	0.92
接待旅游人次	1.78	2.00	0.89
旅游资源数量	0.57	1.98	0.29
非遗项目数量	1.22	1.85	0.66
旅游收入	1.19	1.78	0.67
县域融媒体覆盖率	0.00	0.00	0.00
总分	75.22	100.00	0.75

注：因通过86个样本县域数据计算的县域融媒体覆盖率权重（满分）为0，得分率为0，故不纳入因素评价分析。

（四）聚类评价分析

在总体评价分析的基础上，考察四种类型县域的排名分布，对比不同类型县域文化发展水平差异。结果显示，得分排名前1/3的县域中重点开发区最多，为 18 个；其次是城市主城区，为 6 个；农产品主产区和重点生态功能区最少，均为 4 个。城市主城区集中在前 1/3，重点生态功能区集中在后 2/3，重点开发区和农产品主产区的排名分布相对较为均匀。城市主城区在文化高质量发展方面的表现较为均衡。重点开发区的排名差距较大，最高和最低均在重点开发区。农产品主产区文化高质量发展方面表现欠佳，排名整体处于中偏下的位置，得分标准差较小。重点生态功能区在文化高质量发展方面的表现较为靠后，排名整体处于靠后的位置，排名 50 名以外的县域 11 个，约占重点生态功能区全部县域的 61.11%，得分标准差也较小。具体如表 4-9 和图 4-12 所示。

表 4-9　　　　　　　　　　四种类型县域得分统计分布情况

统计量	城市主城区	重点开发区	农产品主产区	重点生态功能区
平均值	0.22	0.16	0.10	0.10
最大值	0.38	0.59	0.28	0.27
最小值	0.09	0.03	0.04	0.03
中位数	0.16	0.10	0.10	0.09
标准差	0.08	0.10	0.06	0.06
观测数	10	33	25	18

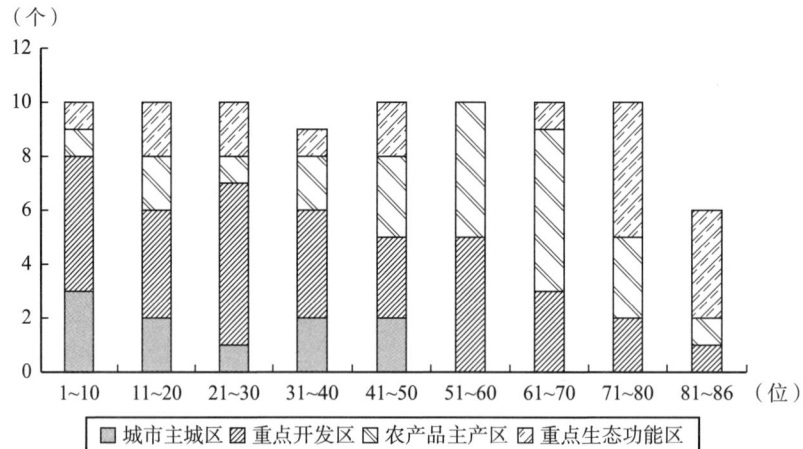

图 4-12　四种类型县域排名分布情况

四、评价模型检验

(一) 评价结果与路径检验

以县域文化高质量发展总排名为被解释变量,15 个评价指标排名为解释变量,采用多元线性回归模型,考察评价指标对评价结果的解释力,既检验构建的评价指标模型能否有效反映县域文化高质量发展水平,也有助于识别影响县域文化高质量发展的关键路径。

回归结果显示,线性回归拟合优度 0.905,表明在该评价模型下,指标体系较为全面地反映了县域文化发展的主要方面,具备较高的综合性。具体而言,在有效控制指标排名相互影响的情况下,县域文化高质量发展总排名与文化馆等级、历史文化街区数量、旅游星级饭店数量、文化产业示范园区数量 4 个指标排名在 1% 的水平下显著正相关,表明县域文化馆等级越高、历史文化街区数量越多、旅游星级饭店数量越多、文化产业示范园区数量越多,越有利于提升县域文化高质量发展水平。博物馆等级、博物馆数量、人均文化旅游体育与传媒支出、文化资源数量、旅游收入排名对县域文化高质量发展总排名在 5% 的水平下有显著正向影响。具体如表 4 - 10 所示。

表 4 - 10　以县域文化高质量发展总排名为被解释变量的多元线性回归结果

	非标准化系数		标准化系数	t	p	共线性诊断	
	B	标准误	Beta			VIF	容忍度
常数	-67.808	10.991	—	-6.169	0.000**	—	—
X2	0.194	0.056	0.209	3.474	0.001**	2.700	0.370
X3	0.116	0.060	0.115	1.936	0.057	2.617	0.382
X4	0.508	0.246	0.109	2.063	0.043*	2.087	0.479
X5	0.136	0.062	0.118	2.177	0.033*	2.205	0.453
X6	0.104	0.042	0.104	2.477	0.016*	1.305	0.766
X7	0.140	0.055	0.139	2.537	0.013*	2.250	0.444
X8	0.071	0.043	0.071	1.656	0.102	1.385	0.722
X9	1.918	0.289	0.308	6.645	0.000**	1.595	0.627
X10	0.020	0.046	0.019	0.446	0.657	1.357	0.737
X11	0.186	0.076	0.186	2.445	0.017*	4.313	0.232

续表

	非标准化系数		标准化系数	t	p	共线性诊断	
	B	标准误	Beta			VIF	容忍度
X12	0.007	0.081	0.007	0.092	0.927	4.908	0.204
X13	0.173	0.056	0.142	3.111	0.003**	1.561	0.641
X14	0.928	0.159	0.275	5.855	0.000**	1.638	0.611
X15	6.123	3.404	0.074	1.799	0.076	1.272	0.786
R^2	0.905						
调整 R^2	0.886						
F	$F(14, 71) = 48.108, p = 0.000$						
D–W 值	1.645						

注：**、* 分别代表在 1%、5% 的水平下显著。

（二）差异化赋权检验

为检验评价结果是否受到不同赋权方法的影响，采用 CRITIC 法确定各指标权重进行测试。

为消除量纲对评价结果的影响，根据公式（4–5），对正向指标进行无量纲化处理。

1. 计算各指标标准差以衡量指标对比强度 S_j

$$\bar{x}_j = \frac{1}{n}\sum_{i=1}^{n} x_{ij}$$

$$S_j = \sqrt{\frac{\sum_{i=1}^{n}(x_{ij}-\bar{x}_j)^2}{n}} \quad (4-7)$$

其中，$i = 1, 2, \cdots, n$，样本总数为 86，$j = 1, 2, \cdots, m$，指标总数为 15，S_j 表示第 j 个指标的标准差。

2. 计算指标冲突性 R_j

$$R_j = \sum_{k=1}^{p}(1 - r_{jk}) \quad (4-8)$$

其中，r_{jk} 表示指标 j 和指标 k 之间的相关系数。

3. 计算指标信息量 C_j

信息量越大，指标在评价体系中作用越大，应赋予更多权重：

$$C_j = S_j \times R_j \qquad (4-9)$$

4. 计算最终权重 W_j

$$W_j = \frac{C_j}{\sum_{j=1}^{m} C_j} \qquad (4-10)$$

基于县域文化高质量发展评价指标体系和 CRITIC 法，测算得到 86 个样本县域文化高质量发展水平。为验证 CRITIC 法和熵值法基于本评价指标体系评价结果的一致性，下面从 3 个维度进行比对分析。

从指标权重看。CRITIC 法评价结果显示，文化产业示范园区数量、历史文化街区数量、博物馆等级 3 个指标权重均较高，分别占比 30.50%、11.52%、10.10%，融媒体覆盖率、旅游资源数量、旅游收入权重均较低，分别占比 0.00%、1.68%、2.73%。在熵值法结果中，文化产业示范园区数量、历史文化街区数量、博物馆等级权重排名也位列前三位，融媒体覆盖率、旅游收入、非遗项目数量权重位列后三位，两种方法指标权重排名结果较为一致。具体如图 4-13 所示。

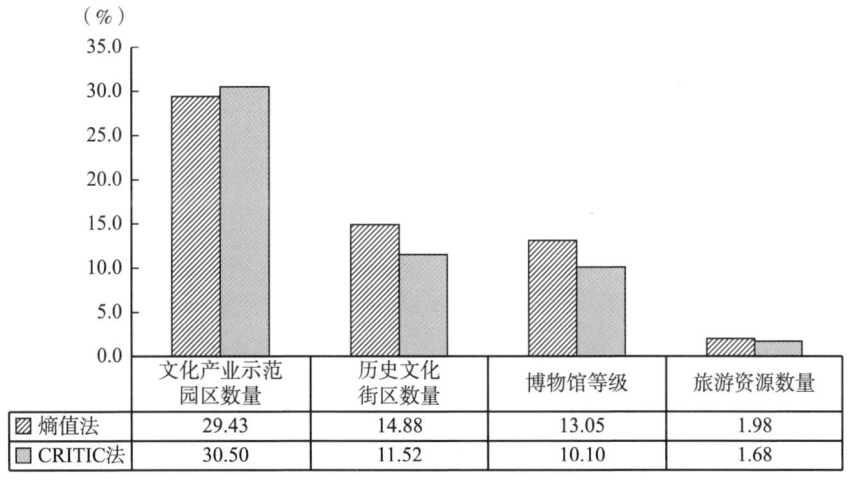

图 4-13　熵值法与 CRITIC 法指标权重对比

从县域排名看。通过 CRITIC 法测算，排名前 10 位中有 8 个县域与熵值法排名结果大致相同；最后 10 位排名与熵值法排名结果大致相同。从表 4-11 和图 4-14 可以看出，两种方法下县域排名基本相同。

表4-11　　　　　　　　　　两种方法评价结果对比

县	熵值法		县	CRITIC法	
	得分	排名		得分	排名
A32	0.53	1	A4	0.63	1
A4	0.52	2	A32	0.54	2
A2	0.33	3	A2	0.37	3
A48	0.33	4	A48	0.36	4
A13	0.30	5	A13	0.34	5
A28	0.28	6	A6	0.31	6
A22	0.25	7	A22	0.30	7
A6	0.25	8	A57	0.29	8
A5	0.25	9	A19	0.28	9
A70	0.24	10	A70	0.27	10
A76	0.04	77	A84	0.04	77
A85	0.04	78	A76	0.04	78
A84	0.04	79	A63	0.04	79
A63	0.03	80	A85	0.04	80
A83	0.03	81	A83	0.04	81
A56	0.03	82	A56	0.04	82
A75	0.03	83	A75	0.04	83
A41	0.03	84	A86	0.04	84
A86	0.03	85	A41	0.03	85
A58	0.02	86	A58	0.02	86

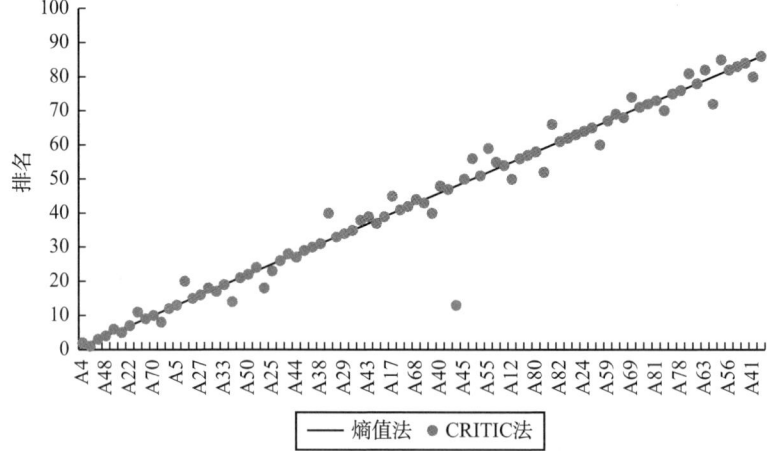

图4-14　模型拟合度检验结果散点图

从县域排名功能区分布看。比较 CRITIC 法和熵值法评价结果发现，在 86 个样本县域中，得分排名靠前的均为城市主城区、重点开发区，得分排名靠后的均为农产品主产区、重点生态功能区。图 4-15 显示，两种方法下四种类型县域位次分布特征相似。其中，两种方法中城市主城区排名完全一致；在 CRITIC 法下，重点开发区较城市主城区位列第 1~20 位和第 61~68 位的县域数量均增加 1 个，第 41~60 位减少 2 个；农产品主产区位列第 21~40 位和第 41~60 位的县域数量均增加 1 个，第 1~20 位和第 61~86 位的县域数量均减少 1 个；重点生态功能区位列第 21~40 位、第 41~60 位的县域数量分别减少 1 个、增加 1 个。总体上看，四种类型县域在各排名区间分布的县域数量变化不超过 2 个，表明所构建的基于熵值法和 CRITIC 法的评价模型在研究分析县域文化高质量发展中具有较强的统计学意义和经济学价值。

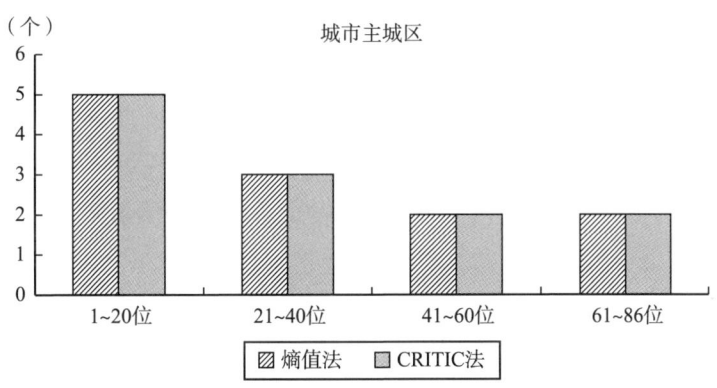

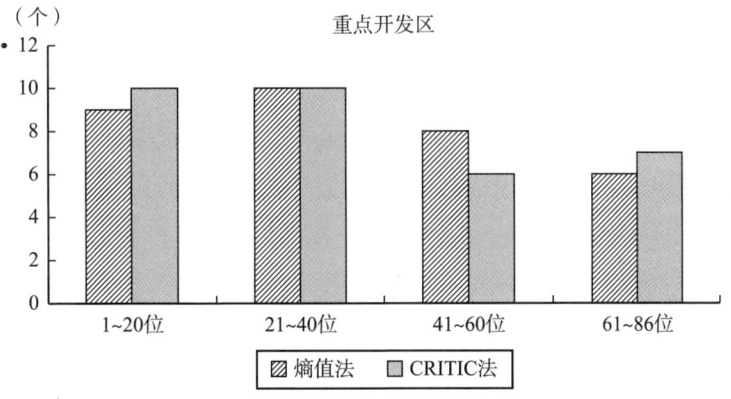

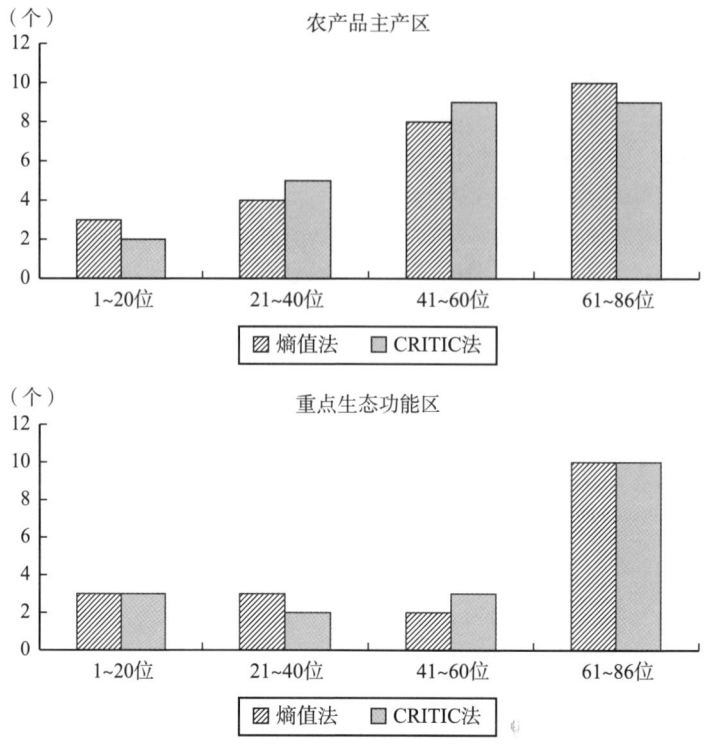

图 4-15 两种赋权方法下四种类型县域位次分布情况

第八节 本章小结

本章分析了县域文化发展现状，从意识形态建设、公共文化服务、特色文化传承与发展、文化产业发展和金融服务等方面研究探讨了县域文化高质量发展的实施路径。基于文化维度理论，从文化多元化发展的整体视角，通过指标筛选分析，设计了由15个指标构成的县域文化高质量发展评价体系。在此基础上，采用熵值法赋予指标权重，利用数据标准化对指标数据进行转化，构建以熵值信用度为核心的县域文化高质量发展评价模型，并基于A省86个样本县域数据，运用评价模型对县域文化高质量发展进行了实证分析。为加强对评价模型的检验分析，进一步采用路径检验以及差异化赋权检验两种方法对县域文化高质量发展评价模型进行验证。实证分析和检验结果表明：本章所构建的县域文化高质量发展评价模型线性回归拟合优度0.9，回归系数在5%的水平下显著，且不同赋权方法下的模型相关系数超过0.8，构建的评价模型较好地揭示了影响县域文化高质量发展的主要因素，具有一定的科学性、有效性。

评价模型实证分析结果显示，城市主城区文化发展水平总体较好，但非遗项目数量得分低于全省平均水平1.18%。重点开发区文化发展水平落后于城市主城区，主要是旅游收入和文化产业示范园区建设存在不足，得分分别低于全省平均水平0.28%、2.33%。农产品主产区文化发展水平与全省平均水平基本持平，博物馆等级、博物馆数量得分落后，分别低于全省平均水平4.19%、2.32%。重点生态功能区文化发展水平整体较为滞后，10个指标得分位列四种类型县域末位，尤其是旅游星级饭店数量落后较多，指标得分低于全省平均水平9.88%。

根据评价模型实证分析结果，推动县域文化高质量发展，城市主城区需要进一步传承和发展好县域特色文化，尤其在推进传统文化、农耕文化等创新发展上发力。重点开发区需要大力推动文旅产业高质量发展，完善现代文化市场体系，提升文旅产业融合发展质效。农产品主产区需要有效整合利用相关资源，健全公共文化设施网络，促进城乡基本公共服务均等化。重点生态功能区需要完善文旅基础设施和配套设施，培育壮大特色文旅产业，进一步将文旅资源优势转化为竞争优势和发展优势。

第五章　县域治理高质量发展

县域治理高质量发展本质上是高效能治理，是多元主体通过共建共治共享不断消除人民内部矛盾，提升县域安全、公平、和谐指数，最终实现社会稳定有序、充满活力的过程。县域治理高质量发展是县域高质量发展的条件，是经济、生态、文化、民生高质量发展的重要保障。推动治理高质量发展，应着力强化政治引领、法治保障、德治教化、自治强基、智治支撑和金融生态环境治理，加快推进治理体系和治理能力现代化。

第一节　县域治理高质量发展概述

一、政治引领情况

党对社会治理工作的领导不断加强，2020年在全国省级层面开创性成立省委城乡基层治理委员会，推动市县两级全覆盖建立城乡基层治理工作机构，建立起上下贯通的城乡治理指挥体系。县（市、区）党委"一线指挥部"功能持续强化，共打造15个省级城市基层治理示范区（市、县）。横向多跨、纵向细分的基层党组织体系逐渐形成，2021年末基层党组织达24.3万个，其中9900余个基层党组织建在小区上，涌现出"中心村综合党委—村党支部—网格（聚居点）党小组—党员中心户"四级红色堡垒、小区楼院"红色细胞""红色物业"等基层党组织新形态。基层党组织建设不断强化，村（社区）党组织书记、主任"一肩挑"占比接近98%；党组织书记平均年龄44.7岁，较上届下降1.8岁；致富能手、返乡大学毕业生、优秀农民工、退伍军人占比84.1%。党群服务功能体系逐步完善，分别新建、改造社区党群服务中心399个、3943个，76万余名党员到社区报到参与治理服务。

二、法治保障情况

1. 依法行政

县级政府实现法律顾问全覆盖。共有 2 个县域获评全国法治政府建设示范市（县、区），12 个县域被命名为全省法治政府建设示范县（市、区）。2020 年，全省选取 14 个县域全面开展依法治县示范试点，截至 2021 年末，14 个试点县矛盾纠纷总量下降 11.93%，群体性事件数量下降 29.81%。2022 年，省市县三级同步开展人民群众最不满意行政执法突出问题承诺整改活动，行政执法"三项制度"落实不力、选择性执法、"一刀切"执法等问题得到全面整治。同时，一些县乡政府依法决策意识仍有待强化，执法不规范、不文明情况偶有发生。

2. 公正司法

"阳光司法"持续推进，全省法院系统细化人民陪审员参审案件范围、庭审程序、评议规则，检察机关建立群众来信件件有回复制度。公共法律服务体系逐步完善，2022 年末累计建成 216 个市县两级公共法律服务中心、3116 个乡镇（街道）公共法律服务站、27710 个村（社区）公共法律服务室，设置司法所 3245 个，覆盖了 100% 的乡镇（街道），共命名三批 200 个省级"枫桥式司法所"。司法化解矛盾纠纷能力有所提升，共建立县级矛盾纠纷多元化解协调中心 167 个，覆盖率 91.26%；乡级矛盾纠纷多元化解协调中心 2916 个，覆盖率 89.86%，为人民群众提供了"一站式"纠纷解决渠道。2012~2020 年，全省调解民间纠纷数量整体减少，并逐步由基层法律服务所完成（如图 5-1 所示）。

3. 平安建设

各县域公安机关始终保持打击犯罪的高压态势，2020 年每万人口受理治安案件数 42.4 起，低于全国水平 31.23%，命案现案破案率 98.78%。平安建设群众满意度连续五年位列全国第一方阵，累计 106 个公安派出所被评为国家或省级"枫桥式公安派出所"。同时，部分县域警务人员数量不足，联防作用发挥不佳，防控科技水平有待提高。

4. 基层法治

全省建立村（社区）法律顾问工作机制，通过法律顾问开展村社普法宣传、决策协助、法律审核等工作。截至 2020 年末，共有法律顾问 9511 人，其中律师 4920 人，基层法律服务工作者 2235 人，其他具有法律知识背景的人员

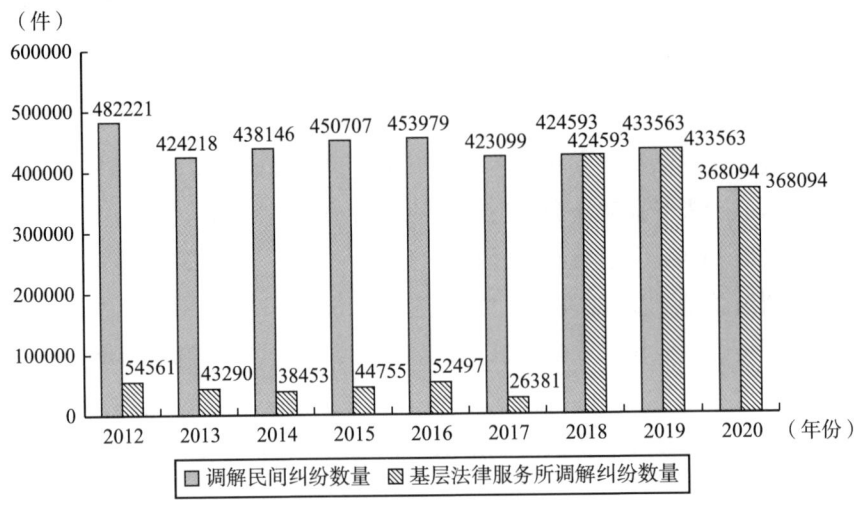

图 5-1　2012~2020年全省民间纠纷调解情况

2356人。2004~2022年，全省累计创建"全国民主法治示范村（社区）"230个，共涉及149个县域。同时，县域之间、城乡之间的基层法治建设推进不平衡，一些农村地区的法治建设还需要进一步加强。

三、德治教化情况

1. 文明创建

截至2020年末，全省共有4个全国文明县级市和县、103个全国文明村镇、84个全国文明单位、23个全国文明家庭、27个全国文明校园。共评选出68个省级文明县级市和县，较为均匀地分布在重点开发区、农产品主产区和重点生态功能区（如表5-1所示）。累计建成新时代文明实践中心195个、实践所3105个、实践站34366个，实现县乡村三级全覆盖。同时，公民道德素质仍有待加强，道德激励约束机制还不完善。

表 5-1　省级文明县级市和县分布情况　　　　　　　　　单位：个

县域类型	数量
重点开发区	21
农产品主产区	24
重点生态功能区	23

2. 模范引领

近年来，全省在全国道德模范、"中国好人"等评选活动中上榜及提名人数总体呈上升趋势（如图5-2所示）。2013~2021年，共举办七届全省道德模范人物评选活动，累计评选出340个典型道德模范人物。各县域以本地道德模范为榜样，广泛开展身边好人巡讲巡展、"以道德之力，扬社会正气"道德模范学习宣传等活动，营造起见贤思齐、德行天下的氛围。

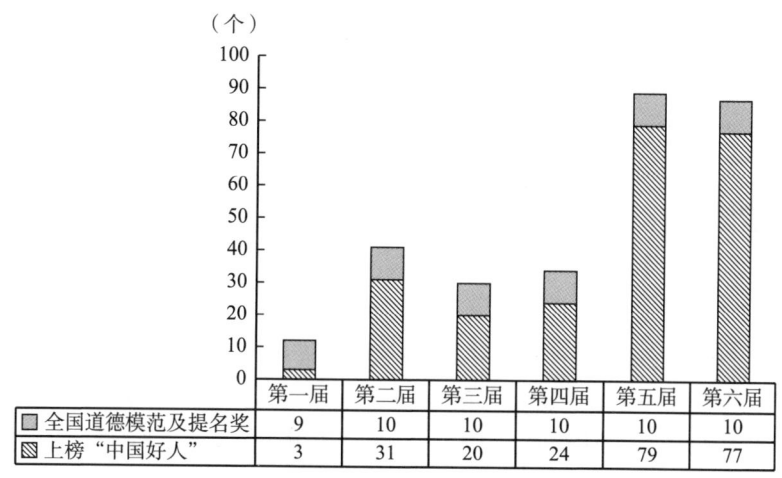

图5-2 全省在全国各类道德模范评选活动中上榜数量

3. 道德实践

截至2022年末，全省共有实名志愿者1487万人、志愿者队伍总数7万个，分别是2018年末的3.1倍、2.1倍。志愿项目总数29万个，累计服务时间11939万小时，有记录时间人数607万人。每万人中有1776个志愿者，有服务时间记录的志愿者比例超过40%。同时，大部分县域道德实践活动主要由志愿者开展，乡贤理事会、红白理事会等主体的参与度有待提升。

四、自治强基情况

1. 基层自治水平

围绕民主协商、民主监督、三治融合、场景营造、乡风文明等5个主题，共有104个建制村（集镇社区）开展创新基层群众自治试点，累计产生50个全省基层群众自治试点优秀案例。125个县（市、区）、125个乡镇（街道）、

450个社区先后启动城乡社区治理试点（如表5-2所示），推动了基层自治水平整体提升。各县域积极探索适合本地的自治模式，"议事厅""圆桌会"、民情恳谈等协商形式蓬勃发展，"大家的事大家办""有事商量着办"逐渐成为共识。

表5-2　　　　　　　　四种类型县域启动城乡社区治理试点情况

县域类型	2020年（个）	2021年（个）	2022年（个）	小计（个）
城市主城区	18	11	1	30
农产品主产区	2	6	16	24
重点开发区	19	14	13	46
重点生态功能区	5	9	11	25
全省	44	40	41	125

2. 社会力量参与

截至2021年末，全省共有社会组织近4.6万个，民办社会工作服务机构（协会）1300余家，专业社工人才12.4万人。共建成社工站点4451个，其中市级支持中心5个、县级总站96个、乡镇（街道）社工站843个、村（社区）社工室3507个。同时，部分社会组织面临专业人才缺乏、品牌性引领性不够等问题，参与基层自治的能力需要进一步提高。

五、智治支撑情况

1. 数字政府建设

截至2020年末，全部县（市、区）及乡镇政务链接至省电子政务外网，总单位规模超过1.5万个，超过99%的事项实现"最多跑一次"。截至2022年末，共有3510项政务事项实现"网上办"，31个县域的政务事项线上办理率达到100%。"一网通办"移动端总门户实现省市县乡村五级覆盖。同时，县域之间、部门之间的治理数据融合共享还不充分，"信息孤岛""数据壁垒"需进一步消除，信息安全防护能力也有待加强。

2. 智慧城市建设

县域信息基础设施供给能力不断增强，千兆光纤用户数超200万户，累计建成5G基站超7.8万个。县域社会治安防控体系智能化持续推进，截至2020

年末共有基本实现"零发案"的"省级智慧平安小区"2521个。城乡社区服务的智能化水平有所提升,2021年末累计建成智慧社区54个、在建56个。26个县域先后启动新型智慧城市建设试点。

3. 数字乡村建设

截至2022年末,累计建成县乡村三级电商公共服务站点超1.3万个,共打造127个电子商务进农村综合示范项目,66个国家脱贫县被国务院表彰"电商激励县"。根据《县域数字乡村指数(2020)》,县域乡村治理数字化指数平均值44.1,整体处于中等水平①(如表5-3所示),2个县域入围全国数字乡村发展百强县,13个县域指数增长率排名全国前100名。

表5-3　四种类型县域政务事项线上办理和乡村治理数字化情况②

县域类型	政务事项线上办理率平均值(%)	乡村治理数字化指数平均值
城市主城区	98.32	56.9
农产品主产区	98.72	51.0
重点开发区	98.65	49.8
重点生态功能区	97.63	27.2

六、金融生态情况

1. 县域信用环境建设

2020~2021年,评选出200名"诚信之星"、200个"诚信社区"、100名"诚信企业家"、1000家"诚信企业"。截至2020年末,累计为1458万农户建立信用档案,共评定信用村1.7万个、信用镇1278个。根据《北京大学数字普惠金融指数(2011-2018)》,2018年全省信用指数值177.18,在全国排名第16位,还有较大的提升空间。

---

① 根据《县域数字乡村指数(2020)》,乡村治理数字化指数小于20的为乡村治理数字化低水平,处于20(含)~40区间的为较低水平,处于40(含)~60区间的为中等水平,处于60(含)~80区间的为较高水平,大于80(含)的为高水平。

② 部分城市主城区因农业GDP占比小于3%未被纳入乡村治理数字化指数评价,取值为当地其他县域的平均数。

2. 金融法治建设

2019年，省级层面以立法形式对地方金融组织具体范围、地方金融三级监管体系、地方金融风险防范职责、地方金融服务发展职能以及违法行为的法律责任五个方面作出明确规定。2020年，开展涉金融专项执行行动，共执结案件2万件、执行到位资金71亿元，限制高消费近29万人次，纳入失信被执行人名单近10万人，有力维护了县域金融秩序稳定。

3. 金融支持县域治理

各县域金融机构积极配合地方政府，通过选派金融人才挂职、结对共建等方式为县域治理提供专业支持。2018年以来累计为全省102个县域打造直达基层、直对项目、直管资金的村（社区）"三资"（资金、资产、资源）监管平台，共签约账户3万余个，交易成功341万笔、近180亿元，实现村级"账务核算管理"与银行"资金账户管理"为一体的闭环式管理，村民可以通过电脑、手机等多媒体终端实时查询自己所属村（社区）的"三资"数据、查看收支凭证及原始票据等，使农村集体经济组织管理更加透明化，促进了乡村治理水平不断提升。

第二节 县域治理的政治引领

一、提升党在县域的政治引领能力

1. 建设强有力的党委班子

坚持新时代党的组织路线，坚持新时代好干部标准，建设忠诚干净担当的高素质干部队伍，打造政治过硬、适应新时代要求、具备领导县域现代化建设能力的党委领导班子。注重县级党委班子成员全局意识、系统观念、底线思维的培育，压紧压实管党治党政治责任，强化党委总揽全局、协调各方的作用。完善发展党内民主和实行正确集中的相关制度，更好把民主集中制优势转变为治理的政治优势、组织优势、工作优势。坚持和发展"浦江经验"，推动领导干部带头下访，畅通和规范群众诉求表达、利益协调、权益保障通道，提升党委班子成员做好新形势下群众工作的能力。

2. 建设坚强基层支部战斗堡垒

基层党组织是有效实现党的领导的堡垒，也是基层社会治理的"领头羊"。党的组织架构决定，只有鲜明大抓基层导向，党关于社会治理的决策部署才能落地生根、终端见效。围绕"组织健全、活动经常、队伍过硬、保障到位、作用突出"，以增强基层党组织政治功能和组织功能为重点，不断推动党支部标准化规范化建设。持续推动村（社区）党组织书记、主任"一肩挑"，健全相应管理监督机制。加强基层党组织政治纪律建设，推进党内基层民主，打造政治过硬的坚强战斗堡垒。

3. 建设纯洁党员队伍

党员队伍的先进性和纯洁性，事关以党的伟大自我革命引领伟大社会革命的成效。坚持党性党风党纪一起抓，从思想上固本培元，提高党员党性觉悟，提升政治判断力、政治领悟力、政治执行力和拒腐防变能力。加强党员监督管理，盯紧"八小时"内外，守住红线和禁区，严肃稳妥处置不合格党员。多渠道、多维度吸纳优秀人才加入城乡基层党组织，有序推动县乡两级部门党员、干部、大学生等优秀人才下沉到村（社区）基层党支部。深化"双报到"志愿服务机制，推广党员义工队伍，及时上传下达、了解群众需求、配合处置突发事件。

二、抓实抓好政治引领工作

1. 把准政治方向

始终坚持共产主义远大理想和中国特色社会主义共同理想，推动学习习近平新时代中国特色社会主义思想往深里走、往心里走、往实里走，引导广大党员干部坚决拥护"两个确立"、增强"四个意识"、坚定"四个自信"、做到"两个维护"。推动党的创新理论进企业、进校园、进农村、进社区，引导各界群众自觉听党话跟党走。做强县域社会治理现代化指挥体系，完善推动党中央重大决策落实机制，确保政令畅通、令行禁止。

2. 夯实政治根基

站稳人民立场，主动适应新时代社会主要矛盾新变化，从人民群众急、难、愁、盼的事抓起。尊重群众主体地位和首创精神，充分发扬民主，广泛汇聚民智，有效激发民力。把人民群众"满意不满意、高兴不高兴、答应不答应"作为衡量治理成效的根本标准，保障群众知情权、参与权、表达权、监督权，让人民群众成为县域社会治理现代化的最终评判者。

3. 净化政治生态

坚持全面从严治党永远在路上，真正把营造风清气正的政治生态作为推进县域社会治理现代化的一项基础性、持续性工作。坚持以优良的政治生态引领社会生态、以优良党风促政风带民风，驰而不息正风反腐，大力纠正社会不正之风，确保社会治理风清气正，实现干部清正、政府清廉、政治清明。铲除影响政治安全的土壤，及时消除影响政治安全的苗头隐患，严防影响政治安全的重大事件发生。

三、形成政治引领合力

1. 构建党领导下的多元共治格局

县域各级党组织应充分发挥对多元主体的启动、培育、引导、赋能等催化作用，引导全社会更加自觉投身社会治理现代化实践，横向构筑共治同心圆，纵向打造善治指挥链，形成利益共享、风险共担、协同共进的生动局面。深化服务型政府建设，吸纳更多市场组织、社会组织、自治组织、公民等主体参与提供公共服务。加快完善运转有序的协同治理机制，制定公平灵活的行为规则界定责任、平衡权力，搭建适宜的组织架构并随着协同治理外部环境、主体构成、发展阶段等变化作出适时调整。

2. 健全民主协商机制

坚持和完善人民代表大会制度这一根本政治制度，坚持和完善中国共产党领导的多党合作和政治协商制度、民族区域自治制度、基层群众自治制度等基本政治制度，依法拓宽人民群众政治参与渠道，高质量办理代表委员的建议和议案提案。建设由基层党组织引领，政府、社会组织和普通民众共同参与的协商平台，制度化规范化解决"议什么、谁来议、怎么议、议而决、决而行、行而评"等具体问题，动员更多具有专业职能的社会各方力量参与基层民主协商，推动建言资政和凝聚共识"双向发力"。

第三节 县域治理的法治保障

一、深入推进依法行政

1. 高质量建设法治政府

县乡两级政府作为我国行政管理体制中的基础环节，同人民群众的接触最经常、联系最直接，其依法行政成效在很大程度上决定着依法治国基本方略实施的效果。推进县域依法行政,高质量建设法治政府,自觉维护宪法和法律权威,确保行政权力合法合规、程序正当、高效便民、诚实守信、权责统一。理顺县乡两级职责关系,不断深化基层管理体制改革,建立健全边界清晰、分工合理、权责一致、运行高效、依法保障的基层治理体制,依法赋予乡镇(街道)综合管理权、统筹协调权和应急处置权,强化其对涉及本区域重大决策、重大规划、重大项目的参与权和建议权,加强人力、物力、制度等资源要素补给。

2. 推进严格规范公正文明执法

行政执法是政府的重要职能,但县域行政执法往往面临的矛盾较多,情况复杂。执法部门应始终秉持严格规范公正文明执法的理念,贯彻落实行政执法公示制度、执法全过程记录制度、重大执法决定法制审核制度,进一步量化和细化行政执法裁量权标准,提高执法效率和规范性。在保证执法刚性的同时积极探索柔性执法方式,体现法律温度。定期开展业务培训和专题研讨,提升执法人员的思想水平和文明执法水平。加强对执法工作的监督评估,及时纠正处理执法不规范、不文明行为,提高群众执法工作满意度。

二、持续推进公正司法

1. 深入推进司法体制改革

充分审视新时代县域出现的新矛盾、新问题、新特点,广泛收集人民群众在司法诉求中的难点、堵点、痛点,推进司法责任制综合配套改革,不断推出司法便民、利民、护民的好举措好政策好制度。依法公正对待当事人诉求,解决好损害群众权益的突出问题,提升司法判决执行率,深层次推动减少社会矛盾。践行新时代"枫桥经验",推动完善行政争议实质性化解机制,切实解决当事人合理诉求。以长期可追溯的责任制度倒逼司法机关严格谨慎公正司法,严防严查司法过程中的关系案、金钱案、人情案,真正让人民群众在每一个案件中感受到公平正义。

2. 提升司法公开透明度

司法公信力与人民知情权、监督权是相生相伴的。建立县域司法公示平台,主动面向公众公开司法的权责、依据、程序以及过程结果和裁判文书等,深化以办案流程信息查询、重大案件信息发布、终结性法律文书公开为主要内容的信息公开。健全外部群众监督机制,畅通人民群众的监督渠道,进一步完善人民陪审员制度，常态化开展检察公开听证活动，实现阳光司法"零距离"。

三、优化公共法律服务

1. 健全县域公共法律服务体系

结合城乡融合纵深发展，推动县域公共法律服务中心提档升级，强化乡镇（街道）、村（社区）公共法律服务站（室）功能发挥，推进民主法治示范村（社区）建设。加强法律援助机构建设，建立农民、妇女、老年人、残疾人等困难和特殊群体法律援助"绿色通道"，实现法律援助高效直达。加强"法律明白人"培养工作，借助"法律明白人"开展法治宣传并推进基层公共法律服务、村（社区）事务管理、德治建设、基层依法治理等工作。"法律明白人"培养流程如图5-3所示。

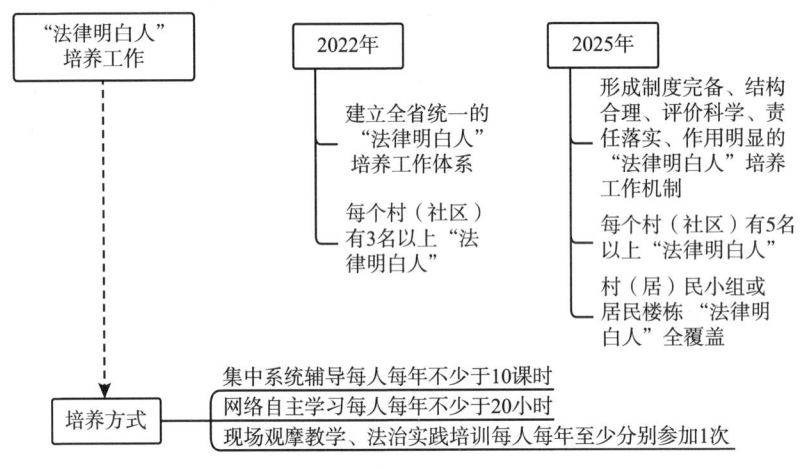

图5-3 "法律明白人"培养流程

2. 加强县域法治人才队伍建设

加大对高层次法治人才的招聘引进力度，吸引更多优秀人才加入到县域法治队伍中。加强法律知识、法律实务等方面的培训，提升法治人才专业素养和业务水平。加强与知名高校、法律机构合作，推进法治人才交流。扩大法律公共服务人才队伍来源，通过聘请、志愿等方式，从基层自治组织、行业协会、志愿者组织、企事业单位等不同类型的组织中引进县域法律公共服务人才。

四、大力推进全民守法

1. 扎实开展法治宣传教育

以宣传习近平法治思想为主线,通过专题讲座、知识竞赛、文艺演出、法律咨询等方式,开展形式多样的法治宣传教育活动。借助主流媒体和微博、微信公众号、抖音等新媒体平台,向社会公众发布时事政治、法治案例、司法解释等内容,传播法治知识,回应公众关切的法治热点。结合"毒品""酒驾"等典型案件开展以案说法、现身说法,引导社会公众自觉守法、遇事找法。将法治教育列入中小学、职业院校和干部培训课程,有条件的县域可结合地方特色编制乡土普法教材、法律明白"口袋书"等,推动各类群体尤其是领导干部带头尊法学法守法用法。

2. 大力弘扬法治文化

注重优秀传统法治文化传承,在县域法治研究和实践中发掘民为邦本、礼法并用、以和为贵、明德慎罚、执法如山等中华传统法律文化精华,挖掘善良风俗、家规家训中的优秀法治内容,根据时代精神加以转化。建好用好各种法治文化阵地,提高利用率和群众参与度,促进法治文化与传统文化、红色文化、地方文化、行业文化、企业文化融合发展,让群众时刻感受到法就在身边。开展法制讲座、法律知识竞赛、法律文化展览等多种形式的法治文化活动,营造浓厚的法治文化氛围,使公众在日常生活中接受法律熏陶,逐渐养成遵纪守法的良好习惯。

3. 健全法治建设激励机制

全面落实普法责任制,将"谁执法谁普法"列为县域法治建设考核评估的重要内容。坚持以创促建,有序开展法治建设示范创建工作,形成"选树一点、带动一片"的示范效应。选树群众身边先进典型,大力宣传崇法向善、坚守法治的模范人物,增强守法光荣感和自豪感。完善对守法行为正向激励和对违法行为从严惩戒制度,把公民法治素养与诚信建设相衔接,用好信用奖惩和信用修复,引导群众将依法实现权利、履行法定义务和社会责任转化为自觉思维习惯和行为方式,真正形成办事依法、遇事找法、解决问题用法、化解矛盾靠法的深厚氛围。

五、持续强化平安建设

1. 纵深推进常态化扫黑除恶斗争

保持高压态势,对各类黑恶势力露头就打、消除后患,杜绝反弹。加强源头治理，持续对乱象较多的行业领域开展专项整治。持续打击"村霸"等农村黑恶势力，加快取缔农村非法组织，逐步规范农村祠堂、宗庙等场所管理，进一步改善农村治安环境。加强纪检监察、政法与行业监管部门间的信息共享和工作联动，建立健全省市县举报线索核查三级联动机制，实现全链条打击整治。严格依法办案，确保扫黑除恶斗争始终在法治轨道上运行。

2. 完善社会治安防控体系

加强乡镇（街道）和村（社区）治安防控网建设，建好基层综合服务管理平台，建强乡镇（街道）派出所，增强主动预防和打击犯罪的能力。持续抓好"六无"平安村社、安全社区等创建工作，在基层形成强大的平安建设示范效应。强化幼儿园、学校、金融机构、商业场所、医院、公共交通等重点领域治安综合治理，加强对住宿、娱乐服务、物流快递等重点行业治安防控网建设。强化区域协作、部门联动，拓宽群众参与社会治安防控的渠道，增强社会治安防控整体合力。

第四节 县域治理的德治教化

一、营造良好社会公德氛围

坚持社会公德标准化生活化具体化，持续推进文明城市、文明村镇、文明单位、文明校园等创建工作，让社会公德具体可感、随时都在群众身边。通过宣传部门、教育机构、社会团体和媒体等渠道，向社会公众普及正确的道德观念和行为准则，引导人们积极参与社会正义事业。持续强化标杆建设，采取道德模范表彰奖励、学习宣传、巡讲巡展等方式，发挥先进个人、先进单位、先进集体引领示范作用，引导群众遵守道德规范，激发正义感和公道感。加大对失德行为的抨击、批评力度，提升城乡居民的公德意识，引导公众更加自觉地遵守道德规范和社会公序良俗。推动以德入规，建立健全公共设施管理、公共秩序维护、公共卫生管理、公共文明礼仪、公共道德教育等方面的制度体系，加强社会公德监督，进一步规范居民日常行为习惯。

二、加强职业道德建设

广泛开展职业道德宣传教育活动，大兴职业文化，培育从业者爱岗敬业理念，大力弘扬劳模精神、劳动精神、工匠精神。强化党政干部"社会公仆"意识的培养，充分发挥其在职业道德建设中的引领作用。引导各行各业制定职业道德规范，贯穿于管理和服务各个领域各个环节，让恪尽职守成为一种习惯、一种信念、一道品牌。加大对劳动模范和先进工作者典型事迹的宣传力度，为工匠精神的传承发展提供充分的要素保障，充分调动从业者建功立业的积极性、主动性、创造性（工匠精神的传承发展策略如图5-4所示）。将职业操守纳入各行各业绩效考核，引导行业协会、商会等组织发挥自律作用，加强社会监督和舆论监督，及时批评纠正违反职业道德的行为。

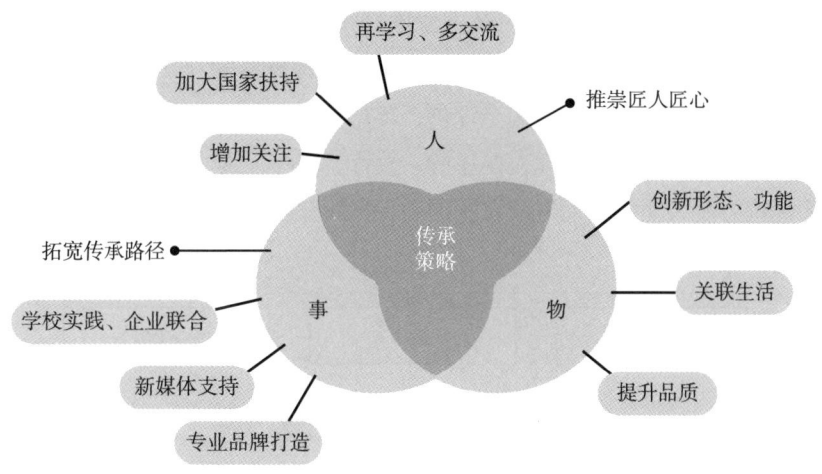

图5-4 工匠精神的传承发展策略

三、加强家庭美德建设

以分布在各个县域的先进家庭为榜样，以夫妻和睦、勤俭持家、积极创业、贡献社会等幸福家庭形象为依托，组织开展多种形式的家教家风宣传教育活动。通过建立家教家风主题展馆、家教家训基地、张贴家风牌等形式，开展家教家风主题教育，传承家庭传统美德。充分挖掘互联网上的优秀家教家风资源，有效运用信息技术手段进行宣传推广，让良好的家教家风深入人心。充分尊重妇女在弘扬中华民族家庭美德、树立良好家风方面的独特地位，面向广大妇女广泛开展政治素养、文化艺术、心理健康和技术技能培训，持续发挥妇女的独特作用。着眼后继有人这个根本大计，引导未成年人远离低级趣味、涵养家国情怀，促进下一代立志成才、健康成长。

四、加强个人品德建设

加强对公民个人政治立场和政治观点的教育，加大国家公职人员尤其是党员干部的品德建设力度，以关键群体的个人品德带动影响其他人的道德品质。以经济伦理推动公民个人品德建设有序进行，提升社会分配公平公正的水平，为公民个人品德建设奠定稳固的经济基础。加强文化市场的建设和管理，促进娱乐行业高质量发展，引导市场输出更多健康的娱乐产品，优化个人品德建设的文化环境。打造规范有序的网络空间道德环境，营造良好的线上道德教育氛围，助推公民个人品德建设。推广"存美德、挣积分、取实惠"等"道德银行"模式，不断拓宽道德积分、道德币的使用范围，推动道德与"信贷"联姻、和"礼遇"挂钩，营造"做好人有好报、讲道德有回报"的浓厚氛围（"道德银行"信用贷款授信流程如图5-5所示）。健全评价、奖惩、舆论等道德激励机制，加强道德模范帮扶礼遇和荣誉称号管理，在住房、教育、医疗、困难补助、走访慰问等方面加大优待力度，充分调动群众自我提升、自我完善的积极性和主动性。

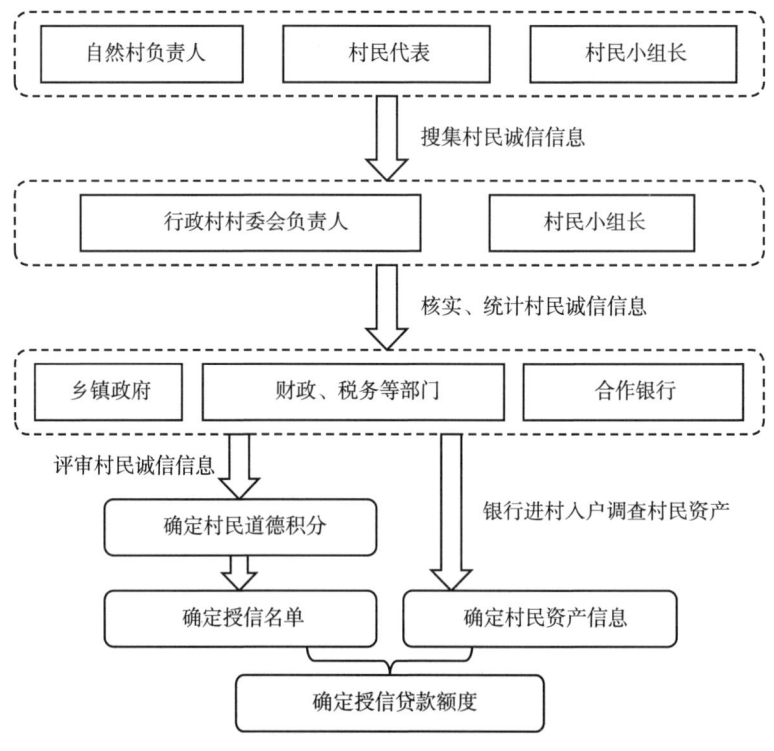

图5-5 "道德银行"信用贷款授信流程

五、广泛开展道德实践活动

开展道德实践活动，对提升人民群众思想道德修养和社会文明程度具有重要意义。结合中国传统民俗节日，充分发挥中华优秀礼仪礼节的教化作用，丰富人民群众的道德体验。搭建社会实践活动平台，引导社会行为和伦理文化，带动居民在实践活动中感受道德文化内涵和现实的道德价值。创新活动载体和传播载体，积极开展网络道德实践活动。深入推进农村地区移风易俗，持续推动村规民约实践，增强农村居民对道德规范和道德教化的理解。丰富德治实践主体结构，推动志愿者队伍、志愿者项目发展壮大，发挥乡贤理事会协助村委、教育村民的重要作用，借助红白理事会促进农村精神文明建设。乡贤理事会协商程序如图5-6所示。

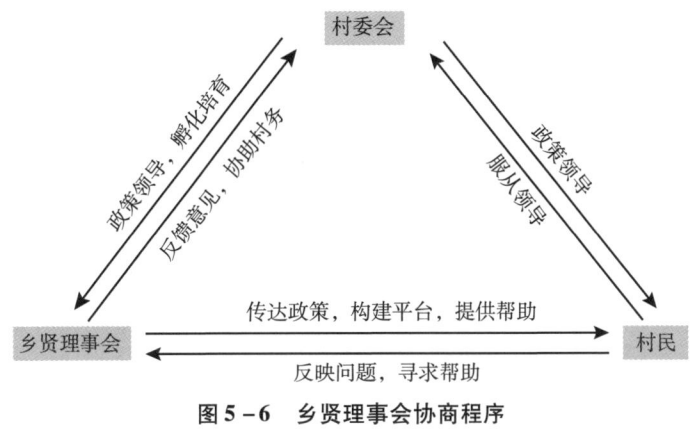

图5-6 乡贤理事会协商程序

第五节 县域治理的自治强基

一、加强基层自治机制建设

1. 优化基层自治制度设计

以健全基层党组织领导的充满活力的基层群众自治机制为重点，完善基层群众自治制度体系，扩大有序参与，更多地吸收城乡居民参与基层事务的管理。根据形势政策、社情民意、地域特点、文化习俗等灵活调整自治范围，有针对性地提出符合基层实际、体现时代特点的自治措施。紧跟社会的进步和发展，完善自治组织章程和规范,明确组织宗旨、职能职责、成员资格、组织架构、运行机制等内容,提升基层群众自我管理、自我服务、自我教育、自我监督水平。

2. 健全基层自治工作机制

加强基层自治的选举机制建设,确保选举过程公开透明、民主协商,选举结果真实有效。加强基层自治的决策机制建设,完善决策程序、议事规则、责任追究等内容,确保决策科学合理、公正公平。加强基层自治的运行机制建设,科学合理划分自治组织职责,避免职能交叉和重叠,合理配置人力、物力、财力等资源,确保各个部门和岗位的职能充分发挥。加强基层自治的协调机制建设,强化信息沟通和工作协调,及时了解各项工作进展和存在的问题,共同制定解决方案。加强基层自治的监督制约机制建设,有效推行村级重大事项"四议两公开"工作法①,提升自治组织规范化、程序化运行水平。村级重大事项"四议两公开"流程如图5-7所示。

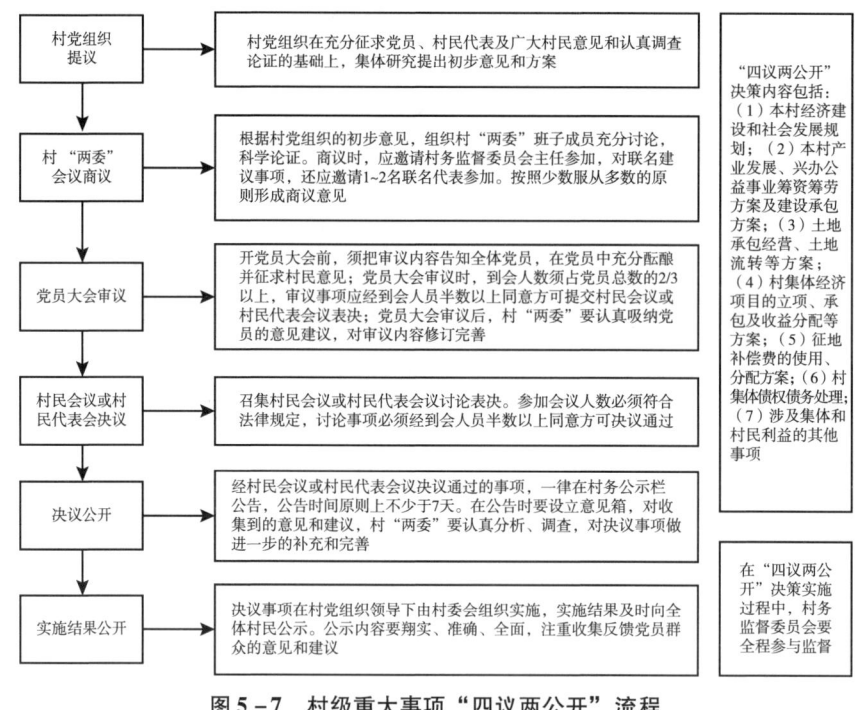

图5-7 村级重大事项"四议两公开"流程

---

① 对村级重要决策、重大事务、重点工作和重点工程建设资金等村级重大事务由党支部会议提议、"两委"会议商议、党员大会审议、村民会议或村民代表会议决议后,将决议结果公告,办理结果公示。

二、提升自治组织效能

1. 加强基层自治组织队伍建设

拓宽自治组织工作人员进入渠道,以年轻化、知识化和相对职业化为导向,有计划地从大学毕业生、退伍军人、村医村教、外出经商务工人员、退休干部中选择优秀人才重点培养,按照法定程序纳入基层自治组织工作队伍,充实壮大基层自治力量。推进村(社区)"两委"干部交叉任职,配套完善职责分工、激励关爱、监督制约等制度机制。针对新形势下基层工作特别是群众工作特点,进一步加强政治理论教育、形势政策教育和工作业务培训,帮助自治组织工作人员提升依法依权依责办事能力,增强组织群众、服务群众本领,提高办理基层事务工作效率。

2. 提升基层组织运转效率

赋予不同功能的自治组织合理的治理权限,完善相应考核制度,及时给予帮助和鼓励,激发自治组织积极性和创造性。规范村民(居民)委员会履职范围,为村(社区)减负松绑,让基层干部有精力、有条件履行好法定范围内的职责。强化自治组织财务管理,规范财务收支、报销等程序,确保财务管理合规。拓宽监督渠道,完善对村民(居民)委员会等组织成员、工作开展、财务费用等方面监督程序,大力惩治"群众身边的腐败",推进基层自治组织权力在阳光下良性运行。

三、激发群众自治活力

1. 搭建群众自治平台

引导基层群众组建理事会等议事机构、制定村规民约等,完善议事规则,推进群管群治。聚焦人居环境整治、矛盾纠纷调解、基础设施建设等群众最关心的身边事,采取推选代表、参与决策、监督执行等方式扩大群众参与,增加自治透明度和公正性。推广"有事来协商"平台、"议事厅"等自治经验,引导各地积极探索建立符合当地实际的自治平台和创新模式。"议事厅"自治平台工作流程如图5-8所示。

2. 提高群众自治能力

加强公众培训和教育,让群众了解自治的程序和规则、增加知识和技能。推动自发性组织有序参与社会治理,加强与有关组织负责人联系,畅通沟通渠

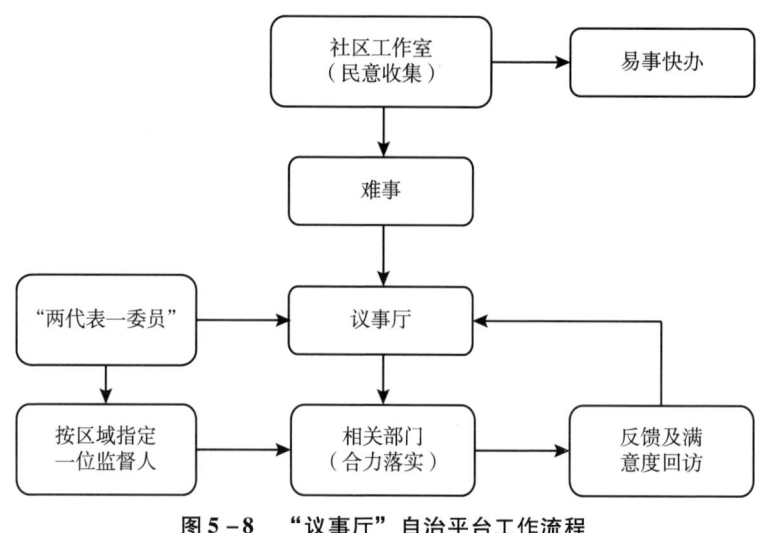

图 5-8 "议事厅"自治平台工作流程

道,确保重要活动有效引导、重要情况及时掌握。对群众自发组建的团购群、互助群,按照"谁组织,谁负责"的原则,推动牵头组织者、参与者加强自我监督约束。整合群众力量和自治资源,加强网格员队伍建设,建立治安联防、矛盾联调、问题联治、事件联处、平安联创等机制,形成"党政动手、依靠群众,源头预防、依法治理,减少矛盾、促进和谐"新格局。

四、推动社会组织参与

1. 发挥社会组织专业作用

培育平安巡防类、乡风文明类、矛盾调解类等类型的基础性社会组织和个性化社会组织,提供更多专业服务,解决群众多样化需求。探索推广基层群众提出需求、政府购买服务、社会组织承接的经验做法,推动社会组织参与特殊人群帮扶、预防青少年违法犯罪等工作。推动县域内企事业单位履行社会责任,引导物业家政、快递物流、超市电商、银行保险、学校、医院等企事业单位与村(社区)资源对接,日常时段服务群众,应急情况下克难攻坚。推动公益慈善组织、志愿者协会等服务类型的社会组织承接政府公共服务职能,引导开展以社会性服务为主的自治创建活动。

2. 培育壮大社会工作队伍

加强社会工作服务体系建设,完善社区基础平台功能,支持、引入、监督、培育、孵化社工机构开展社会工作专业服务(社会工作服务体系构建流程如图5-9所示）。健全社会工作专业人才职业培养、评价、激励、发展、退出等配套制度机制，探索完善"志愿者—社工—专业社工—社区专职工作者"成长发展路径，提高专业社会工作者的覆盖率。培育新乡贤群体，发挥其在重构乡村文明秩序和凝聚乡村振兴力量中的独特价值。健全社区、社会组织、社工、社会资源、社区自治组织"五社联动"机制，提升社区治理和社工服务的整体水平。

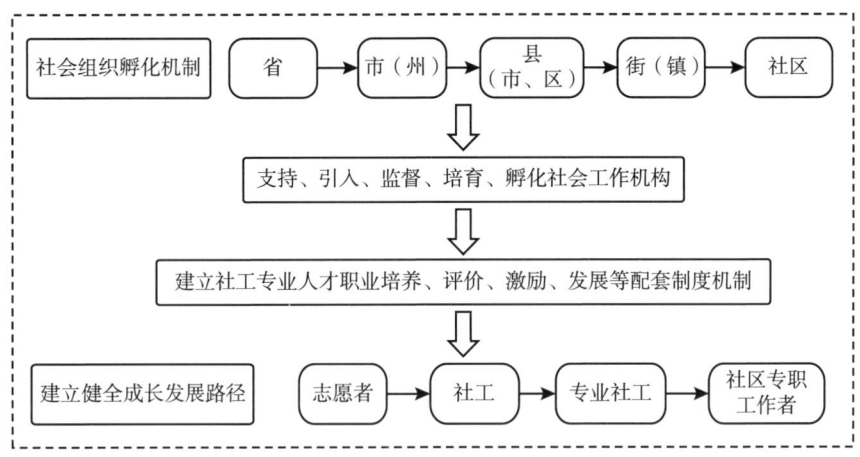

图5-9 社会工作服务体系构建流程

五、强化基层自治的支持和保障

1. 加强和改进党的领导

正确处理党的领导权和基层自治权的关系，完善基层重大事项、重要问题、重要工作由党组织讨论把关的机制，支持基层自治组织依法履职。指导基层自治组织制定修订自治章程和村规民约（居民公约），把党的路线、方针、政策和法律法规转化成基层群众最易接受的自治规范。正确认识处理基层各种社会矛盾，科学分析各种矛盾的表现形式、特点和发展趋势，建立有效的协调机制和应急机制，寻求最大公约数，把基层各方面积极性和创造性充分调动起来。

2. 强化基层自治工作保障

推进基层自治组织活动阵地规范化建设，加大运转经费保障力度，完善相关激励保障措施，为高质量开展基层自治提供必要条件、创造良好氛围。加强顶层和上层设计，推动人力、财力、物力和智力下沉村（社区），有效解决"上面千条线、下面一针穿"等问题。充分尊重基层和群众的首创精神，大力推动基层自治组织和广大群众开拓创新，及时总结集成推广基层群众自治的创新做法和有益经验，增强基层自治的动力活力，开创新时代自治强基工作新局面。

第六节　县域治理的智治支撑

一、加强县域智治统筹规划

现代科技创新与制度创新协同推进，催生了"整体智治"的理念与实践。新形势下，进一步强化整体智治理念，坚持智治为民的治理原则，做好县域智治支撑总体规划设计。以提升治理整体效能为目标，加快构建以人为本、科技支撑、制度配套的智治体系，推动"技治""制治"深度融合。建立党建引领的协同体系，推动智慧党建与智慧治理融合发展。建立省、市、县、乡、村五级联动的智治服务体系，协调政府、居民、企业、社会组织等不同主体之间的关系，加强公安、政法、民政、财政等部门的联动配合，提升县域智治的整体效能。加强数据协同体系建设，推动治理数据在不同层级和不同部门之间有序流动，打破"信息孤岛"，降低数据运转成本，提高数据使用效率。立足地方治理需要，优化5G基站、"天网"工程等智慧基础设施布局。注重区域智治协调发展，加快提升革命老区、脱贫地区、民族地区和山区等特殊类型地区的智慧化治理水平。

二、全面推进数字政府建设

1. 持续提高政府运行效率

加强数字政府建设是适应新一轮科技革命和产业变革趋势的必然要求，也是提高县乡两级政府运行效率的重要手段。以"一件事一次办"为目标导向，加快推进全流程项目管理和资产化数据管理，推动政府内部职能和外部功能数字化转型。推进数字化治理模式创新，合理有效利用大数据、人工智能、物联网等信息化手段，构建核心业务全覆盖、横向纵向全贯通的数字化政府治理新形态，提升治理方式的智慧、高效、精细及专业化水平。加强数据资源平台的集成化建设，开发数据化、可视化、智慧化的决策支持产品，提高党政机关在决策、督查、反馈等方面的数字化协同水平。强化各类数据资源在社会治理中的综合运用，提高监测分析、预测预警、目标设定、政策制定与评估能力。

2. 不断提升政府服务效能

从服务对象感受出发，通过数据融通、平台联通、系统互通等举措，进一步优化简化政务服务流程，推动政务服务提质增效。打造多端服务体系，推进政务服务线上线下无缝融合并向街道社区和村镇延伸，实现政务服务就近办，让数据多跑路、群众少跑腿。集成与优化已有政务服务系统应用，提高数字工具的便捷性，打造"一键拖拽"的基层便捷应用工具，使更多群众用上用好各种信息平台。加强数字技能培训，提高群众的数字能力与素养。

三、加快推进智慧城市建设

随着新型城镇化和信息化的加快推进，智慧城市在各地如雨后春笋般涌现，极大提升了整体智治的程度。顺应信息化数字化时代潮流，加快市政基础设施智能升级，建好地下综合管廊数字管理平台，提高城市运行管理服务水平。持续扩大5G和光纤超宽带"双千兆"网络覆盖范围，升级改造城镇老旧小区的光纤网络，扩大医院、学校、政府等单位的网络覆盖面，提高景区、商圈、交通枢纽等重点区域的网络质量。推进公共安全视频终端建设，加快形成"重点区域全覆盖、视频巡查全天候、社会力量全参与"的社会治安视频监控网络。推进县域统一的交通大数据中心建设，用"活"数据破解交通拥堵、提升交通服务质量。增强公路、机场、港口等基础设施的智慧感知、通信能力，推动安检、导航等服务设施数字化，提高人民群众出行便利程度。加强智慧物联网建设，积极推进IPv6升级改造，促进教育、医疗、养老、就业等县域公共服务数字化改造，打造线上线下有机融合、便民利民的公共服务新业态，满足更多场景应用需求。推进现代信息技术与生态环境监测、应急管理等工作融合，深化生态环境、公共卫生和防灾减灾等领域数字化应用。加快打造智慧社区，为更多群众提供更加安全、便利的现代化、智慧化生活环境。

四、深入推进数字乡村建设

推进乡村移动通信和互联网等基础设施建设，升级改造广播电视基础设施，统筹推进农村地区智慧交通、智慧水利、智能电网、智慧物流建设。加强农村数字通信建设与服务,实施信息进村入户工程,推进互联网"提速降价",提高移动终端和连接设施的可接入性和可获得性,降低农村地区数字信息基础设施的使用成本。推动"互联网+社区""互联网+教育""互联网+医疗"等新模式向农村延伸,提高村级综合服务信息化水平,大力推动乡村建设和规划管理信息化。加强农村地区的数字基础设施安全建设,提升信息基础设施的安全性能,增强乡村居民信息获得感、安全感。数字乡村发展模式如图5-10所示。

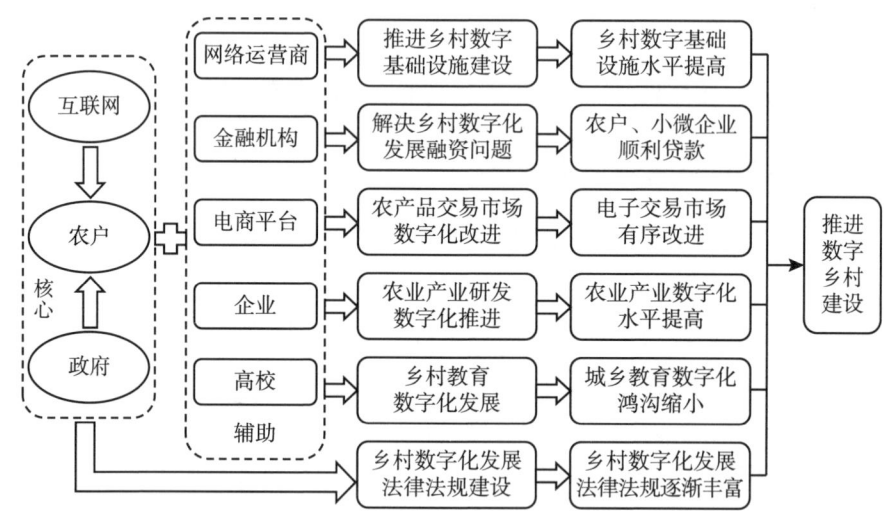

图 5-10 数字乡村发展模式

五、强化信息安全保护

建立完善信息安全保障、管理、培训等制度,健全信息安全管理保障体系,打造覆盖数据安全、应用安全、网络安全、物理安全的技术支撑平台。建立完善信息安全应急预案,确保信息安全管理工作有章可循、有据可依。加强对信息技术企业的数字监管,提高数字技术从业者的准入门槛和技术标准,规范各种数据使用行为。建立信息安全监管和执法机制,加强对信息安全违法行为的打击和惩处,确保信息安全管理工作落到实处。加强信息安全教育和宣传,通过举办国家网络安全宣传周、网络安全宣传进社区(乡村)等社会公益活动,借助广播、微信公众号、短视频等具体传播手段,提升城乡居民的信息安全意识和技能,积极防范信息安全风险。

第七节 县域治理高质量发展金融服务

一、保障金融平稳运行

1. 防范化解金融风险

结合当地特点建立完善金融风险防控机制，加强对辖内金融机构和金融业务的全覆盖监管，强化金融风险预警和处置，及时发现和处置金融风险事件。加强政策引导和支持，建立不良资产化解合作机制，压实金融机构主体责任，加大风险监测和处置力度，推动银行业金融机构化解不良贷款。引导融资担保公司、典当行、小额贷款公司规范经营，督促长期经营不善且处于停业状态的机构办理注销手续、消除隐患。提高地方政府债务透明度，稳妥化解隐性债务风险，防范化解房地产领域风险，避免相关风险向金融领域传播扩散。

2. 持续打击非法金融行为

坚决打击电信诈骗、非法集资、违法放贷、洗钱等违法犯罪行为，维护金融市场的稳定和安全。持续打击治理电信网络违法犯罪，从存量账户排查、可疑资金适时阻截、严格责任追究等方面强化源头和系统治理。建立完善防范和处置非法集资、违法放贷等犯罪行为的联合执法机制，畅通线索举报渠道，规范执法检查、优化执法流程、增强执法监督、提升执法能力。加强反洗钱行政主管部门、侦查机关、行政执法机关之间以及金融机构之间的沟通协调，完善信息共享、线索移送机制，积极建设反洗钱大数据模型，形成打击洗钱犯罪合力。积极开展城乡居民金融安全知识宣传培训，引导社会公众形成科学的风险防范意识。

3. 增强金融抗风险能力

通过地方政府专项债、资产支持计划等方式，帮助地方中小银行补充资本、提升企业信誉、优化监管指标，提升地方中小银行资本实力和风险抵御能力。落实地方中小银行税收优惠政策、给予财政性专项资金支持、调降再担保费率等措施，完善对地方中小银行的风险补偿机制，降低地方中小银行的经营成本。推动地方金融机构持续完善公司治理，强化机制建设，加强风险管理，实现良性健康发展。

二、加强社会信用体系建设

1. 加快推进信用主体建设全覆盖

以政府信用为主导、企业信用为重点、个人信用为基础，建立与现代市场体系相适应的社会诚信环境，提高金融领域信用社会化水平。抓好政府信用建设，提高政务诚信水平，建立健全信用管理制度，保障政策法规的有效实施，发挥政府在社会信用体系建设中的示范引领作用。加强企业信用建设，提升企业诚信意识和信用水平，引导企业遵守市场规则和法律法规。加强对行业协会、商会的指导，促进行业信用建设和守信自律。持续开展信用镇、信用村、信用户创建，进一步改善农村信用环境。大力开展诚信宣传，普及信用文化和知识，加强专业信用教育和应用研究，营造诚实守信的良好氛围。加快培育信用信息服务机构，有序推进信用服务产品创新，推动形成种类齐全、功能互补、依法经营、公信力强的信用服务市场体系。社会信用体系建设主体构成如图5-11所示。

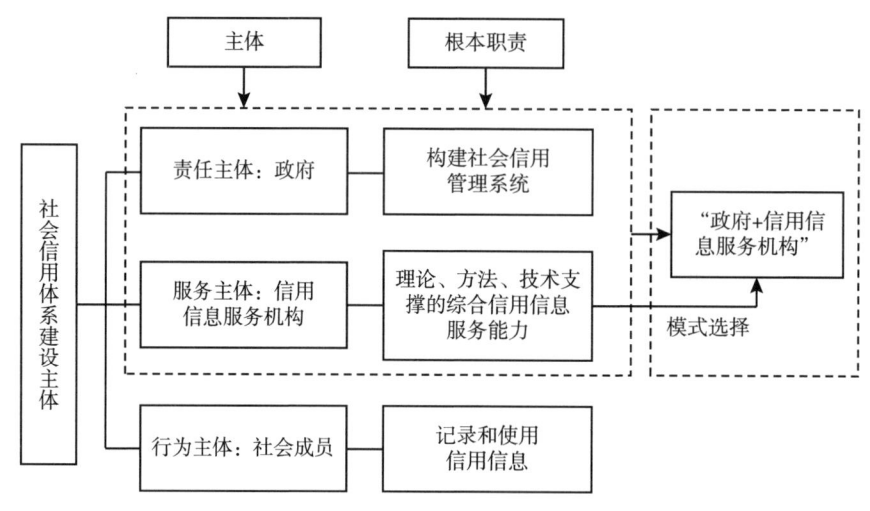

图5-11 社会信用体系建设主体构成

2. 强化信用行为的激励约束

金融机构结合自身业务特点，出台守信激励措施，提高守信主体获得感。对信用乡（镇）、信用村（组）、信用户在贷款额度、利率等方面实行差异化优惠政策，使"诚实守信，一路畅通"成为全民共识。以"优惠便捷"为突破口，加强信用资源整合，将信用福利的应用场景拓展至交通、医疗、养老、旅游、购物、物业等领域，高信用等级者可享受优先办理、简化程序、免交押金等"优待"服务。建立健全跨部门、跨地区的失信联合惩戒机制，对失信主体依法采取负面信用记录公示、警告提示、限制信贷、限制消费等惩戒措施，营造"一处失信，处处受限"的信用氛围（失信联合惩戒机制建设如图5-12所示）。引导失信主体正确认识金融领域"失信修复"问题，依法依规修复信用，防止失信主体因急功近利上当受骗。强化反垄断和反不正当竞争监管，打造优质社会诚信环境，激发市场活力，保障市场机制高效运行。

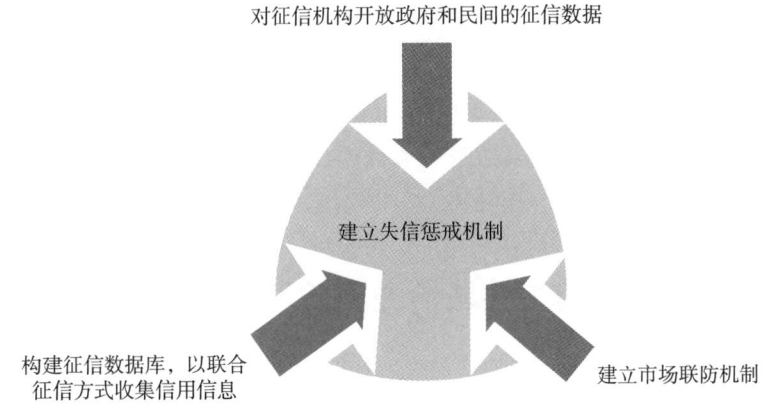

图5-12 失信联合惩戒机制建设

三、加强金融法治建设

加强对地方金融主管部门和地方金融组织的专题法制培训，提高监管人员依法行政和监管水平，增强金融从业人员依法合规经营意识。建立健全金融消费者权益保护机制，规范金融机构和从业人员的行为，加大对金融违规行为的惩处力度，维护金融市场秩序的公平竞争环境。深化县域"法银"联动，运用执行查控、失信名单、限制高消费等强制措施，加大对规避执行和恶意逃避金融债务等行为的惩戒力度。推动县（市、区）法院与金融机构就司法拍卖、协助执行、财产保全、资产处置等问题达成更多共识，持续提升司法拍卖的成效，为金融机构合法权益提供高效有力的司法保障。加强金融法治人才队伍建设，健全法律顾问和公职律师管理制度，有条件的县域可设立专门金融法庭，更大规模、更高层次、更加专业地集中化解金融纠纷，提升金融法治水平。

四、推进金融与治理有效融合

县域金融机构网点多、员工多，尤其是地方中小银行普遍具有"人熟地熟情况熟"的特点，具备为基层治理提供人力、智力支持的先天优势。目前已有一些县域以"双基共建"① 为抓手构建起共建共治、共享共赢的政银和银村关系，有效激发了乡村振兴的活力。充分发挥党建引领作用，推动"金融+"增量扩面，完善金融与治理一体化联动机制，推动经济发展共谋、乡村振兴共享、组织生活共办、基层干部共派、活动阵地共建。探索推广"党委合作共建、支部协同共建、党员协作共建"模式，创新双向挂职机制，推动县乡村党组织分级结对共建，推动党员挂点联片进行入户走访、信息采集、评级授信，形成协作共建常态。持续完善农村"三资"监督管理平台建设内容，推动"三资"监管平台规范化运行，助力基层治理和服务能力提升。制定数据融合应用标准规范，推进县域公共服务领域数据、金融机构交易数据、企业和个人的经济行为数据依法依规互用共享。

第八节 县域治理高质量发展评价

一、评价指标选择

（一）评价指标初步设计

根据联合国开发计划署提出的民主治理基本价值理论，借鉴世界银行构建的"全球治理指标"体系，基于强化政治引领、法治保障、德治教化、自治强基、智治支撑作用以及提升金融治理效能的路径探索，构建县域治理高质量发展评价指标体系。由于县域治理高质量发展具有系统性、综合性、复杂性特点，为全面增强指标设计的科学性，参考德尔菲法的基本原理，在构建指标体系的过程中征求了来自高校、政府、人民银行等领域专家建议（如图5-13所示）。初步构建的县域治理高质量发展评价指标体系，包括3个一级指标、7个二级指标、38个三级指标。具体如表5-4所示。

---

① "双基共建"是指村（社区）党组织和银行基层党支部深入融合结对共建，村（社区）党组织协助银行开展评级授信、金融宣传等，银行为村（社区）提供优质高效的综合金融服务。

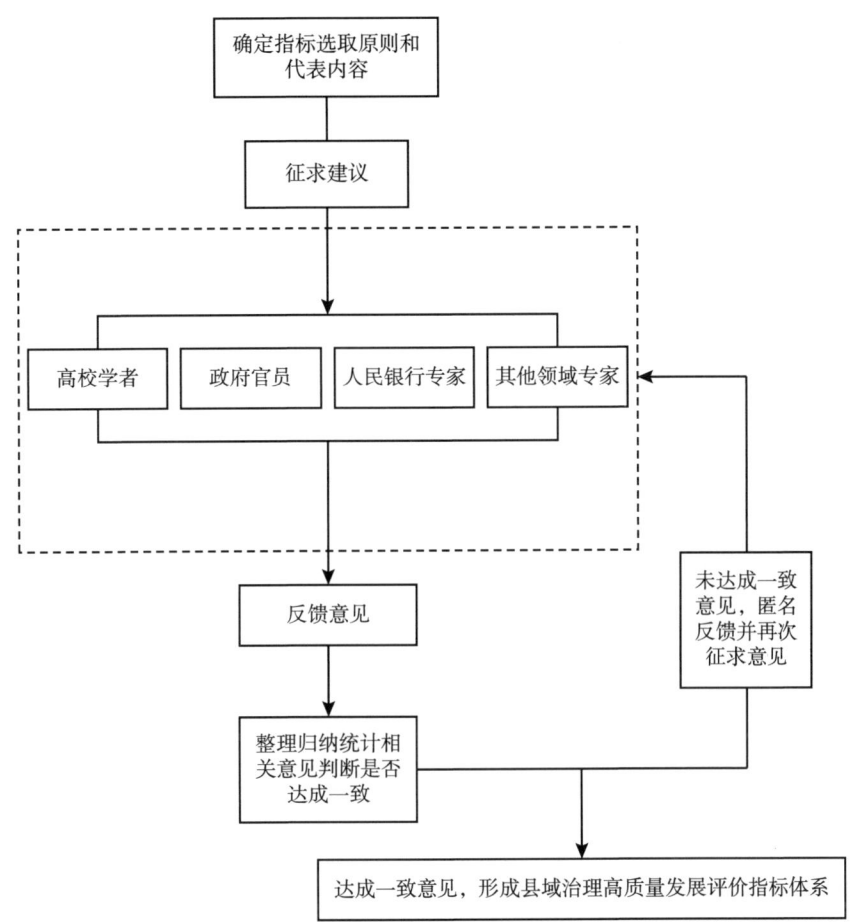

图 5-13 县域治理高质量发展评价指标体系构建流程

表 5-4　　　　初步设计的县域治理高质量发展评价指标体系

一级指标	二级指标	三级指标	指标解释
治理方式	政治引领	基层党组织覆盖率	反映政治引领的广度
		村（社区）书记主任一肩挑比例	反映党对基层社会领导力
		党风廉政建设社会评价群众满意度指数	反映群众对治理班子廉政认可程度
	法治保障	市县法治指数	反映县域法治整体建设情况
		司法判决执行率	反映司法公信力情况
		法律援助率	反映弱势群体的法治保障情况
		"法律明白人"覆盖率	反映基层公共法律供给情况
		平均每个乡镇派出所数量	反映基层社会治安保障情况

续表

一级指标	二级指标	三级指标	指标解释
治理方式	法治保障	平安建设群众满意度	反映人民群众对当地政法工作认可程度
	德治教化	每万人口志愿队伍单位数	反映主要德治主体发展情况
		志愿者服务时间总数	反映主要德治主体参与治理情况
	自治强基	每万人自治组织数量	反映自治组织覆盖情况
		每万人网格员数量	反映群众参与自治情况
		社区社会组织覆盖率	反映社会组织发展情况
		专业社会工作者覆盖率	反映社会工作覆盖情况
		政府对社会组织的资金投入	反映政府支持社会组织发展情况
	智治支撑	每万人拥有5G基站数	反映新型智治基础设施建设情况
		"天网"工程覆盖率	反映传统智治基础设施建设情况
		政务事项线上办理率	反映数字政府建设情况
		智慧社区数量	反映基层智治发展情况
		乡村治理数字化指数	反映乡村治理数字化水平
		信息安全违法行为惩处次数	反映智治安全发展情况
治理环境	金融治理	县域金融生态环境评价得分	反映金融生态环境整体情况
		不良贷款率	反映信贷环境情况
		县域信用指数	反映信用资源整合情况
		每万人失信被执行人数量	反映信用环境情况
		金融机构受监管处罚平均次数	反映金融机构合规经营情况
		"三资"监管平台覆盖率	反映金融支持基层治理情况
治理成绩	治理工作获得表彰情况	省级先进党组织获评率	反映党组织的战斗力、凝聚力、创造力
		全国民主法治示范村（社区）获评率	反映基层民主法治建设情况
		"六无"平安村社获评率	反映农村地区平安建设情况
		国家/省级枫桥派出所比例	反映矛盾化解能力
		省级文明村镇获评率	反映精神文明建设情况
		获评历届省级道德模范人数	反映职业道德、个人品德建设情况
		获评历届省级文明家庭荣誉数量	反映家庭美德建设情况
		省级基层治理百佳社区获评率	反映社区治理发展成果
		省级乡村治理示范村镇获评率	反映乡村治理发展成果
		省级安全社区获评率	反映城市社区平安建设情况

（二）评价指标筛选

在评价指标初步构建的基础上，按照可检验、可比较、可追溯标准，从样本数据的有效性、可比性和一致性角度筛选出县域治理高质量发展评价指标。

1. 有效性检验

根据评价模型所使用指标的样本数据覆盖率需要达到5%置信水平的要求，市县法治指数、"法律明白人"覆盖率、获评历届省级文明家庭荣誉数量、获评历届省级道德模范人数、每万人网格员数量、专业社会工作者覆盖率、政府对社会组织的资金投入、每万人拥有5G基站数、信息安全违法行为惩处次数、县域金融生态环境评价得分、不良贷款率、每万人失信被执行人数量、金融机构受监管处罚平均次数13个指标，样本容量的观测值均在95%以下，难以满足置信区间的统计检验要求，因此将上述指标从初步构建的指标体系中剔除。

2. 可比性检验

按照变量模型的时间序列在不同类型的检验条件下重复检验结果偏离度不超过5%的要求。党风廉政建设社会评价群众满意度指数和平安建设群众满意度2个指标通过调查问卷获得，与其他统计指标的获取方式和评价标准存在差异，可比性较差，且对其他数据分析带来干扰，降低了整体拟合效果，未纳入最终评价指标体系。

3. 一致性检验

按照德格鲁特（Morris H. DeGroot）提出的评价指标统计口径公允性准则，样本数据的测算方法应保持一致。在基层党组织覆盖率、司法判决执行率、法律援助率、志愿者服务时间总数、社区社会组织覆盖率、政务事项线上办理率、智慧社区数量、"天网"工程覆盖率和"三资"监管平台覆盖率9个指标计算过程中，分子或分母取数口径存在较大的统计偏误。经过数据初筛，基层党组织覆盖率、政务事项线上办理率、智慧社区数量3个指标在两种不同统计取数标准口径下偏差率在5%以上，法律援助率等其余6个指标的统计偏差率在10%以上。为减少指标偏离误差所带来的随机扰动影响，避免评价结果因指标计算方法差异而有所不同，因此将上述9个指标从初步构建的指标体系中剔除。

通过多维筛选，从38个初步设计指标中筛选出14个评价指标，并将省级先进党组织获评率、全国民主法治示范村（社区）获评率等 8 个指标整合为治理相关荣誉获评率 1 个评价指标，最终构建出由 7 个评价指标组成的县域治理高质量发展评价指标体系。具体如表 5–5 所示。

表 5–5　经筛选形成的县域治理高质量发展评价指标体系

一级指标	二级指标	三级指标	指标定义	数据来源	指标性质
治理方式	政治引领	X1—村（社区）书记主任一肩挑比例	村（社区）书记和主任为同一人的村（社区）数量÷全部村（社区）数量	县域官方发布 A 省统计年鉴	正向指标
	法治保障	X2—平均每个乡镇派出所数量	派出所数量÷全部乡镇（街道）数量	县域官方发布 A 省统计年鉴	正向指标
	德治教化	X3—每万人口志愿队伍单位数	志愿队伍数量÷常住人口总数	A 省志愿网 A 省统计年鉴	正向指标
	自治强基	X4—每万人自治组织数量	自治组织数量÷常住人口总数	A 省统计年鉴	正向指标
	智治支撑	X5—乡村治理数字化指数	每万人支付宝实名用户中政务业务使用用户数、每万人中钉钉政务服务用户数和使用腾讯"为村"服务的行政村数量综合计算	北京大学新农村发展研究院《县域数字乡村指数（2020）》	正向指标
治理环境	金融治理	X6—县域信用指数	自然人信用人均调用次数和每万人支付宝用户中使用基于信用的服务用户数综合计算	《北京大学数字普惠金融指数（2011–2018）》	正向指标
治理成绩	治理工作获得表彰情况	X7—治理相关荣誉获评率	省级先进党组织获评率+全国民主法治示范村（社区）获评率+"六无"平安社获评率+国家/省级枫桥派出所比例+省级文明村镇获评率+省级乡村治理示范村镇获评率+省级基层治理百佳社区获评率+省级安全社区获评率	A 省人民政府官网 A 省统计年鉴	正向指标

二、评价模型建立

(一) 评价指标赋权原理

根据奥斯本（Stephen P. Osborne）提出的新公共治理理论，县域治理高质量发展的评价模型应该是由多元主体构成、呈网络式开放结构的综合性量化分析系统。由于县域治理高质量发展涉及的主体和内容众多，这决定了以指标之间的相关关系为主要依据的客观赋权方法难以取得令人满意的评价结果，还需要相关专业人士提供经验评价作为参考标准。为了尽量减少和避免某些主观因素及客观局限性对指标权重确定的影响，采取主观赋权和客观赋权相结合的方式，使用AHP—熵值法对县域治理高质量发展水平进行评价。具体做法是，先使用AHP层次分析法（以下简称"AHP法"）对专家判断指标重要性的评分结果进行初步赋权，再通过熵值法调整权重，最后得到评价指标的最终权重用于评价县域治理高质量发展水平。

(二) 评价模型权重设计

1. 构建评价层次结构

运用AHP法将整个评价指标体系分解为四个层次。其中，第一层次为目标层，即县域治理高质量发展评价这一元素。第二层次为系统层，分为治理方式、治理环境、治理成绩3个元素；第三层次为准则层，包括政治引领、法治保障、德治教化、自治强基、智治支撑、金融治理以及治理工作获得表彰情况7个元素；第四个层次为指标层，包括村（社区）书记主任一肩挑比例、平均每个乡镇派出所数量、每万人口志愿队伍单位数、每万人自治组织数量、乡村治理数字化指数、县域信用指数、治理相关荣誉获评率7个元素。具体层级结构如图5-14所示。

2. 采用公式（5-1）构建各层次判断矩阵 Y

$$Y = \begin{pmatrix} Y_{11} & \cdots & Y_{1n} \\ \vdots & \ddots & \vdots \\ Y_{m1} & \cdots & Y_{mn} \end{pmatrix} \quad (5-1)$$

其中，Y_{mn}表示元素m对元素n的相对重要性的判断值，其分级标准标定值按照Saaty 1-9标度法确定（如表5-6所示）。对于任何判断矩阵，应满足下列条件：$Y_{mm}=1$且$Y_{mn}=1/Y_{nm}$。若某个上级元素只对应一个下级元素，则下级元

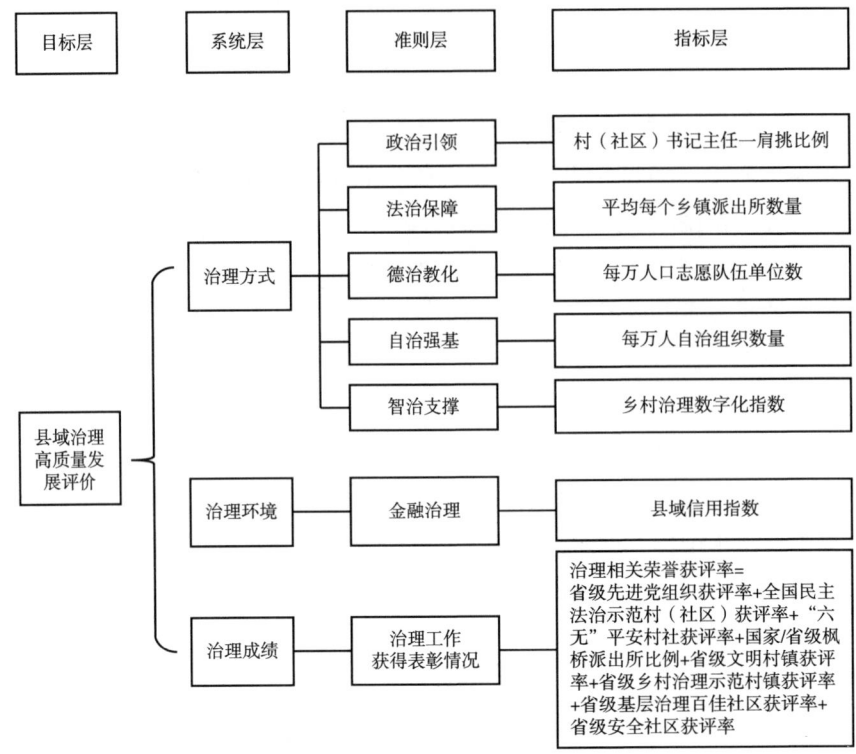

图 5-14 县域高质量发展评价的层级结构

素无须构建判断矩阵,例如准则层中的金融治理和治理工作获得表彰情况,以及指标层中所有 7 个指标。

表 5-6　　　　　　　　Saaty 1-9 标度法

Y_{mn} 标度值	定义	说明
1	元素 m 与元素 n 相比同等重要	对目标贡献程度相同
3	元素 m 与元素 n 相比略重要	略微重要
5	元素 m 与元素 n 相比较重要	重要
7	元素 m 与元素 n 相比非常重要	程度明显
9	元素 m 与元素 n 相比绝对重要	程度非常明显
2,4,6,8	以上两个判断之间的中间状态对应的标度值	需要折衷时使用

涉及的判断矩阵有两个,分别为系统层和治理方式系统下准则层。以系统

层为例,治理方式、治理环境、治理成绩分别为元素1、元素2、元素3,通过两两对比可以得到量化结果,假设认为治理方式比治理环境略微重要,查表5-6得出重要性标度 $Y_{12}=3$;治理环境与治理方式相比则不够重要,重要性标度 $Y_{21}=1/Y_{12}=0.33$;治理方式、治理环境分别与自身相比重要性相等,则 $Y_{11}=1$、$Y_{22}=1$。

3. 邀请专家对判断矩阵打分

邀请来自高校、政府、人民银行和其他领域的专家,根据 Saaty 1-9 标度法对各层重要性进行两两比较,并最终取平均分,结果如表5-7、表5-8所示。在系统层中,专家们认为治理方式相比于治理环境接近非常重要,相比于治理成绩接近绝对重要,治理环境和治理成绩同等重要。在治理方式系统下,专家们认为政治引领和法治保障同等重要,两者相对于德治教化略微重要,相对于自治强基明显重要,相对于智治支撑略微重要,自治强基、德治教化、智治支撑几乎同等重要。

表5-7　　　　　　　　系统层判断矩阵评分结果

	治理方式	治理环境	治理成绩
治理方式	1.00	6.00	8.00
治理环境	0.17	1.00	1.00
治理成绩	0.13	1.00	1.00

表5-8　　　　　治理方式系统下的准则层判断矩阵评分结果

	政治引领	法治保障	德治教化	自治强基	智治支撑
政治引领	1.00	1.00	3.00	5.00	2.50
法治保障	1.00	1.00	3.00	5.00	2.50
德治教化	0.33	0.33	1.00	0.50	1.00
自治强基	0.20	0.20	2.00	1.00	1.00
智治支撑	0.40	0.40	1.00	1.00	1.00

4. 采用公式(5-2)计算一致性比值 CR

为了避免出现 A 比 B 重要、B 比 C 重要、但是 C 又比 A 重要类似的逻辑错误出现,在运用 AHP 法计算权重前,需要利用判断矩阵的最大特征根 λ_{max}

计算一致性比值 CR，检验各判断矩阵评分结果是否具有一致性。CR 值越小，说明判断矩阵一致性越好；若 CR<0.1，就认为矩阵满足一致性检验，计算出来的权重结果可用。

$$CR = (\lambda_{max} - n)/[(n-1) \times RI] \quad (5-2)$$

其中，λ_{max} 为该层元素的最大特征根，由 Matlab 软件精准计算得出。n 为该层元素数量，其中系统层 $n=3$，治理方式系统下准则层 $n=5$。RI 为平均随机一致性指标标准值，有固定的经验参考值。具体如表 5-9 所示。

表 5-9　　　　　　　　　平均随机一致性指标标准值

元素数	3	4	5	6	7	8	9	10
RI 值	0.52	0.89	1.12	1.26	1.36	1.41	1.46	1.49
元素数	17	18	19	20	21	22	23	24
RI 值	1.61	1.61	1.62	1.63	1.64	1.64	1.65	1.65

基于专家对各层元素相对重要性的打分结果，运用公式（5-2）计算出系统层和治理方式系统下准则层的 CR 值分别为 0.01 和 0.04，均满足一致性检验，说明基于 AHP 法计算的主观权重结果可用。具体如表 5-10 所示。

表 5-10　　系统层和治理方式系统下准则层判断矩阵一致性检验结果

	最大特征根 λ_{max}	RI 值	CR 值	一致性检验结果
系统层	3.01	0.52	0.01	通过
治理方式系统下准则层	5.19	1.12	0.04	通过

5. 采用公式（5-3）计算判断矩阵元素的几何平均值 W_m

$$W_m = \sqrt[n]{Y_{m1} \times Y_{m2} \times \cdots \times Y_{mn}} \quad (5-3)$$

其中，Y_{mn} 表示元素 m 对元素 n 的相对重要性的判断值。

6. 采用公式（5-4）计算层内主观权重 Z_m

$$\begin{cases} Z_m = W_m / \sum_{m=1}^{n} W_m & （构建有判断矩阵）\\ Z_m = 100\% & （未构建判断矩阵）\end{cases} \quad (5-4)$$

当该层构建有判断矩阵时,第 m 个元素的层内主观权重由几何平均值 W_m 计算得出。仍以系统层为例,该层共有治理方式、治理环境、治理成绩 3 个元素,则相应几何平均值分别为 3.63、0.55、4.68,按公式(5-3)、公式(5-4)可计算出治理方式、治理环境、治理成绩的主观权重分别为 77.58%、11.75%、10.67%。当该层未构建判断矩阵,说明层内只有一个元素,层内主观权重为 100%。以此类推,计算出系统层、准则层、指标层各元素层内主观权重(如表 5-11 所示)。

表 5-11　　　　　　　　　　层内主观权重计算结果

系统层	系统层内权重(%)	准则层	准则层内权重(%)	指标层	指标层内权重(%)
治理方式	77.58	政治引领	34.49	村(社区)书记主任一肩挑比例	100.00
		法治保障	34.49	平均每个乡镇派出所数量	100.00
		德治教化	9.37	每万人口志愿队伍单位数	100.00
		自治强基	10.08	每万人自治组织数量	100.00
		智治支撑	11.57	乡村治理数字化指数	100.00
治理环境	11.75	金融治理	100.00	县域信用指数	100.00
治理成绩	10.67	治理工作获得表彰情况	100.00	治理相关荣誉获评率	100.00

7. 采用公式(5-5)计算各指标的主观权重 Z_j

$$Z_j = Z_{m1} \times Z_{m2} \times Z_{m3} \tag{5-5}$$

其中,Z_{m1}、Z_{m2}、Z_{m3} 分别为与第 j 个指标对应的系统层、准则层和指标层的层内权重。

以村(社区)书记主任一肩挑比例指标为例,其对应的系统层、准则层、指标层的层内权重分别为 77.58%、34.49%、100.00%,则该指标主观权重为 77.58% × 34.49% × 100.00% = 26.76%。以此类推,计算出其余 6 个指标主观权重分别为 26.76%、7.27%、7.82%、8.97%、11.75%、10.67%。

(三)评价模型参数转化

由于 AHP 法是通过量化专家对各层元素的相对重要性的判断进而计算指

标权重，并未涉及指标和样本数据之间可能存在的客观关系，也未考虑不同量纲指标之间是否可比，不便于指标进行评价分析，因此使用熵值法对评价模型参数进行转化。

1. 采用公式（5-6）对原始数据进行标准化

由于熵值与指标的离散程度有关，根据样本县域治理数据的离散特点，采用能够有效保留原始数据离散信息的 Min-max 标准化方法对数据进行处理，标准化后的数据全部位于 0~1。

$$X'_{ij} = \frac{X_{ij} - \min(X_{ij})}{\max(X_{ij}) - \min(X_{ij})} \quad (5-6)$$

其中，X_{ij} 为第 i 个样本、j 个指标的原始数据值，X'_{ij} 为其标准化后的指标值，$\max(X_{ij})$ 和 $\min(X_{ij})$ 分别代表第 j 个指标的最大值和最小值，$i=1,2,3,\cdots,86$，$j=1,2,3,\cdots,7$。

2. 采用公式（5-7）计算第 j 个指标下第 i 个样本占该指标比重 p_{ij}

$$p_{ij} = X'_{ij} / \sum_{i=1}^{n} X'_{ij} \quad (5-7)$$

3. 采用公式（5-8）、公式（5-9）计算第 j 个指标熵值 e_j 和信息效用值 g_j

$$e_j = [-1/\ln(n)] \times \sum_{i=1}^{n} [p_{ij} \times \ln(p_{ij})] \quad (5-8)$$

$$g_j = 1 - e_j \quad (5-9)$$

其中，n 为第 j 个指标的样本数量，在本章中为 86。计算结果如表 5-12 所示。

表 5-12　　　　　　　指标层熵值和信息效用值计算结果

指标名称	信息熵值 e_j	信息效用值 g_j
村（社区）书记主任一肩挑比例	0.997	0.003
平均每个乡镇派出所数量	0.951	0.049
每万人口志愿队伍单位数	0.962	0.038
每万人自治组织数量	0.939	0.061
乡村治理数字化指数	0.981	0.019
县域信用指数	0.969	0.031
治理相关荣誉获评率	0.940	0.060

4. 采用公式（5-10）计算各个指标最终权重 Z_j'

$$Z_j' = (Z_j \times g_j) / \sum_{j=1}^{7}(Z_j \times g_j) \quad (5-10)$$

其中，Z_j 为公式（5-5）计算出来的指标主观权重，分别为 26.76%、26.76%、7.27%、7.82%、8.97%、11.75%、10.67%。

基于 86 个样本县域数据，运用 AHP—熵值法公式（5-1）至公式（5-10），计算出指标主观权重 Z_j、信息效用值 g_j、指标最终权重 Z_j'（如表 5-13 所示）。

表 5-13　　　　　　　　各指标最终权重

指标名称	主观权重 Z_j（%）	信息效用值 g_j	$Z_j \times g_j$（%）	$\sum_{j=1}^{7}(Z_j \times g_j)$（%）	最终权重 Z_j'（%）
村（社区）书记主任一肩挑比例	26.76	0.003	0.08	3.32	2.67
平均每个乡镇派出所数量	26.76	0.049	1.31	3.32	39.34
每万人口志愿队伍单位数	7.27	0.038	0.28	3.32	8.31
每万人自治组织数量	7.82	0.061	0.48	3.32	14.41
乡村治理数字化指数	8.97	0.019	0.17	3.32	5.08
县域信用指数	11.75	0.031	0.36	3.32	10.98
治理相关荣誉获评率	10.67	0.060	0.64	3.32	19.21

（四）评价模型构建

按照图 5-15 所示步骤，构建出公式（5-11）所示的县域治理高质量发展评价模型。即通过基于 AHP 法的评价模型权重设计，以及基于熵值法的评价模型权重调整和参数转化，分别得到各指标最终权重 Z_j' 和转化后指标数据 X_{ij}'，计算县域治理高质量发展评价总得分 S_i。

$$S_i = \sum_{j=1}^{7} Z_j' \times X_{ij}' = \sum_{j=1}^{7}\left\{[(Z_j \times g_j)/\sum_{j=1}^{7}(Z_j \times g_j)] \times \frac{X_{ij} - \min(X_{ij})}{\max(X_{ij}) - \min(X_{ij})}\right\}$$

(5-11)

其中，Z_j、Z_j' 分别为第 j 个指标主观权重和最终权重；g_j 为熵值法计算出来的第 j 个指标信息效用值；X_{ij}、X_{ij}' 分别为第 i 个样本县域、第 j 个指标的原始数据值和标准化数据值。$i = 1, 2, 3, \cdots, 86$，$j = 1, 2, 3, \cdots, 7$。

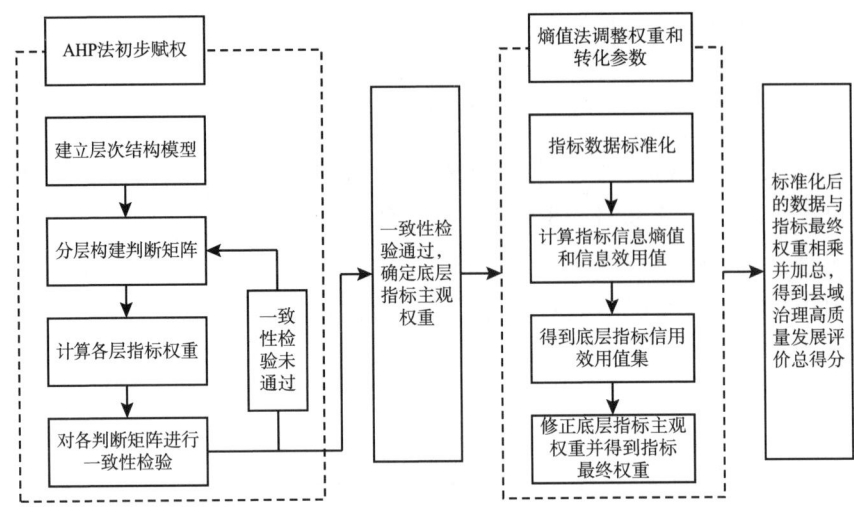

图 5-15 县域治理高质量发展评价模型构建流程

三、评价模型实证分析

（一）描述性统计分析

基于 86 个样本县域数据，对 7 个评价指标进行描述性统计，概括性描述样本数据特点，结果如表 5-14 所示。统计分析结果显示，2020 年，样本县域村（社区）书记主任一肩挑比例平均值 98.19%，标准差 3.90%，总体差异化较小。平均每个乡镇最少有 0.84 个派出所，乡镇派出所最少的为 0.38 个，是最大值 1.78 个的 21.35%。每万人口志愿队伍单位数量最多有 20.61 个，是最少的 121.24 倍。平均每万人可以接受 6.29 个自治组织的服务。县域乡村治理数字化指数和县域信用指数平均值分别为 48.42 和 180.94，但乡村治理数字化指数标准差是县域信用指数标准差的近 1.5 倍，不同县域之间的智治支撑差距相较于金融治理成效差距更大。县域治理相关荣誉获评率平均值 11.25%，获评率最高的县域能达到 28.30%，是获评率最低县域的 18.62 倍。

表 5-14 描述性统计

指标	单位	平均值	标准差	中位数	最小值	最大值
村（社区）书记主任一肩挑比例	%	98.19	3.90	100.00	70.10	100.00
平均每个乡镇派出所数量	个/乡镇	0.84	0.30	0.79	0.38	1.78
每万人口志愿队伍单位数	个/万人	7.19	4.02	6.75	0.17	20.61
每万人自治组织数量	个/万人	6.29	4.73	4.76	0.98	27.50

续表

指标	单位	平均值	标准差	中位数	最小值	最大值
乡村治理数字化指数	—	48.42	16.86	46.93	5.68	81.36
县域信用指数	—	180.94	11.61	180.64	159.14	217.73
治理相关荣誉获评率	%	11.25	7.08	11.04	1.52	28.30

（二）总体评价分析

基于86个样本县域数据样本，运用AHP—熵值法模型，计算样本县域治理高质量发展得分。为使评价结果更为直观、易于比较分析，在进行评价分析时，将样本县域最终得分乘以100，总体评价得分分布如图5-16所示。结果显示，得分在（15，30］区间的县域共有29个，占比33.72%；得分在（30，45］区间的县域共有45个，占比52.33%；得分在（45，65］区间的县域共有12个，占比13.95%。可以看出，样本县域治理高质量评价得分整体呈现左偏分布形态，得分在（15，30］区间的县域数量是得分在（45，65］区间县域数量的2.42倍，大部分样本县域治理高质量发展水平需要提升。

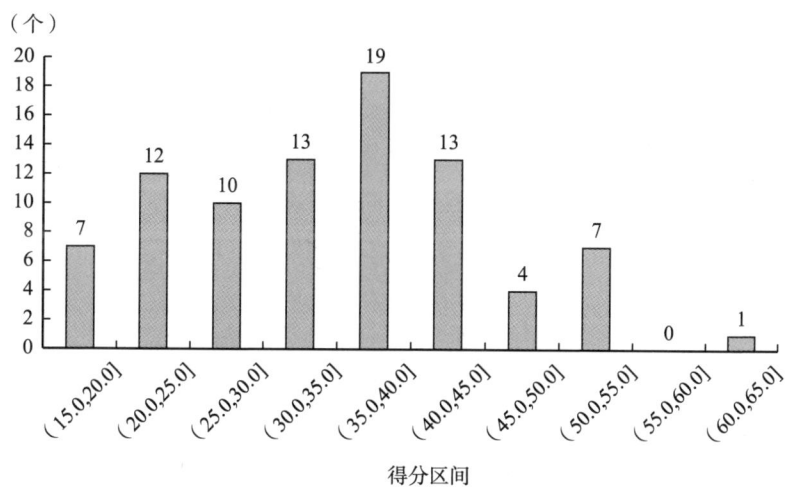

图5-16 县域治理高质量发展评价得分分布情况

（三）因素评价分析

在总体评价分析的基础上，考察影响县域治理高质量发展的主要因素，整理出县域治理高质量发展各指标得分统计特征如表5-15所示。可以看出不同县域在不同维度的治理高质量发展情况较为不同。其中，治理成绩维度评价结果的变异系数为 0.73，不同县域之间获评治理相关荣誉的情况差异化相对最大，说明县域治理的成绩表现呈现出较强的分化。治理环境和治理方式评价结果的变异系数分别为 0.53 和 0.33，表明不同县域之间的金融信用环境和"五治"融合差异相对较小。从总体评价结果来看，县域之间的差距又进一步缩小，说明不同县域在不同维度的治理指标上表现各有强弱，很少有县域每个指标都领先或者都落后。

表 5-15　　　　县域治理高质量发展评价结果统计学特征

统计量	治理方式	治理环境	治理成绩	综合得分
平均值	23.81	4.07	6.96	34.84
最小值	10.26	0.00	0.00	16.10
中位数	23.08	4.02	6.81	35.09
最大值	46.12	10.94	19.15	63.71
标准差	7.94	2.17	5.06	10.14
变异系数	0.33	0.53	0.73	0.29

（四）聚类评价分析

在总体评价分析的基础上，为对比不同类型县域治理发展水平差异，整理出四种类型县域的总体评价得分分布如图 5-17 所示。结果显示，城市主城区综合得分总体靠前，重点生态功能区综合得分分布相对较为均衡，重点开发区和农产品主产区综合得分大部分在中低分区间。同时，进一步对四种类型县域各指标得分和总分均值进行分析，识别不同类型县域治理发展过程中的强项和短板。

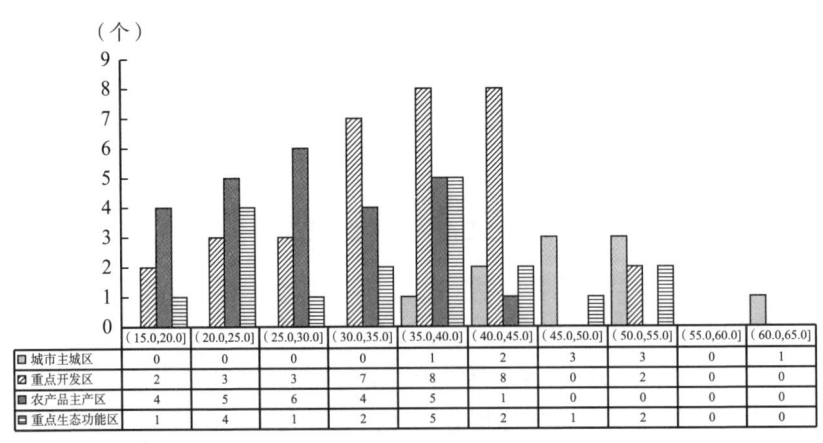

图 5-17　四种类型县域治理高质量发展评价得分分布情况

1. 城市主城区评分结果分析

10 个城市主城区的县域治理高质量发展评价平均得分为 48.43 分，高出全省平均水平 39.01%，为四类县域中最高。所有城市主城区综合得分均超过全省平均水平。总的来看，城市主城区的治理发展质量整体较好，除德治教化、自治强基相关指标外，各维度的得分均领先于全省平均水平，其中金融治理和治理工作获得表彰情况领先最多，两个指标得分分别为全省平均水平的 1.95 倍和 1.81 倍。具体如图 5-18 所示。

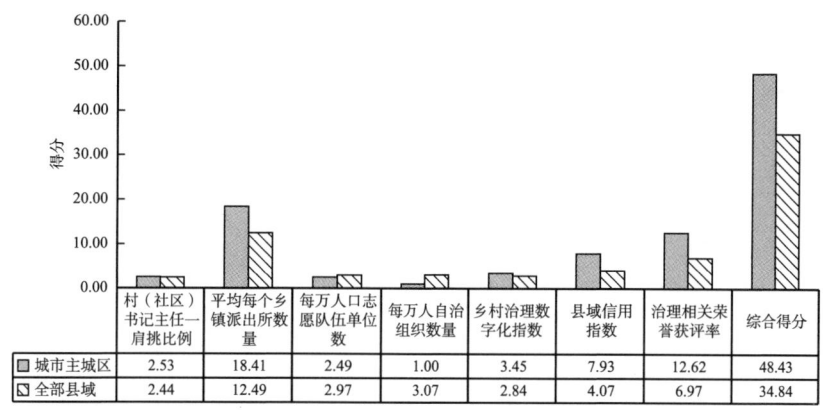

图 5-18 城市主城区治理高质量发展评价结果与全部县域对比

2. 重点开发区评分结果分析

33 个重点开发区的县域治理高质量发展评价平均得分为 35.37，略高于全省平均水平，75.76% 的重点开发区得分在 30 分以上。总的来看，重点开发区的治理发展质量整体略高于全省平均水平，除自治强基相关指标得分低于全省平均水平 38.76% 以外，各维度的得分均略微领先于全省平均水平。具体如图 5-19 所示。

3. 农产品主产区评分结果分析

25 个农产品主产区的县域治理高质量发展评价平均得分为 28.71 分，低于全省平均水平 17.59%。60% 的农产品主产区得分低于 30 分。总的来看，农产品主产区的治理发展质量还有一定提升空间，除政治引领、德治教化、智治支撑相关指标外，各维度的得分均低于全省平均水平，其中法治保障相关指标得分低于全省平均水平 30.26%。具体如图 5-20 所示。

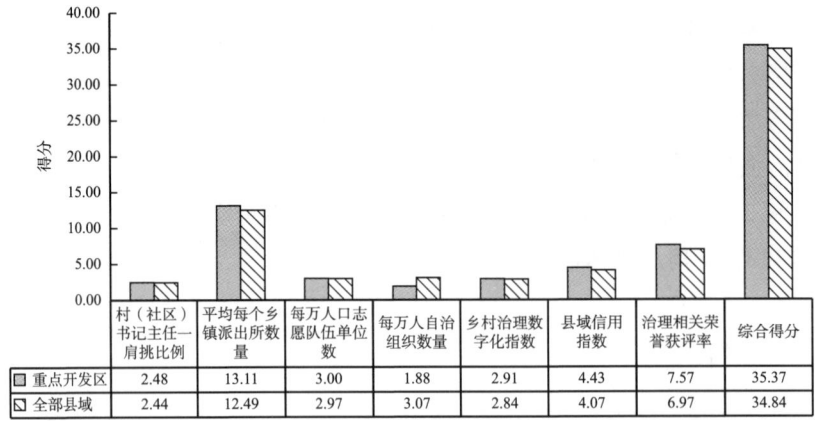

图 5-19　重点开发区治理高质量发展评价结果与全部县域对比

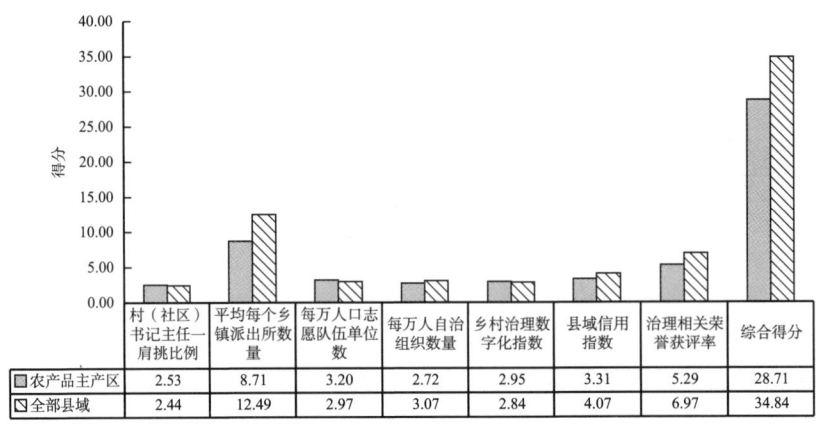

图 5-20　农产品主产区治理高质量发展评价结果与全部县域对比

4. 重点生态功能区评分结果分析

18 个重点生态功能区的县域治理高质量发展评价平均得分为 34.84 分。总的来看,重点生态功能区治理各个维度指标表现存在分化,政治引领、法治保障、德治教化和全省平均水平相似,自治强基相关指标得分是全省平均水平的 2.24 倍,金融治理相关指标低于全省平均水平 42.75%。具体如图 5-21 所示。

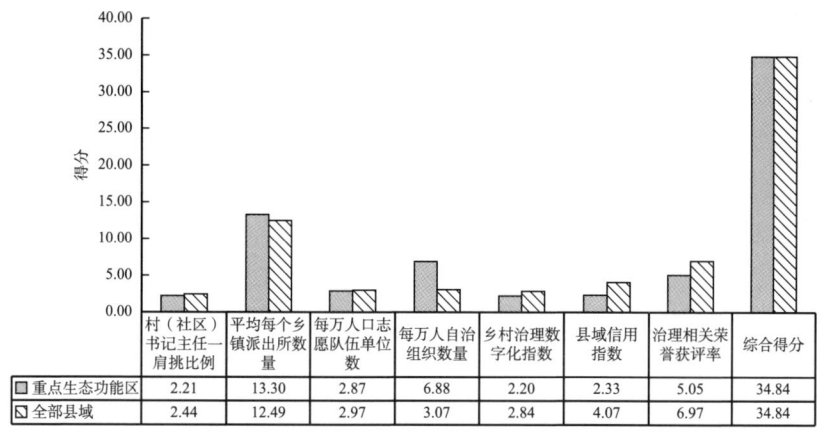

图 5-21 重点生态功能区治理高质量发展评价结果与全部县域对比

四、评价模型检验

（一）评价结果与调查问卷结果相关性检验

由于县域治理高质量发展的最终目的是"建设人人有责、人人尽责、人人享有的社会治理共同体"，提升人民群众的获得感、幸福感、安全感。这里使用人民群众获得感、幸福感、安全感对评价结果进行检验，既考察评价模型的实用性，也有助于识别影响县域治理高质量发展的关键路径。

为增强研究的科学性，对 86 个样本县域的居民发放获得感、幸福感、安全感调查问卷。每个县域发放调查问卷 100 份，问卷对象覆盖多个职业、年龄阶段、文化水平等，共发放 8600 份问卷，最终收回有效问卷 7887 份，有效问卷率 91.71%。以获得感、幸福感、安全感总分，即调查问卷中人民群众获得感、幸福感、安全感选项的得分平均值之和为被解释变量，以县域治理高质量发展评价综合得分为解释变量，进行线性回归分析，得到结果如表 5-16 和图 5-22 所示。可以看出，模型 R^2 值为 0.765，意味着县域治理高质量发展评价综合得分可以解释人民群众获得感、幸福感、安全感 76.5% 的变化。模型通过 F 检验（$F = 273.272$，$p = 0.000 < 0.01$），说明县域治理高质量发展评价综合得分能较好反映人民群众获得感、幸福感、安全感。评价综合得分回归系数值为 61.200，且 t 检验 p 值为 0，小于 1%，说明县域治理高质量发展对人民群众获得感、幸福感、安全感具有显著的正向影响关系。同时也可以看出，模型评价结果与人民群众获得感、幸福感、安全感的决定系数 R^2 值未达到 0.8，说明模型评价的准度还有提升的空间，在以后的实践中，

可拓宽治理指标的统计范围，发现更多相关性强的评价指标对该模型进行优化。

表 5–16　评价模型与问卷调查结果拟合度检验结果（线性回归法）

	非标准化系数		标准化系数	t	p	共线性诊断	
	B	标准误	Beta			VIF	容忍度
常数	182.732	1.344	—	136.011	0.000**	—	—
综合得分	61.200	3.702	0.875	16.531	0.000**	1.000	1.000
R^2	0.765						
调整 R^2	0.762						
F	$F(1, 84) = 273.272, p = 0.000$						
D–W 值	1.590						

注：因变量为人民获得感、幸福感、安全感总分；**表示 $p<1\%$。

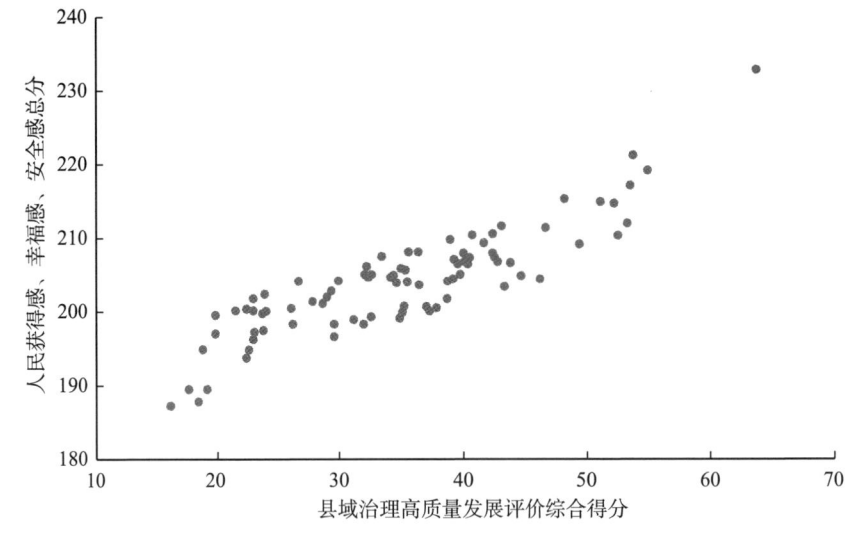

图 5–22　评价模型与问卷调查结果拟合度检验结果散点图

进一步对调查问卷结果统计分布情况（如表 5–17 所示）进行分析发现，人民群众获得感平均得分为 55.13，不少问卷对象认为自己当前的生活状况未达预期；幸福感平均得分为 68.23，多数问卷对象认为自己幸福程度一般或比较幸福；安全感平均得分为 80.22，多数问卷对象认为自己处于比较安全的治理环境中。获得感和幸福感的得分变异系数相对安全感更高，说明人民群众对社会安全稳定的认可具有较强的一致性,不同县域人民群众的获得感和幸福感差异较大。

表 5-17　　　　　　　　　调查问卷结果统计分布情况

统计量	人民群众获得感	人民群众幸福感	人民群众安全感	获得感、幸福感、安全感总得分
平均值	55.13	68.23	80.22	203.59
最小值	48.00	58.60	75.07	183.70
中位数	55.20	68.24	79.94	202.77
最大值	70.65	80.65	84.96	226.87
标准差	3.35	3.44	2.78	7.35
变异系数	0.06	0.05	0.03	0.04

结合县域治理高质量发展评价模型各类指标得分统计分布特点(如表5-18所示),法治保障、自治强基以及治理工作获得表彰情况等相关指标的得分变异系数相对更高。其中,法治保障相关指标与社会公平正义息息相关,影响着人民群众的幸福感和安全感;自治强基相关指标与基层联系十分密切,对人民群众获得感影响较大;治理工作获得表彰情况相关指标则体现了相关部门对县域推进治理工作,提升人民群众获得感、幸福感、安全感的认可度。因此,提升部分县域人民群众的获得感和幸福感是提高当前县域治理高质量发展水平的重要任务,需要加快推进法治政府、法治社会建设,推进基层治理体系和治理能力现代化,广泛实践新时代"枫桥经验",不断促进县域社会和谐。

表 5-18　　　　　　　　　各类指标得分统计分布情况

统计量	政治引领	法治保障	德治教化	自治强基	智治支撑	金融治理	治理工作获得表彰情况
平均值	2.44	12.49	2.97	3.07	2.84	4.07	6.96
最小值	0.00	0.00	0.00	0.00	0.00	0.00	0.00
中位数	2.60	11.08	2.79	2.18	2.74	4.02	6.81
最大值	2.60	38.29	8.65	15.33	5.02	10.94	19.15

续表

统计量	政治引领	法治保障	德治教化	自治强基	智治支撑	金融治理	治理工作获得表彰情况
标准差	0.34	8.29	1.70	2.74	1.12	2.17	5.06
变异系数	0.14	0.66	0.57	0.89	0.39	0.53	0.73

(二) 差异化赋权检验

为检验评价结果是否受到不同赋权方法的影响，采用独立性权重法进行测试。独立性权重法利用指标之间的共线性强弱确定权重，若某一指标与其他指标相关性较强，则赋予该指标较低权重，反之亦然。独立性权重法计算步骤如下。

1. 计算复相关系数 R_j

将指标 x_j 作为因变量，其余 6 个指标作为自变量，运用公式（5-12）进行基于最小二乘估计的多元线性回归，得到复相关系数 R_j。

$$R_j = \frac{\sum (x_j - \bar{x}_j)(\hat{x}_j - \bar{x}_j)}{\sqrt{\sum (x_j - \bar{x}_j)^2 \sum (\hat{x}_j - \bar{x}_j)^2}} \quad (5-12)$$

其中，$\bar{x}_j = \frac{1}{86} \sum_{j=1}^{86} x_j$，$\hat{x}_i$ 为通过多元线性回归模型得到的 x_j 的拟合值。

2. 计算各个指标的权重 W_j

$$W_j = \frac{\frac{1}{R_j}}{\sum_{j=1}^{n} \frac{1}{R_j}} \quad (5-13)$$

表 5-19 对比了两种赋权方法获得的各指标权重。独立性权重法下，平均每个乡镇派出所数量赋予权重最高，但低于评价模型中该指标的赋权 9.40 个百分点；乡村治理数字化指数赋予权重最低，但高于评价模型中该指标的赋权 2.28 个百分点。总体上看，两种赋权法下的指标权重有一定差距。相比于独立性权重法，AHP—熵值法的赋权结果更为极端，指标之间权重差距较大。

表 5-19　　独立性权重法计算和赋权结果

指标	复相关系数 R	复相关系数倒数 1/R	独立性权重法计算权重（%）	权重与评价模型相比（%）
村（社区）书记主任一肩挑比例	0.560	1.786	9.36	+6.69
平均每个乡镇派出所数量	0.175	5.712	29.94	-9.40
每万人口志愿队伍单位数	0.592	1.689	8.85	+0.54
每万人自治组织数量	0.302	3.312	17.36	+2.95
乡村治理数字化指数	0.712	1.405	7.36	+2.28
县域信用指数	0.552	1.811	9.49	-1.49
治理相关荣誉获评率	0.297	3.364	17.63	-1.58

将独立性权重法评价得分作为自变量，将 AHP—熵值法评价得分作为因变量，进行线性回归分析，结果如表 5-20 所示。两种赋权方法下评价结果的相关系数为 0.989，且在 1% 的水平下显著，表明即使在指标赋权存在一定差异的条件下，独立性权重法和 AHP—熵值法对县域治理高质量发展评价结果没有显著影响。

表 5-20　　AHP—熵值法与独立性权重法评价得分相关情况

	非标准化系数		标准化系数	t	p	共线性诊断	
	B	标准误	Beta			VIF	容忍度
常数	-0.044	0.015	—	-2.951	0.004**	—	—
独立性权重法评价得分	0.989	0.036	0.948	27.228	0.000**	1.000	1.000
R^2	0.898						
调整 R^2	0.897						
F	$F(1, 84) = 741.382, p = 0.000$						
D-W 值	2.214						

注：因变量为 AHP—熵值法评价得分；**表示 $p < 1\%$。

图 5-23 对比了两种赋权法下四种类型县域位次分布情况。与前面对比结

果相符，两种方法下四种类型县域位次分布特征相似。其中，在独立性权重法下，城市主城区位列第1~20位、第21~40位的县域数量分别增加2个、减少2个；重点开发区位列第21~40位的县域数量增加2个，位列第41~60位、第61~86位的县域数量均减少1个；农产品主产区位列第1~20位和第21~40位的县域分别减少1个、增加2个，位列第21~40位和第61~86位的县域分别增加1个、减少2个；重点生态功能区位列第1~20位、第21~40位的县域数量均减少1个，位列第61~86位的县域增加2个。总体上看，四种类型县域在各排名区间分布的县域数量变化不超过2个，表明所构建的评价模型对不同类型县域的评价结果较为稳健，未受到差异化赋权方法的影响，具有一定的科学价值。

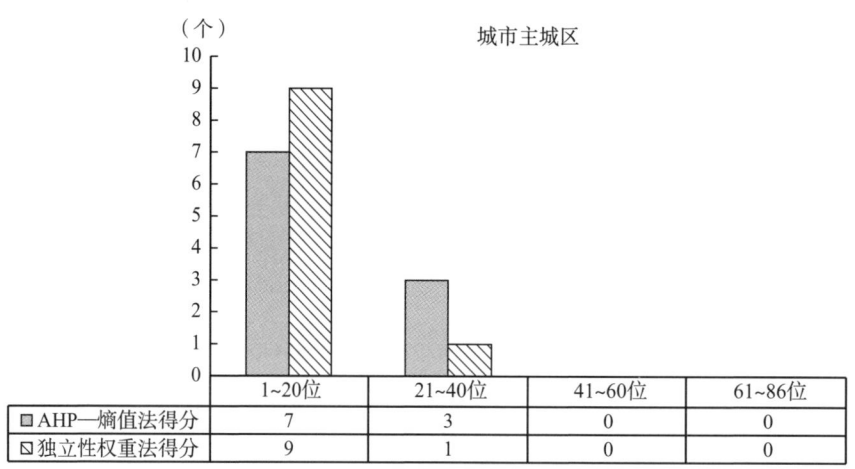

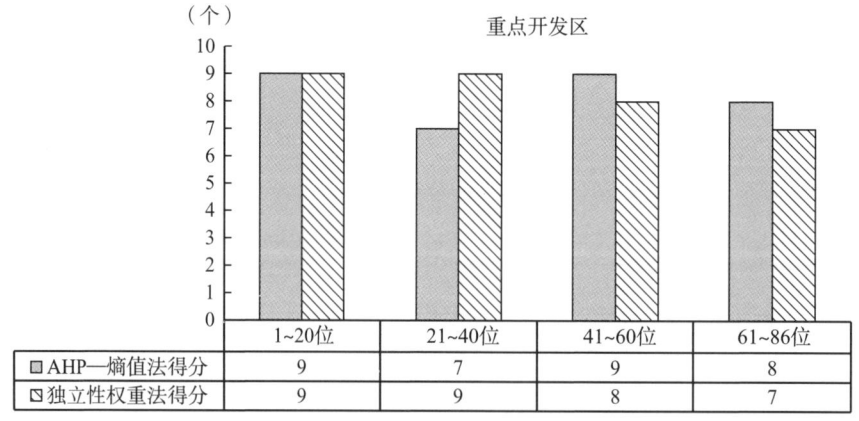

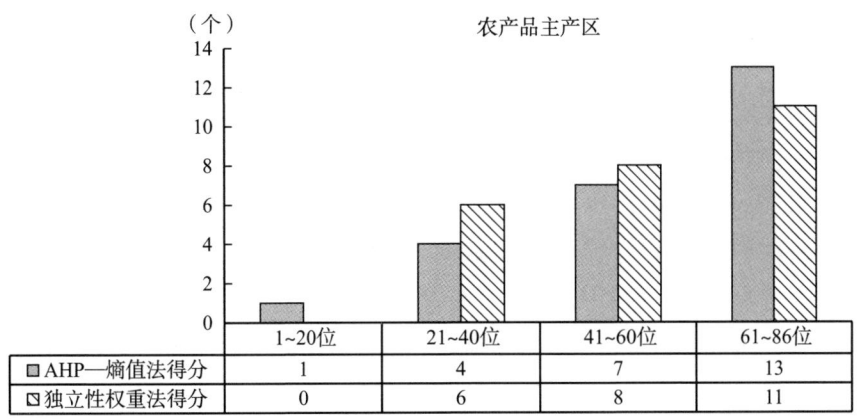

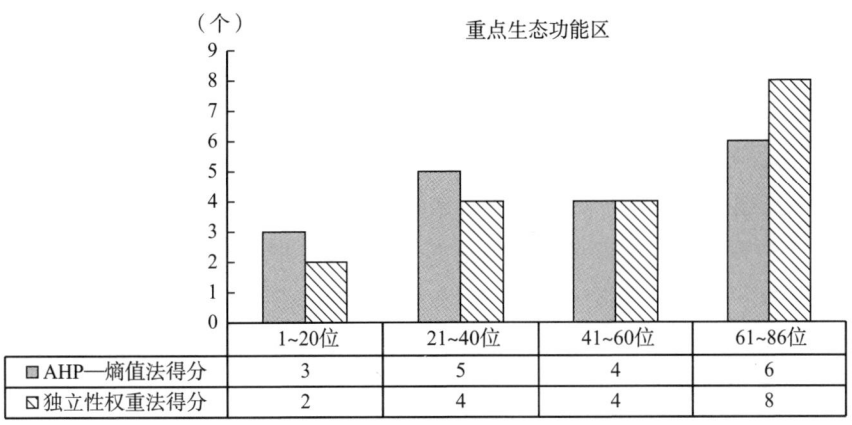

图 5-23 两种赋权方法下四种类型县域位次分布情况

第九节 本章小结

本章分析了县域治理发展现状,从政治引领、法治保障、德治教化、自治强基、智治支撑和金融治理等方面研究探讨了县域治理高质量发展的实施路径。基于民主治理基本价值理论,从治理体系和治理能力现代化建设角度,通过指标筛选分析,形成了由 7 个指标构成的县域治理高质量发展评价指标体系。在此基础上,采用 AHP 法赋予指标权重,利用熵值法对权重进行修正和数据转化,构建主客观赋权相结合的县域治理高质量发展评价模型,并基于 A 省 86 个样本县域数据,运用评价模型对县域治理高质量发展水平进行实证分析。为加强对评价模型的检验分析,进一步采用相关性检验以及差异化赋权检验两种方法对县域治理高质量发展评价模型进行验证。实证分析和检验结果表明：县域治理高质量发展评价总得分与县域居民获得感、幸福感、安全感呈显著正相关关系，且评价模型回归拟合优度 0.765，回归系数在 1% 的水平下显著，构建的评价模型较好地揭示了影响县域治理高质量发展的主要因素，具有一定的科学性、有效性。

评价模型实证分析结果显示，城市主城区治理发展水平整体较好，但德治教化和自治强基指标得分分别低于全省平均水平 16.16%、67.43%。重点开发区治理发展水平稍落后于城市主城区，主要短板弱项在于自治强基，指标得分低于全省平均水平 38.76%。农产品主产区和重点生态功能区治理发展水平相对滞后，农产品主产区法治保障、自治强基和金融治理指标得分分别低于全省平均水平 30.26%、11.40%、18.67%，重点生态功能区智治支撑、金融治理指标得分分别低于全省平均水平 22.54%、42.75%。

根据评价模型实证分析结果，推动县域治理高质量发展，城市主城区需要强化德治教化作用，充分发挥基层自治的活力，为社会发展提供更多动力。重点开发区需要着眼农村居民市民化带来的新特点，优化基层自治模式，满足新型城镇化过程中的治理需求。农产品主产区需要克服农村分布广、农业人口多等因素影响，进一步加强法治、自治和金融治理，缩小城乡治理差距，提升治理整体水平。重点生态功能区需要着力强化智治支撑和金融治理，更好助力县域经济发展和社会进步。

第六章 县域民生高质量发展

县域民生高质量发展，就是要以人民为中心走好高质量发展之路，补齐民生短板、破解民生难题、兜牢民生底线，不断满足人民群众对美好幸福生活的向往。县域民生高质量发展是县域高质量发展的最终落脚点，经济、生态、文化、治理高质量发展最终目的都是为了增进人民福祉。推动县域民生高质量发展，重点是办好就业、教育、医疗、社保、养老、托育、住房等民生实事，强化民生领域的金融支撑，不断提高公共服务可及性和均等化水平。

第一节 县域民生高质量发展概述

一、就业发展情况

通过持续加强就业引导，全省就业规模、结构以及劳动者素质得到较大幅度优化提升。2016~2020年，城镇新增就业累计达522万人，城镇登记失业率控制在4.5%以内。截至2020年末，城乡就业人员总量达到4745万人，其中农村劳动力转移就业2573万人。城乡就业结构由2015年的32.3∶67.6发展为2020年的52.5∶47.5，三次产业就业结构由2015年的38.6∶26.6∶34.8发展为2020年的32.5∶23.1∶44.4。第一产业从业人员占比较高，第三产业从业人员占比低于全国3.7个百分点，仍有大量农村劳动力需转移就业。2020年，各县域累计开展补贴性培训161.98万人次，推动了劳动者技能水平和就业能力提升，全省技能劳动者占就业人员总量的比例提高到20%以上。人力资源服务专业化水平不断提高，2278家人力资源服务机构促进790余万人实现就业和流动。

二、教育发展情况

2020年，全省常住人口中15岁及以上人口的平均受教育年限9.2年，较

2010年提高0.9年，提高幅度较全国平均水平高0.06年。文盲人口合计333万人，较2010年减少近105万人。学前教育毛入园率90.93%，九年义务教育巩固率95.86%，高中阶段教育毛入学率93.10%，分别高出全国平均水平5.7、0.7、1.9个百分点。2020年一般公共预算教育经费1771.1亿元，较上年增长4.78%，连续12年实现"两个只增不减"①。城市主城区人均教育支出1139.0元，分别低于重点开发区404.5元、农产品主产区500.6元，是重点生态功能区的36.35%。具体如表6-1所示。

表6-1　　　　　2020年县域人均教育支出分布情况　　　　　单位：元

县域类型	均值	标准差	中位数	最小值	最大值
城市主城区	1139.0	255.3	1140.7	577.4	1539.0
重点开发区	1543.5	392.0	1455.0	919.5	2964.6
农产品主产区	1639.6	388.9	1690.5	433.7	2161.1
重点生态功能区	3133.0	968.8	3012.7	1465.7	5345.5

三、医疗卫生发展情况

1. 医疗卫生机构及床位数

截至2020年末，县域共有基层医疗卫生机构79491个，占全省医疗卫生机构总数的96.01%；基层医疗卫生机构床位15.0万张，占全省医疗卫生机构床位总数的23.03%。基层医疗卫生机构分布中，农产品主产区县均卫生机构数最多，达到638个，其后依次为城市主城区589个、重点开发区521个、重点生态功能区218个（如图6-1所示）。截至2021年末，84.87%的县医院达到医疗服务能力基本标准，37个县域实现乡村医疗卫生服务一体化管理。

---

① 根据《国务院办公厅关于进一步调整优化结构提高教育经费使用效益的意见》（国办发〔2018〕82号），"两个只增不减"是指一般公共预算教育支出逐年只增不减，按在校学生人数平均的一般公共预算教育支出逐年只增不减。

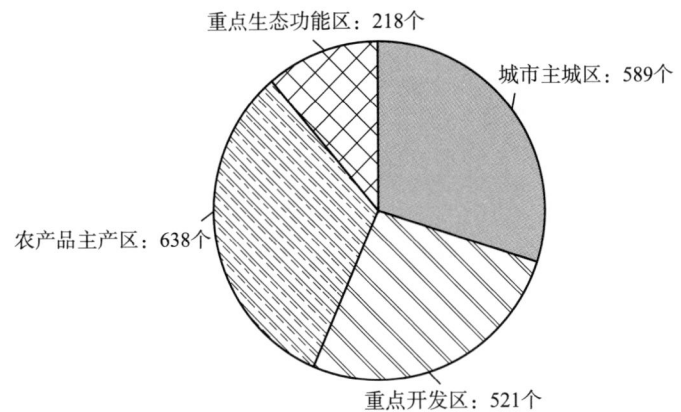

图 6-1 2020 年县域卫生机构数量

2. 卫生人力资源

截至 2020 年末，基层医疗卫生机构有卫生人员 28.8 万人，占全省卫生人员总数的 34.82%。城市主城区每千人执业（助理）医师 3.8 人，居四种类型县域首位。农产品主产区每千人执业（助理）医师 2.1 人，医师资源相对紧缺但分布较为均衡。重点生态功能区每千人执业（助理）医师最大值是最小值的 13.4 倍，存在两极分化问题。

3. 公共卫生服务

重大疾病得到有效防控，截至 2020 年末，艾滋病感染者和病人发现率、治疗覆盖率分别提升至 83.60%、95.16%，肺结核发病率减至 55.2/10 万人。孕产妇死亡率、婴儿死亡率、5 岁以下儿童死亡率低于全国平均水平。在新冠肺炎疫情防控过程中，共组建新冠肺炎医疗救治县域医共体 187 个。2022 年末，全省基础医疗疾控机构实现县域全覆盖，且每个县级疾控机构至少建设 4 个 P2 等级的传染病防治实验室①。

四、社会保障发展情况

全省社会保障水平稳步提升，2020 年参加基本养老保险总人数 6054.2 万

---

① 世界卫生组织（WHO）根据致病能力和传染的危险程度等，将传染性微生物划分为 4 类；根据设备和技术条件，将生物实验室也分为 4 级（一般称为 P1、P2、P3、P4 实验室），P1 最低，P4 最高。其中，P2 实验室主要用于初级卫生服务、诊断和研究，其实验对象的危害等级为 Ⅱ 级（中等个体危害，有限群体危害），具体定义为能引起人类或动物发病，但一般情况下对健康工作者、群体、家畜或环境不会引起严重危害的病原体。

人、基本医疗保险参保总人数 8591.7 万人。各县域普遍建立起困难群众基本生活保障工作协调机制，共有 47 万名特困人员纳入救助供养范围，对生活不能自理特困人员集中供养满足率达 100%。1 万余名事实无人抚养儿童参照孤儿标准纳入保障范围，2.2 万余名孤儿基本生活保障水平持续提升，儿童福利机构床位达到 1.3 万张。2016~2020 年城乡低保标准低限年均增长率分别达到 9.9%、17.5%。县域人均社保支出 1267 元，四种类型县域中仅有重点生态功能区人均社保支出高于全省平均水平（如表 6-2 所示）。城镇居民人均住房建筑面积 41.0 平方米，高出全国平均水平 1.2 平方米。2016~2020 年改造棚户区 109.1 万套，330 万名居民"出棚入楼"；改造老旧小区 9300 余个，惠及群众 104 万户，累计改造农村土坯房 192.8 万户。

表 6-2　　　　2020 年四种类型县域人均社保支出描述性统计　　　　单位：元

县域类型	最小值	最大值	均值	标准差	与全省平均水平相比
城市主城区	567.0	2461.2	1030.5	347.4	-236.5
重点开发区	542.4	1828.7	950.5	220.8	-316.5
农产品主产区	807.0	1449.6	1012.4	148.8	-254.6
重点生态功能区	810.1	4102.3	1934.9	835.6	667.9

五、金融支持民生情况

1. 支持返乡入乡创业

通过财政基金、担保贷款等金融措施鼓励和支持农民工、大学生和复员转业退役军人等返乡入乡创业，2022 年引导金融机构向 15294 名农民工发放创业担保贷款 14.1 亿元。聚焦创业青年推出额度最高 100 万元的个人经营贷款，具备额度高、门槛低、借款方式灵活、还款方式多样、申请方便快捷等特点，为城乡青年创业就业提供了有力支持。

2. 支持教育发展

全省已构建起"纵向贯通、横向联通、各级各类学校全覆盖，集免、奖、助、贷、补多位为一体"的学生资助政策体系，基本实现各教育阶段、公民办学校、家庭经济困难学生三个全覆盖。截至 2022 年末，省内金融机构累计发放国家助学贷款 215.8 亿元，共资助家庭经济困难大学生 286.6 万人次，各级财政共投入风险补偿金 25.3 亿元、贴息资金 19.2 亿元。

3. 支持社会保障

探索试点"社银合作",利用银行网点覆盖面广的优势,结合银行卡功能使用的需求,将高频社会保险服务事项下延。截至 2021 年末,全省累计建成标准化社银一体化网点超过 1000 个,基本实现社银一体化网点县域全覆盖。社保卡批量制卡时限由原来的 2 个月缩短为立等可取的 10 分钟。累计通过社保卡支付农险赔款超过 10 万户次,支付准确性和时效性大幅提升。

4. 支持脱贫攻坚与乡村振兴有效衔接

截至 2020 年末,全省累计投放金融精准扶贫贷款 6405 亿元,余额较 2015 年末增长 85%;金融精准扶贫贷款加权平均利率 4.72%,较 2015 年下降 115 个基点,实现贫困村金融帮扶责任、基础金融服务及贫困户评级率"3 个 100% 全覆盖"。2021 年进入巩固拓展脱贫攻坚成果同乡村振兴有效衔接过渡期以来,各县域严格落实金融帮扶"四个不摘"① 要求,不断完善金融帮扶政策,创新推出覆盖对象更多、领域更广的金融产品,扎实推进巩固衔接各项工作。

第二节 县域就业高质量发展

一、推进重点群体就业

1. 促进高校毕业生就业

优化高校毕业生就业服务体系,健全精细化、差异化就业服务机制。完善工资待遇、社会保障、人员编制、户口档案、职称评定、教育培训、人员流动、资金支持等配套政策,引导高校毕业生进县城、进乡村、进基层。围绕县域主导产业用工需求,引导企事业单位设立更多适合高校毕业生的知识型、技术型、创新型就业岗位。加大订单式培训力度,推动高校毕业生培养引进。加大就业市场供需衔接和精准帮扶力度,对离校未就业高校毕业生开展实名制就业帮扶,加强对长期失业青年就业帮扶。

---

① "四个不摘"是指贫困县党政正职要保持稳定,做到摘帽不摘责任;脱贫攻坚主要政策要继续执行,做到摘帽不摘政策;扶贫工作队不能撤,做到摘帽不摘帮扶;要把防止返贫放在重要位置,做到摘帽不摘监管。

2. 推进农村劳动力转移就业

持续开展"春风行动",支持农民工外出务工就业。深化与发达地区的劳务协作机制,培育一批人力资源外包服务骨干企业,提升劳务输出用工对接、人员组织、技能培训和后续管理服务水平。依托农民工工作站、异地商会等驻外机构常态化开展走访慰问和返乡对接活动,推动优秀农民工回引培养。开展农民工就业招聘、根治欠薪、便捷证照办理、关爱留守儿童等专项行动,帮助解决工作生活困难问题。农民工服务保障专项行动具体内容如图6-2所示。

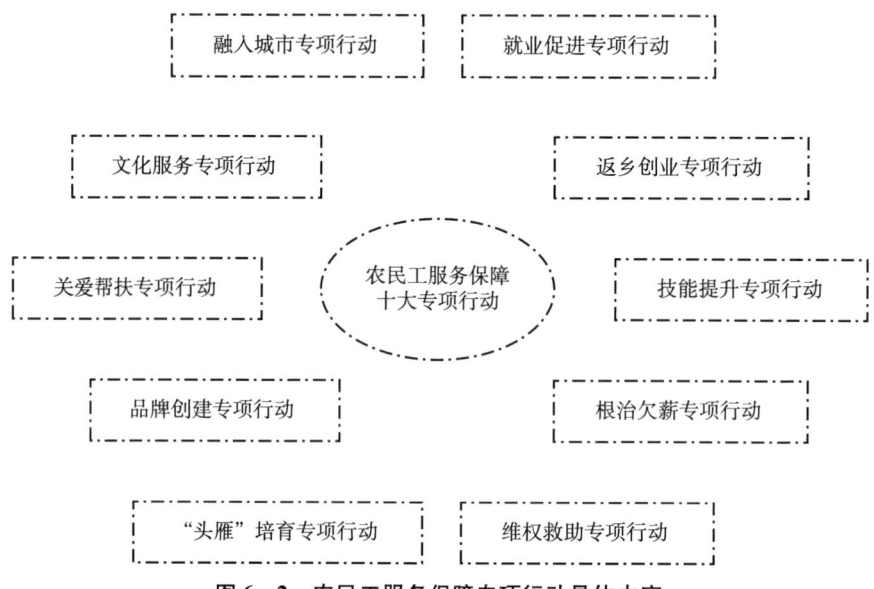

图6-2 农民工服务保障专项行动具体内容

3. 加强退役军人就业支持

结合政府推动、市场引导、社会支持等模式,引导退役军人到广大县域发挥就业示范带头作用。强化退役军人服务中心服务就业功能,健全退役军人就业公共信息平台,提升岗位供需信息对接有效性。推进行业合作,引导退役军人发挥自身优势到中小学任教、到消防救援队伍等重点行业就业。全面落实企业招用退役军人税费减免、社会保险补贴、岗位补贴等优惠政策,探索建立吸纳退役军人就业表彰奖励机制。

二、提升劳动者技能素质

1. 拓展专业技能培训模式

推动县域内校企合作、校地合作,打造高水平专业化产教融合实训基地,加快培养适应市场经济发展、满足企业用工需求的高素质劳动者和技能型人才。推广"企业进校园""上课到车间"等教学模式,强化职业院校"双师型"教师队伍建设,推动实现职业教育与产业就业融会贯通。

2. 构建多层次的培训体系

健全城乡劳动者培训群体全覆盖、劳动者终身培训全贯穿的职业技能培训制度,满足不同劳动者群体的职业技能提升需求。强化重点群体就业培训,加大家政服务、养老托育等生活服务业从业人员技能专项培训力度。引导企业加强职工在岗培训,推动线上直播等新兴行业开展技能培训。

3. 加强农业技能专项培训

完善技能培训政策机制,打造有文化、懂技术、善经营、会管理、符合现代农业发展需要的新型职业农民队伍,为乡村振兴提供人才支撑。加大高素质农民、农村实用人才培育力度,抓深抓实农业经理人、家庭农场主、农民合作社带头人、农村集体经济组织带头人培育工作。将农民工、高素质农民和在岗基层农技人员纳入高职扩招范围,逐步提升其接受技能培训的条件。

三、激发创业活力

1. 培育创业载体

加快打造"孵化+创投""孵化器+商业空间""互联网+"等新型创新创业平台,提升众创空间、孵化器等创新创业公共服务平台市场化、专业化服务水平。推动创新创业集聚区建设,高标准推进创业孵化示范基地建设,在技术培训、法律咨询、金融支持、商贸会展等方面为企业提供共享服务,帮助企业解决研发力量不足、研发能力受限难题。推进校企共建,拓展高校毕业生参与创业的实践范围和渠道。为新市民、退伍军人等群体开辟创业专区,通过租金补贴、税收减免等方式提供更多优惠服务。

2. 强化创业创新的政策支持

持续降低市场准入门槛和制度性交易成本,对县域新业态新模式实施包容审慎监管。落实场地支持、租金减免、税费优惠、创业补贴、创业担保贷款等扶持政策，降低创业成本，支持初创企业发展。优化创业培训、创业实践、咨询指导、跟踪帮扶等全流程、一体化创业培训体系。开展创新创业大赛、创业博览会等创业促进活动，提升创业带动就业示范效应。

3. 完善公共就业创业服务体系

推进公共就业创业服务向村（社区）延伸，引导社会力量参与就业创业公共服务供给和运营管理，强化公共就业服务机构与民营机构合作，构建政府主导、社会参与的多元化供给体系。建立健全统一的管理制度和管理规范，推进区域人力资源市场一体化发展。加强人力资源领域的大数据开发利用，探索建立高效率、智能化、精准化的供求信息发布和对接机制。加大人力资源市场监管力度，规范网络招聘、劳务派遣、服务外包等人力资源市场活动，为广大劳动者创业就业提供多渠道信息数据支撑。

第三节　县域教育高质量发展

一、优化教育资源配置

1. 优化城乡教育资源分配

合理调整教育资源布局，推进教育资源均衡化发展，优化中小学、幼儿园布局，有序化解"城挤、乡弱、村空"等突出问题。加快义务教育优质均衡发展和城乡一体化，深化乡村学校教学改革，强化乡村教师公费培养，健全留守儿童关爱服务体系。加强东西部教育协作，推动教育资源优势互补。

2. 加强对欠发达地区教育帮扶

持续加大对欠发达地区的教育投入，改善欠发达地区办学条件。采取有效的激励政策和手段，引导和支持高等学校到欠发达地区办学、与欠发达地区开展合作共建，鼓励单位和个人在欠发达地区捐资助学。通过送教下乡活动、对口帮扶支援等方式，交流教育理念和教学模式，帮助欠发达地区教师提升专业水平。在民族地区，加强民族团结进步和国家通用语言文字教育，积极稳妥推进各民族合校、混班教学、混合住宿，促进共学共进。

二、加强新时代教师队伍建设

1. 加强师德师风建设

打造一批师德师风建设省级基地,跟踪监测示范性师德教育及师德师风情况。发挥典型引领带动作用,开展多层次优秀教师选树宣传,建设一批模范教师团队。健全学校、教师、学生、家长和社会多方参与的师德监督体系,完善师德失范行为监测报告、教师个人信用记录和违反师德行为联合惩戒等机制。

2. 加强乡村教师队伍建设

深化义务教育学校校长教师交流轮岗,加大免费师范生定向培养力度,稳步扩大"特岗计划"教师招聘规模,为农村中小学校补充急需师资。健全符合教师职业特点的中小学教师职称(职务)制度体系,持续开展中等职业学校、中小学教师职称评审。

3. 深化教师管理体制改革

深化义务教育教师"县管校聘"管理改革,结合乡村小规模学校、寄宿制学校和城镇学校的实际需要,统筹分配好各校教职工编制和岗位数量。通过职称评定、评先选优、薪资报酬等有效管理手段的调节,促进中小学教师在城乡之间、学校之间、不同岗位之间有序流动。

三、全面提升教育教学质量

1. 全面加强素质教育

真正把立德树人融入教育各环节各领域各方面,克服唯分数、唯升学、唯文凭、唯论文、唯帽子的顽瘴痼疾,坚持德智体美劳并举,重点在培根铸魂、启智润心上下功夫。通过教育理念和实践的不断创新,为培养更多优秀社会主义建设者和接班人垒好台奠好基。认真落实国家"双减"政策,引导学校优化课程设置,丰富学生课外兴趣活动,将传授知识同陶冶情操、养成教育、培育习惯相结合,推进学生德智体美劳全面发展。

2. 丰富教育模式和手段

大力推进育人方式变革,让学生到生活、生产的现场"做中学、用中学、创中学",提高学生发现问题、分析问题、解决问题的能力,持续培养学生的核心竞争力。加快教育资源共享,缩小教育资源差距。推广"互联网+教育"和"电视+教育"试点,开发"专递课堂""名师课堂""名校网络课堂"等线上课堂,建设城乡一体化直播数字互动学校,为学生提供全面优质的教育资源。

第四节 县域医疗卫生高质量发展

一、提高基层医疗卫生服务水平

1. 完善乡村医疗卫生体系

推进县域内医疗卫生服务一体化,加快形成以县级医院为龙头、乡镇卫生院为枢纽、村卫生室为基础的乡村医疗卫生服务体系。建设一批能达到二级综合医院标准的县域卫生次中心,结合卫生人才"县招乡用"招聘试点,使基层医疗卫生人员可在县级医院、次中心中流动,并在次中心作为柔性人员使用。持续开展乡村两级卫生机构和人员"空白点"动态清零工作,在每个乡镇至少办好1所达标卫生院,每个行政村至少办好1所达标卫生室。加强民族地区等地广人稀地区乡镇卫生院医疗服务节点作用,采用巡回医疗、上级机构驻村服务、移动智慧医疗等方式,提升革命老区、脱贫地区、民族地区和山区等区域群众就医可及性。

2. 优化城市社区医疗卫生网络

围绕推进以县城为重要载体的城镇化建设,优化社区卫生服务机构布局。根据常住居民数量和分布特点,合理规划设置社区卫生服务中心和社区卫生服务站。推动被撤并为街道的乡镇所辖卫生院调整转型为城市社区卫生服务中心。标准化推进社区医院建设,将一批城市社区卫生服务中心打造为社区医院。在县域医疗卫生中心、社区医院、中心卫生院等规划建设一批基层临床特色科室。强化基层急诊急救、全科医疗、儿科及儿童保健、老年保健等服务,增强基层医疗卫生机构常见病、多发病、慢性病门诊、住院服务和传染病防控能力。

3. 建设紧密型县域医共体

由县级医院牵头,以其他县级医疗卫生机构以及乡镇卫生院、社区卫生服务中心(站)等为成员单位,高质量建设一批紧密型县域医共体,重点在"共"字上下功夫,推进县乡一体化管理,稳步推进行政、人事、财务、后勤、用药目录、信息系统等统筹管理,提升县乡村卫生健康服务一体化水平,带动县域医疗卫生服务整体水平持续提高。

二、健全公共卫生体系

1. 健全疾病预防控制体系

坚持预防为主的卫生健康工作方针,以疾病预防控制机构和各类专科疾病防治机构为骨干、以医疗机构为依托、以基层医疗卫生机构为网底,改革完善疾病预防控制体系。加强疾病预防控制队伍建设,推进疾病预防控制信息化建设,增强重大疾病监测预警、风险评估、流行病学调查等能力,提高疾病预防控制水平。压实医疗机构公共卫生职责,推进医疗机构和专业公共卫生机构深度协作,创新医防协同机制。

2. 完善监测预警和应急处置体系

坚持早发现、早报告、早隔离、早治疗,健全以疾病预防控制机构为主体,以医院、基层医疗卫生机构和其他专业公共卫生机构等为基础,以大数据等信息技术为支撑的监测预警和应急处置体系。提升全域监测和智能预警水平,建立健全集中统一高效的应急指挥体系、应急预案体系和定期演练机制,加强应急响应和快速处置能力。

3. 健全传染病疫情和突发公共卫生事件救治体系

优化区域应急救援和医疗救治中心布局,强化重大疫情防控救治体系和应急能力建设,推进急救中心(站)、传染病救治机构、紧急医学救援基地(中心、站点)建设。完善院前医疗急救体系和医疗机构急诊部门设置,强化院前医疗急救与医院信息系统连接,完善急救体系。以建设县域医疗卫生次中心为抓手,建好用好中心镇卫生院,发挥好片区医疗救治、急诊急救、人才培训、技术指导、公卫示范五大职能,提升农村地区防控传染病疫情水平。

三、提高中医药服务水平

1. 推动中医药产业发展

以建设国家中医药综合改革示范区为契机,在有条件的县域建设一批道地药材种植种苗繁育基地和药材生产基地,培育壮大中医药龙头企业和产业集群,建立健全质量标准评价和安全评估体系,提升中药产业现代化水平。推动中药材企业与中医药相关高校科研机构加强合作,从种苗培育、高质量种植技术运用、产品多样性开发等方面加快科研成果转化,提高地方特色中药材产量和品质。

2. 完善中医药服务体系

结合当地实际,设立和做强县级中医医院,开展县域居民常见病、多发病中医诊疗,支持县级中医医院扶优补短,打造紧密型县域医疗共同体,增强县域中医药服务能力。推动民族医药传承创新发展,提升其服务能力。加快推动传统中医诊所发展,提升传统中医诊所惠民度。引导社会力量兴办连锁经营名中医堂,稳步提升基层中医药服务量占比。

3. 加强中医临床科室和中药房建设

推广中西医结合医疗服务模式,组建专业团队,普及应用中西医结合服务模式。培育一批中西医结合"旗舰"医院和基层医疗卫生机构。加强中西医临床协作和中西医结合学科建设,开展中西医结合诊疗方案试点。推进中西医结合诊疗服务在医院主要临床科室中广泛应用。

第五节 县域社会保障高质量发展

一、完善社会保险制度

1. 加大社会保障力度

针对当前县域不同群体生产生活中面临的一些新情况新问题,进一步优化养老、医疗、工伤、失业等领域社会保障制度设计,全面提升社会保障水平。加强社会保险基金监管,健全集政策、经办、信息、监督为一体的社会保险基金管理风险防控体系,推进基金监督数字化转型,提升监督效率和准确性,从源头上防范和化解管理风险。加强社会保险领域严重失信人员信息管理,强化基金预算管理,拓宽基金保值增值渠道,提高基金可持续性。

2. 全面实施全民参保计划

多渠道、多方式广泛宣传城乡基本养老保险相关政策,大力宣传"早参保、多受益,年年缴、享补贴"政策要点,提升养老保险覆盖率。完善落实被征地农民参加基本养老保险政策,针对缴费困难人群实施帮扶政策,促进适龄参保人员应保尽保。推动职工基本养老保险从制度全覆盖扩展到法定人群全覆盖,引导灵活就业人员、新就业形态从业人员等参加企业职工基本养老保险。扩大失业保险的覆盖范围，提升中小微企业员工和农民工等群体失业保险参保率。

社会保险制度建设主要实施举措如表6-3所示。

表6-3　　　　　　　　社会保险制度建设主要实施举措

举措	内容
推进社会保险省级统筹	建立完善企业职工基本养老保险、失业保险、工伤保险基金省级统筹，实行全省统一的缺口责任分担机制
	巩固规范养老保险省级统收统支，到2023年、2024年分别实现失业保险、工伤保险基金统收统支
新就业形态群体参保	制定新就业形态从业人员参保办法，推进平台灵活就业人员职业伤害保障试点
推进工伤康复服务机构建设	新建一批工伤康复服务机构，完善现有康复医院工伤康复设施设备，实现省本级和各市（州）至少有1所工伤康复服务机构

3. 加快补齐农村社会保障短板

强化对农村留守儿童、留守妇女和老年人、困境儿童、残疾人等特殊困难群体的关心关爱、帮助帮扶。完善县乡村衔接的三级养老服务网络，发展农村普惠型养老服务和互助性养老。因地制宜建设乡镇社会工作服务站（点）和城乡社区志愿者服务站（点），优化村庄综合服务设施，进一步提升城乡居民社保办理便利度。

二、优化社会救助和慈善制度

1. 建立分层分类社会救助体系

建立健全分层分类、城乡统筹的新型社会救助体系，加强基本生活救助、专项救助和急难救助之间的衔接。完善最低生活保障制度，落实临时救助政策，救助供养特困人员。全面落实资助重点救助对象参保缴费政策，提升基本社会保障水平。建立健全医疗费用救助机制，为贫困和困难群体提供医疗支持。完善流浪乞讨人员救助管理政策和服务体系，帮助他们重新融入社会。推进社会福利服务设施建设投资多元化，为社会福利服务提供更多的资源和条件，满足不同群体需求。

2. 推动慈善事业发展

充分发挥慈善事业在第三次分配中的关键作用，加强慈善制度与社会救助、社会福利等制度的有机衔接，推动慈善事业与其他社会保障机制相互补充、协同发展。引导互联网慈善规范发展，鼓励社会公众和企业积极参与慈善事业，共同推动其良性发展。培育发展慈善组织，规范和完善慈善主体行为，提高慈善活动的透明度和诚信度。全面落实慈善组织登记认定、年度报告、信息公开等制度，加强慈善活动监督，保障慈善财产合法使用。畅通慈善领域的投诉举报渠道，加强监管检查力度，严厉查处违法违规行为。

三、健全住房保障体系

1. 加快保障性租赁住房建设

多渠道拓宽保障性租赁住房来源，规范发展公租房，发挥公租房基本保障作用，推动货币补贴和实物保障并举，完善公租房后期管理机制。推进"租购并举"住房制度改革，从租房品质、长租服务、市场规范等方面加快解决新市民、青年人等群体住房困难问题，促进房地产开发企业在租赁业务中寻找新的增长空间。加强对保障性租赁住房建设、出租和运营管理的全过程监督，落实关于加快发展保障性租赁住房相关政策。提高保障性住房管理智慧化、精细化、法治化水平，加快完善保障性住房管理机制。

2. 规范发展住房租赁市场

充分发挥市场作用，多主体、多渠道扩充公租房房源，提高租赁企业规模化、集约化水平，推动专业化市场主体发展壮大。推动城镇居民通过租房解决居住问题，引导形成健康住房消费观念。结合住房供需情况，将租赁住房纳入住房发展规划，科学合理设定租赁住房建设规模。打造住房租赁管理服务平台，提升多部门信息共享水平，加强实名认证、电子签名等技术手段应用。推动落实住房租赁合同网签备案制度，规范住房租赁市场管理。

3. 提升城乡居住品质

探索建立城市更新体制机制，统筹规划城镇老旧小区改造和城市更新，优化存量、做好增量。推动住宅产业转型升级，发展新型建造方式，持续提升建设质量，推进物业服务业向现代服务业转变，提高居住舒适安逸度。深入推进农村房屋安全隐患排查整治和宜居乡村建设，开展农房和村庄建设现代化试点，推广"小规模、组团式、微田园、生态化"模式，加强农房建设管理，推进"数字农房"建设。

第六节　县域民生高质量发展金融服务

一、加强创业就业金融扶持

加大针对高校毕业生、退役军人、新市民、就业困难人员等群体的创业担保贷款投放力度，引导县域金融机构聚焦当地创业就业、科研成果转化、专利技术研发，推出更多额度高、门槛低、借款方式灵活、还款方式多样、申请方便快捷的贷款产品。利用金融机构网点优势，支持金融服务网点开展求职登记、补贴申领等就业创业服务。拓宽创业创新企业和载体建设资金来源渠道，有条件的地方可发行专项债券用于支持县域创业创新，引导银行间市场资金进入创业创新企业，加大金融资本对接实体创业创新企业力度。推动金融产品和服务创新，满足创业创新企业更多个性化需求，提供财务咨询、法律顾问、资本市场服务等全方位服务。发挥金融科技优势，探索互联网金融、区块链金融等新型金融模式，利用人工智能、大数据等技术手段，提高创业创新金融服务的速度和精准度。

二、强化教育事业发展金融支持

1. 加大生源地助学贷款投放力度

在各县域、乡镇、学校三级加大生源地信用助学贷款宣传力度，推动高中毕业生家庭对国家资助政策应知尽知，确保把生源地信用助学贷款这项惠民政策和民生工程落到实处。做好预申请学生资格认定和信息上报工作，将有贷款需求且符合条件的家庭经济困难学生及时录入系统，做到应贷尽贷。加强国家助学贷款政策和贷款系统操作培训，推广远程线上办理、电子化合同等模式，进一步优化助学贷款办理流程，提高贷款办理效率。深入开展诚信教育，引导学生合理贷款、按时还款，推动助学贷款良性循环。

2. 扩大教育领域保险保障水平

建立社会化的安全风险分担机制，引导保险机构为当地幼儿园、小学、中学、职业学校、技工学校、高等院校等提供校园方责任保险、教职工责任保险、食品安全责任保险等保险产品，推广在校学生综合保险，保障学生人身安全，减轻学校办学顾虑。优化保险公司理赔程序，开通快速理赔绿色通道，为解决事后追诉问题提供保障，维护学生合法权益和学校安全稳定。

3. 持续推进金融知识进校园

积极开展金融知识进校园宣传教育活动，宣传防范电信网络诈骗、警惕非法集资、严防洗钱和恐怖融资犯罪等金融知识，帮助在校师生识别并远离身边可能出现的各类潜在金融风险，防止非法金融活动危害学生及家长。推动金融教育阵地化，有条件的县域可探索与辖内高校、职校联合打造建设金融教育示范基地，深入开展金融知识普及、提升社会公众金融素养以及风险防范能力。

三、推动社保金融高质量融合发展

1. 强化社会保障体系金融支撑

加强金融机构与社会保障基金的合作，在确保基金安全前提下，推动社会保障基金保值增值。引导金融机构参与社保信息化建设，提供参保登记、社保查询、社保缴费、待遇资格认证、待遇领取等便民服务。发挥金融结构渠道优势，推动更多社保服务"一站式"联办。丰富拓展金融社保卡功能，强化金融社保卡应用普及。

2. 健全县域民生保险体系

以低收入群体为保障重点，推动保险机构面向农村老年、幼儿、妇女等风险群体，研发保费低廉、保障适度、公平可得、覆盖广泛的保险产品。推广地方普惠型补充医疗保险，助力大病保险发挥兜底保障作用，提升人民群众抵御疾病风险冲击的能力。探索"政府买单、保险公司服务、群众受益"的政府救助保险，完善政府救助、社会救济、保险保障、自救互救"四位一体"的救助机制。健全由基本养老保险、企业年金、职业年金、商业养老保险等组成的多层次、多支柱的养老保险体系，推动城乡居民基本养老保险参保扩面，满足农民多元化的风险保障需求。

3. 支持房地产市场平稳健康发展

严格落实差别化住房信贷政策和个人住房贷款审查，重点支持首套自住需求，保持房地产开发贷款投放稳定性，满足个人住房贷款合理需求。加强住房金融服务，提升住房租赁信贷服务质效，推动住房租赁市场融资渠道多元化，强化住房租赁金融支持。通过为房地产项目并购提供金融支持等途径，配合做好受困房地产企业风险处置。

金融支持房地产市场平稳健康发展路径如图6-3所示。

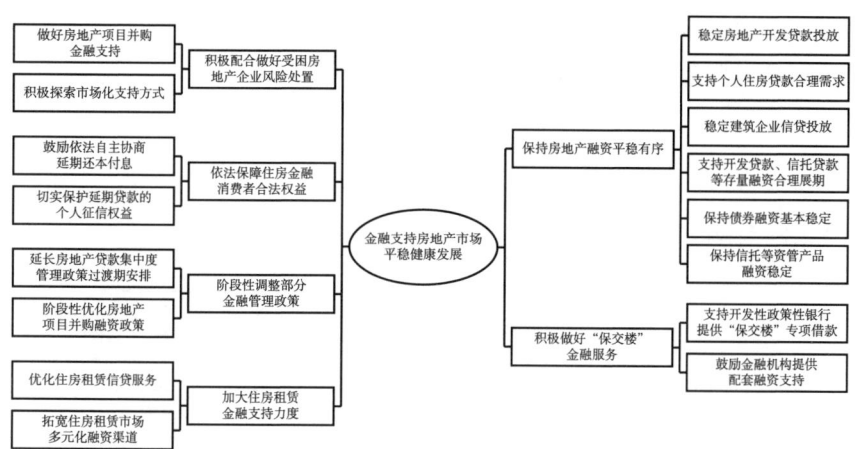

图 6-3 金融支持房地产市场平稳健康发展路径

四、推动农村普惠金融加快发展

1. 创新农村普惠金融产品

推广"整村授信"模式,深入开展"送码入户、一健贷款"等金融服务乡村振兴专项活动,持续加大农户信用贷款投放力度。进一步拓宽农村资产抵质押范围,推广大棚设施和农机具抵押、养殖设施和活体畜禽抵押、仓单和应收账款质押、农业保单质押融资等贷款业务。推动形成多元化的农村权利抵质押融资模式,推广农村承包土地经营权、集体经营性建设用地使用权等抵质押信贷业务,探索创新林业经营收益权、公益林补偿收益权等质押贷款。积极利用大数据、人工智能等新技术,优化风险定价和管控模型,强化涉农主体信用信息整合,提升农村客户融资水平。

2. 加强农村普惠金融基础设施建设

持续推动移动支付便民工程在农村地区落地实施,支持各类支付服务主体到农村地区开展业务,开发契合"三农"发展需要的新型支付产品。优化完善银行卡助农取款服务,推动银行卡助农取款服务点与农村电商、物流站点、社保服务等合作共建,推动支付结算从服务农民生活向服务农业生产延伸。推广农村金融综合服务站模式,将转账汇款、小额取现等基础金融服务与农产品仓储代销、生产资料代购代收等电子商务服务以及村级财务代理、"三农"政策宣传等服务相融合,增强对农村地区的综合服务能力。推动金融科技赋能乡村振兴示范工程建设,利用新一代信息技术赋能农村普惠金融,提升农村金融承载能力和金融服务可得性。

农村金融服务的主要创新实施路径如图6-4所示。

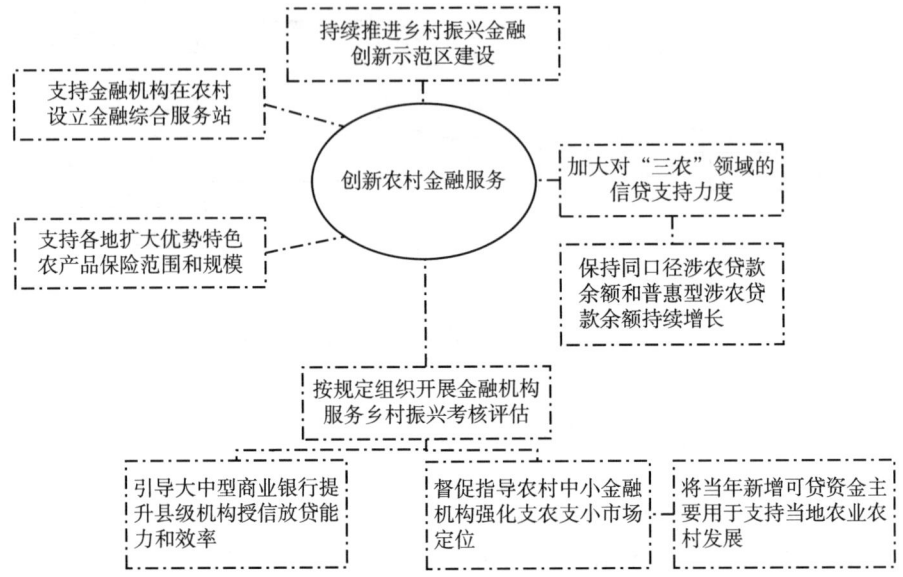

图6-4 农村金融服务的主要创新实施路径

第七节 县域民生高质量发展评价

一、评价指标设计

（一）评价指标初步设计

根据坎贝尔（Campbell）提出的民生满意度研究理论，借鉴从资源分配视角构建的福利与发展指标体系（厉以宁，1986），基于提高就业创业能力、推动教育均衡发展、加强基层卫生服务体系建设、完善社会保障制度体系、加强金融服务支持等路径探索，构建县域民生高质量发展评价指标体系。初步构建的县域民生高质量发展评价指标体系，包括4个一级指标、12个二级指标、34个三级指标。具体如表6-4所示。

表 6-4　　初步设计的县域民生高质量发展评价指标体系

一级指标	二级指标	三级指标	指标解释
就业质量	重点群体就业	城镇新增就业人数、城镇调查失业率、城镇就业人员比重、农村劳动力转移就业人数	反映城乡劳动力就业情况
	收入水平	居民收入	反映城乡居民收入水平
	劳动者技能素质	技能劳动者数量	反映技术工种岗位从业人员数量
	创业带动就业活力	返乡入乡创业人员数量、省级创业孵化基地数量	反映创业质效
教育资源	教育投入	教育支出总额、生均教育支出、中小学学校数、人均学校数、中小学教师数、师生比	反映教育投入水平
	教育教学质量	高中阶段毛入学率、高等教育毛入学率	反映非义务教育教学质量
医疗卫生发展	医疗卫生投入	卫生支出总额、人均卫生支出、床位总数、人均床位数、医师总数、人均医师数	反映医疗卫生投入水平
	公共卫生体系	专业公共卫生机构人员数、乡镇卫生院和社区卫生服务中心设置发热诊室（门诊、哨点）比例	反映公共卫生体系建设情况
	中医药服务	每千人口中医类别执业（助理）医师数、设置中医馆的社区卫生服务中心和乡镇卫生院比例	反映中医药服务发展水平
社保投入	社保支出	社保支出总额、人均社保支出、基本养老保险参保率	反映社会保障支出水平
	社会救助和慈善	公益慈善类组织数量、慈善捐赠金额	反映社会救助和慈善事业发展水平
	住房保障	城乡低收入群体住房保障率、城镇老旧小区改造数、农村危房改造数	反映城乡居民住房保障水平

(二) 评价指标筛选

在评价指标初步构建的基础上,按照可检验、可比较、可追溯标准,从样本数据的有效性和一致性角度筛选出县域民生高质量发展评价指标。

1. 有效性检验

根据评价模型所使用指标的样本数据覆盖率需要达到5%置信水平的要求,城镇新增就业人数、城镇调查失业率、城镇就业人员比重、技能劳动者数量、省级创业孵化基地数量、高中阶段毛入学率、高等教育毛入学率、专业公共卫生机构人员数、乡镇卫生院和社区卫生服务中心设置发热诊室(门诊、哨点)比例、每千人口中医类别执业(助理)医师数、设置中医馆的社区卫生服务中心和乡镇卫生院比例、基本养老保险参保率、公益慈善类组织数量、慈善捐赠金额、城乡低收入群体住房保障率、城镇老旧小区改造数16个指标数据的样本观测值均在95%以下,个别数据的有效性覆盖率不足50%,难以满足置信区间的统计检验要求,因此将上述指标从初步构建的指标体系中剔除。

2. 一致性检验

按照德格鲁特(Morris H. DeGroot)提出的评价指标统计口径公允性准则,样本数据的测算方法应保持一致。在对指标进行检验分析时发现,农村劳动力转移就业人数、返乡入乡创业人员数量、农村危房改造数3个指标在城镇化率已达100%的县域不适用,会产生非随机缺失值。根据罗伊(Roy)提出的基于机器学习的缺失数据插值理论(Missing Data Imputation Techniques),获得非随机缺失值无偏估计的方法是对缺失的数据进行建模。针对非随机缺失值,通常采用的建模方法有多重插补、线性回归、随机森林和期望最大化等。通过检验发现,不同方法下上述3个指标数据取值不同所带来的误差偏误在5%以上,对评价结果的偏离度影响超过3%。为保证所有评价指标取值唯一,避免评价结果因指标数据获取方法差异而有所不同,将农村劳动力转移就业人数、返乡入乡创业人员数量、农村危房改造数3个指标从初步构建的指标体系中剔除。

通过多维度筛选,从34个初步设计指标中筛选出15个评价指标,构建出县域民生高质量发展评价指标体系。具体如表6-5所示。

表 6-5　经筛选形成的县域民生高质量发展评价指标体系

一级指标	二级指标	三级指标	指标定义	数据来源	指标性质
就业质量	收入水平	X1-居民收入	(城镇居民人均可支配收入×城镇常住人口+农村居民人均可支配收入×乡村常住人口)/常住人口	D市统计年鉴	正向指标
教育资源	教育投入	X2-教育支出总额	一般公共预算中教育支出	A省各市(州)统计年鉴和各县域财政决算	正向指标
		X3-生均教育支出	教育支出总额/(小学在校学生数+普通中学在校学生数)	小学在校学生数、普通中学在校学生数来源于A省统计年鉴	正向指标
		X4-中小学学校数	小学学校数与普通中学学校数之和	A省统计年鉴	正向指标
		X5-人均学校数	(小学学校数+普通中学学校数)/常住人口	A省统计年鉴	正向指标
		X6-中小学教师数	小学专任教师与普通中学专任教师之和	A省统计年鉴	正向指标
		X7-师生比	(小学专任教师+普通中学专任教师)/(小学在校学生数+普通中学在校学生数)	A省统计年鉴	正向指标
医疗卫生发展	医疗卫生投入	X8-卫生支出总额	一般公共预算中医疗卫生支出	A省各市(州)统计年鉴和各县域财政决算	正向指标
		X9-人均卫生支出	卫生支出总额/常住人口	常住人口来源于A省统计年鉴	正向指标
		X10-床位总数	年末固定实有床位(非编制床位)数,包括正规床位、简易床位、监护床位、正在消毒和修理的床位、因扩建或大修而停用的床位	A省卫生健康统计年鉴	正向指标
		X11-人均床位数	床位总数/常住人口	A省卫生健康统计年鉴、A省统计年鉴	正向指标
		X12-医师总数	具有"医师执业证"及其"级别"为"执业医师""执业助理医师"且实际从事医疗、预防保健工作的人员	A省卫生健康统计年鉴	正向指标
		X13-人均医师数	医师总数/常住人口	A省卫生健康统计年鉴、A省统计年鉴	正向指标

续表

一级指标	二级指标	三级指标	指标定义	数据来源	指标性质
社保投入	社保支出	X14-社保支出总额	一般公共预算中社会保障和就业支出	A省各市（州）统计年鉴和各县域财政决算	正向指标
		X15-人均社保支出	社保支出总额/常住人口	A省各市（州）统计年鉴和各县域财政决算、A省统计年鉴	正向指标

二、评价模型建立

（一）评价指标赋权原理

通过对不同指标赋权原理比较分析，选取信息量权重法计算县域民生高质量发展评价指标权重。信息量权重法利用数据的变异系数进行权重赋值，如果变异系数越大，说明其携带的信息量越多，因而赋予权重越高。选择该种方法构建民生高质量发展评价模型的原因在于，民生评价指标的变异程度差异较小，采用信息量权重法不会产生极端或异常的赋权结果，能使指标体系较为均衡的评价县域民生各方面情况。该方法计算权重的步骤如下。

1. 采用公式（6-1）计算均值 $\bar{x}_j$

$$\bar{x}_j = \frac{1}{86} \sum_{i=1}^{86} x_{ij} \qquad (6-1)$$

其中，x_{ij} 为第 i 个样本县域的第 j 个指标值。

2. 采用公式（6-2）计算标准差 σ_j

$$\sigma_j = \sqrt{\frac{\sum_{i=1}^{86}(x_{ij}-\bar{x}_j)^2}{86-1}} \qquad (6-2)$$

3. 采用公式（6-3）计算变异系数 V_j

$$V_j = \frac{\sigma_j}{\bar{x}_j} \qquad (6-3)$$

4. 采用公式（6-4）计算各个指标的权重 W_j

$$W_j = \frac{V_j}{\sum_{j=1}^{15} V_j} \times 100 \qquad (6-4)$$

(二) 评价模型权重设计

基于 86 个样本县域数据，运用信息量权重法公式（6-1）至公式（6-4），计算均值 $\bar{x}_j$、标准差 σ_j、变异系数 V_j 和权重 W_j（如表 6-6 所示）。医师总数和床位总数的变异系数较大，提供的信息量较多，权重较高；师生比和居民收入的变异系数较小，提供的信息量较少，权重较低。总体上看，指标间权重差异不大。从一级指标看，就业质量指标权重占 3.08%，教育资源指标权重占 37.24%，医疗卫生发展指标权重占 45.81%，社保投入指标权重占 13.87%。具体如图 6-5 所示。

表 6-6　　县域民生高质量发展评价指标权重

指标	均值	标准差	变异系数	权重（%）
居民收入	26957.05	5691.83	0.21	3.08
教育支出总额	70940.69	34641.10	0.49	7.11
生均教育支出	14370.38	3824.95	0.27	3.88
中小学学校数	59.86	29.02	0.48	7.06
人均学校数	1.65	0.96	0.58	8.42
中小学教师数	3825.71	2142.85	0.56	8.16
师生比	0.07	0.01	0.14	2.61
卫生支出总额	30752.92	14506.39	0.47	6.87
人均卫生支出	854.17	485.06	0.57	8.27
床位总数	3429.54	2377.78	0.69	10.10
人均床位数	7.22	2.26	0.31	4.56
医师总数	1146.17	866.33	0.76	11.01
人均医师数	2.45	0.84	0.34	5.00
社保支出总额	44039.98	25016.20	0.57	8.27
人均社保支出	1098.22	421.89	0.38	5.60

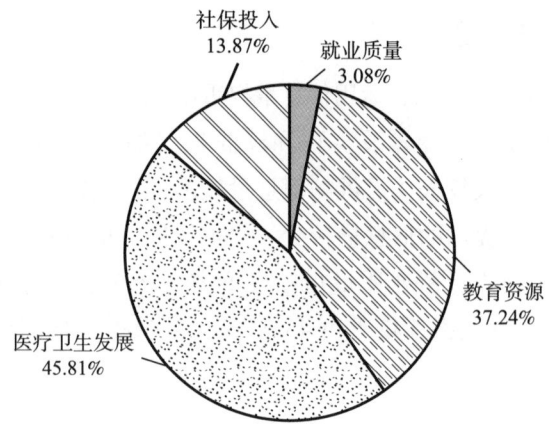

图 6-5 县域民生高质量发展评价一级指标权重

(三) 评价模型参数转化

因评价指标量纲不同,不能直接使用指标原始值乘以权重然后相加得到评价得分。因此,在获得各指标权重的基础上,采用功效系数法,利用公式(6-5)将指标值转化至 0.6~1 的数据。功效系数法是对经济社会运行评价较为流行、公认比较科学的方法,广泛用于评价区域经济社会发展水平。功效系数法根据多目标规划的原理,对各评价指标分别确定一对满意值和不允许值,以满意值为上限、不允许值为下限,分别计算评价对象各指标接近、达到或超过满意值的程度,即功效系数,并转化为相应的功效评分值,作为指标的评价值。其中,对于正向指标,满意值和不允许值分别设置为指标数据的最大值和最小值。

$$\xi_{ij} = \frac{x_{ij} - \min_i x_{ij}}{\max_i x_{ij} - \min_i x_{ij}} \times 0.4 + 0.6 \qquad (6-5)$$

(四) 评价模型构建

按照图 6-6 所示步骤,构建出公式(6-6)所示的县域民生高质量发展评价模型。即通过基于信息量权重法的评价模型权重设计和基于功效系数法的评价指标值参数转化,分别得到各指标权重和转化后指标数据,将二者相乘计算各指标得分,最后加总各指标得分,得到县域民生高质量发展评价总分。其中,各指标得分的最高值为该指标的权重值,最低值为该指标权重值的 60%;总分得分区间为最高 100 分、最低 60 分。

$$Y = \sum_{j=1}^{15} \xi_j \times W_j$$

$$= \sum_{j=1}^{15} \left\{ \left(\frac{x_{ij} - \min\limits_i x_{ij}}{\max\limits_i x_{ij} - \min\limits_i x_{ij}} \times 0.4 + 0.6 \right) \times \frac{\sqrt{\dfrac{\sum_{i=1}^{86}\left(x_{ij} - \dfrac{1}{86}\sum_{i=1}^{86} x_{ij}\right)^2}{86-1}}}{\dfrac{1}{86}\sum_{i=1}^{86} x_{ij}} \times 100 \right\}$$

$$\sum_{j=1}^{15}\left[\frac{\sqrt{\dfrac{\sum_{i=1}^{86}\left(x_{ij} - \dfrac{1}{86}\sum_{i=1}^{86} x_{ij}\right)^2}{86-1}}}{\dfrac{1}{86}\sum_{i=1}^{86} x_{ij}} \right]$$

(6-6)

其中，x_{ij} 为第 i 个样本县域的第 j 个指标值。

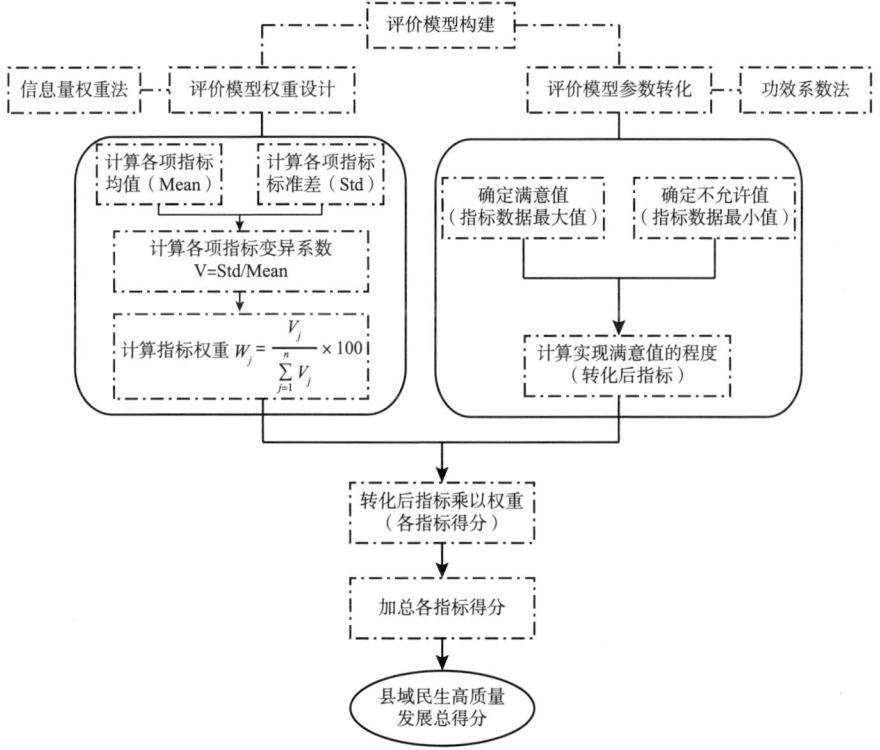

图 6-6　县域民生高质量发展评价模型构建

三、评价模型实证分析

(一) 描述性统计分析

基于 86 个样本县域数据,对 15 个评价指标进行描述性统计,概括性描述样本数据特点,结果如表 6-7 所示。统计分析结果显示,2020 年,86 个样本县域居民人均可支配收入均值 26957.05 元,标准差 5691.83 元,居民收入最高水平是最低水平的 2.89 倍。教育支出总额均值 70940.69 万元,标准差 34641.10 万元,生均教育支出均值 14370.38 元,标准差 3824.95 元,与教育支出总额相比,县域之间生均教育支出差异较小。平均每个县域有 59.86 所中小学,3825.71 名中小学教师,标准差分别为 29.02 所、2142.85 名。每万人有 1.65 所学校提供义务教育,标准差为 0.96 所。总体上看,县域教育资源的差异主要体现在人均学校数和中小学教师数上,生均教育支出和师生比的差异相对较小。平均每个县域医疗卫生支出总额为 30752.92 万元,标准差为 14506.39 万元,人均医疗卫生支出均值为 854.17 元,标准差为 485.06 元,县域之间人均医疗卫生支出差异较大。平均每个县域床位总数为 3429.54 张、每千人床位数为 7.22 张,床位最多的县域拥有床位 11574.81 张,是床位最少县域的 61.57 倍,每千人拥有床位最多的县域是最少的 4.18 倍。县域医师总数的均值为 1146.17 人,标准差为 866.33 人,每千人拥有医师数量的均值为 2.45 人、标准差为 0.84 人,县域之间医师总数差异较大。总体上看,县域之间医疗卫生发展差异程度明显高于其他维度。县域社保支出总额的最大值 169896.70 万元,是最小值 10588.70 万元的 16.05 倍;人均社保支出最大值 2694.76 元,是最小值 653.34 元的 4.12 倍。

表 6-7　　描述性统计

指标	单位	均值	标准差	最大值	最小值
居民收入	元	26957.05	5691.83	45892.74	15879.76
教育支出总额	万元	70940.69	34641.10	163160.26	16249.01
生均教育支出	元/人	14370.38	3824.95	29453.59	6149.88
中小学学校数	所	59.86	29.02	146.00	17.00
人均学校数	所/万人	1.65	0.96	5.00	0.40

续表

指标	单位	均值	标准差	最大值	最小值
中小学教师数	人	3825.71	2142.85	8718.00	487.00
师生比	—	0.07	0.01	0.12	0.04
卫生支出总额	万元	30752.92	14506.39	86420.75	11008.01
人均卫生支出	元/人	854.17	485.06	2684.33	355.19
床位总数	张	3429.54	2377.78	11574.81	188.00
人均床位数	张/千人	7.22	2.26	15.21	3.64
医师总数	人	1146.17	866.33	4505.12	75.99
人均医师数	人/千人	2.45	0.84	5.92	1.18
社保支出总额	万元	44039.98	25016.20	169896.70	10588.70
人均社保支出	元/人	1098.22	421.89	2694.76	653.34

(二) 总体评价分析

基于86个样本县域数据样本，运用信息量权重法模型，计算县域民生高质量发展得分。总体评价得分分布如图6-7所示。结果显示，分别有22个、20个县域得分分布于总分均值（71.6分）两侧的（68, 70］和（70, 72］得分区间，数量合计占样本县域数量的48.84%。得分分布于最低分区间（64, 66］、最高分区间（80, 84］的县域数量均为3个，数量合计占样本县域数量的6.98%。得分的峰度①和偏度②分别为0.6和0.4，表明得分分布呈现轻微尖顶峰度和右偏态，即县域民生高质量发展得分分布比较集中，得分相对较高的县域数量稍多于得分较低县域。在该评价体系下，得分较为有效地反映了县域之间民生发展水平差异，未出现极端或异常分布，具有较强的有效性。具体到民生保障水平较高和较低的县域来看，得分较高的县域在居民收入、卫生支出

---

① 峰度是指数据分布平峰或尖峰的程度。以正态分布的峰度为标准，当峰度小于0时，分布曲线是平顶峰度，表明频数分布比较分散；当峰度大于0时，分布曲线呈尖顶峰度，表明频数分布比较集中。峰度系数偏离0的绝对值越小，表示数据的峰度偏离正态分布的程度越小；峰度系数偏离0的绝对值越大，表示数据的峰度偏离正态分布的程度越大。

② 偏度是以正态分布曲线为标准，描述分布曲线是否偏倚和偏斜程度的一种量度。若偏度等于0，表明分布是对称的，即正态分布；若偏度大于0，表明是右偏分布或正偏；若偏度小于0，表明是左偏分布或负偏。偏态系数的绝对值越小，表示数据偏斜程度越小；偏态系数的绝对值越大，表示数据偏斜程度越大。

总额、床位总数、人均床位数、医师总数、人均医师数、社保支出总额7个指标上排名靠前，表明其在就业质量、医疗卫生发展和社会保障投入方面均较好。得分较低的县域人均学校数、师生比、人均床位数、人均社保支出4个指标排名靠后，表明其在教育资源、医疗卫生发展和社会保障投入方面还有较大提升空间。

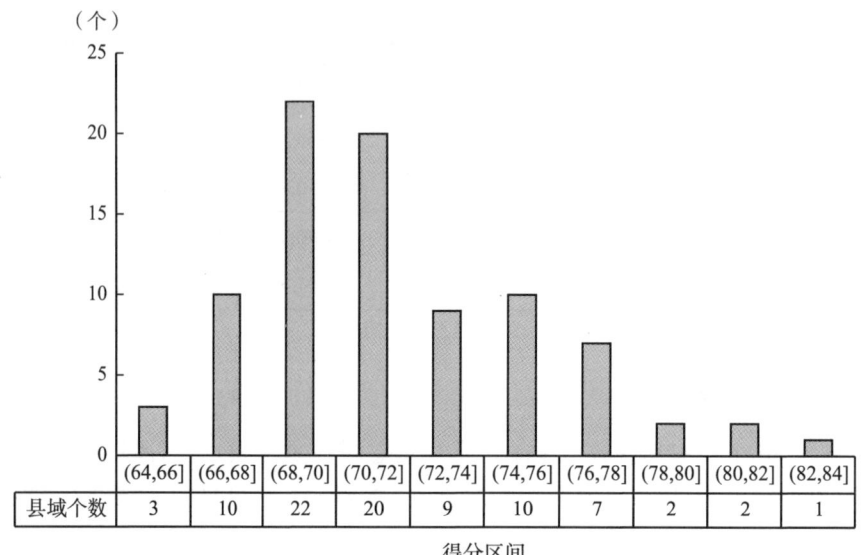

图6-7 县域民生高质量发展得分分布

（三）因素评价分析

在总体评价分析的基础上，利用县域民生高质量发展评价总分排名与各指标排名的相关系数考察影响县域民生高质量发展的主要因素。总体上看，县域总分排名与居民收入排名在1%的水平下呈显著正相关关系，表明就业质量越好，县域民生发展水平越高；县域总分排名与教育支出总额排名、中小学学校数排名在1%的水平下呈显著正相关关系，表明教育经费投入和中小学数量越多，县域民生发展水平越高；县域总分排名与卫生支出总额排名、床位总数排名、人均床位数排名、医师总数排名在1%的水平下呈显著正相关关系，表明医疗经费、医疗设施和医疗人员越多，县域民生发展水平越高。具体如表6-8所示。

表6-8 县域民生高质量发展总分排名与各指标排名相关系数

	总分排名	X1 排名	X2 排名	X3 排名	X4 排名	X5 排名	X6 排名	X7 排名	X8 排名	X9 排名	X10 排名	X11 排名	X12 排名	X13 排名	X14 排名	X15 排名
总分排名	1.000															
X1 排名	0.306**	1.000														
X2 排名	0.770**	0.271*	1.000													
X3 排名	-0.275**	-0.255*	-0.353**	1.000												
X4 排名	0.677**	0.080	0.738**	-0.565**	1.000											
X5 排名	-0.252*	-0.646**	-0.410**	0.259*	0.045	1.000										
X6 排名	0.806**	0.258*	0.926**	-0.546**	0.816**	-0.398**	1.000									
X7 排名	0.012	-0.105	-0.138	0.407**	-0.097	0.034	-0.015	1.000								
X8 排名	0.787**	0.261*	0.839**	-0.319**	0.670**	-0.453**	0.851**	0.059	1.000							
X9 排名	-0.355**	-0.512**	-0.508**	0.570**	-0.497**	0.451**	-0.567**	0.217*	-0.241*	1.000						
X10 排名	0.862**	0.539**	0.813**	-0.471**	0.676**	-0.555**	0.868**	-0.016	0.794**	-0.646**	1.000					
X11 排名	0.485**	0.427**	0.313**	-0.157	0.265*	-0.316**	0.355**	0.181	0.345**	-0.316**	0.654**	1.000				
X12 排名	0.841**	0.599**	0.780**	-0.461**	0.637**	-0.591**	0.832**	0.001	0.786**	-0.638**	0.966**	0.573**	1.000			
X13 排名	0.255*	0.583**	0.012	0.036	-0.071	-0.337**	0.032	0.302**	0.128	-0.139	0.361**	0.578**	0.469**	1.000		
X14 排名	0.864**	0.436**	0.875**	-0.443**	0.711**	-0.521**	0.902**	-0.026	0.855**	-0.576**	0.939**	0.496**	0.929**	0.250*	1.000	
X15 排名	-0.068	-0.297**	-0.383**	0.497**	-0.408**	0.354**	-0.430**	0.189	-0.293**	0.571**	-0.357**	-0.046	-0.339**	0.097	-0.215*	1.000

注:*$p<0.05$;**$p<0.01$。

同时，通过考察县域民生高质量发展各指标的得分率，识别县域民生发展中做得较好的领域和存在的不足。总体上看，县域在中小学教师数、师生比2个指标上得分较高，得分率分别为76.23%、75.86%；在社保支出总额、人均卫生支出、人均社保支出和医师总数4个指标上得分较低，得分率均低于70%，表明相比于教师资源充足程度，县域在社会保障投入、医疗卫生支出和医师数量方面存在较大不足，需要进一步提升社保和卫生支出水平，加大医疗人员培养力度，加快补齐县域民生发展短板。具体如表6-9所示。

表6-9　　　　　　　县域民生高质量发展各指标得分率

指标	得分	满分	得分率（%）
居民收入	2.30	3.08	74.68
教育支出总额	5.33	7.11	74.96
生均教育支出	2.87	3.88	73.97
中小学学校数	5.18	7.06	73.37
人均学校数	5.97	8.42	70.90
中小学教师数	6.22	8.16	76.23
师生比	1.98	2.61	75.86
卫生支出总额	4.84	6.87	70.45
人均卫生支出	5.67	8.27	68.56
床位总数	7.21	10.10	71.39
人均床位数	3.30	4.56	72.37
医师总数	7.67	11.01	69.66
人均医师数	3.54	5.00	70.80
社保支出总额	5.66	8.27	68.44
人均社保支出	3.85	5.60	68.75
总分	71.59	100.00	71.59

（四）聚类评价分析

在总体评价分析的基础上，考察四种类型县域的排名分布，对比不同类型县域民生发展水平。结果显示，10个城市主城区中有8个县域居前20位，占城市主城区总数的 80.00%，且没有城市主城区排名 40 位以后，总体上看，城市主城区民生发展水平领先。33 个重点开发区位次分布比较均匀，有 1/3 分布于第 21~40 位，接近一半分布于第 41~86 位，总体上看，重点开发区民生发展水平仅次于城市主城区。25 个农产品主产区中分别有 11 个县域和 14 个县域位列第 1~40 位和第 41~86 位，排名呈现前部较少、中部尾部较多的分布状态，总体上看，农产品主产区民生发展水平略微落后于重点开发区。18 个重点生态功能区仅有 2 个县域位列前 40 位，大多数县域位列 40 位以后，占重点生态功能区总数的 88.89%，呈现前部少、尾部多的分布状态，总体上看，重点生态功能区民生发展水平滞后。具体如图 6-8 所示。

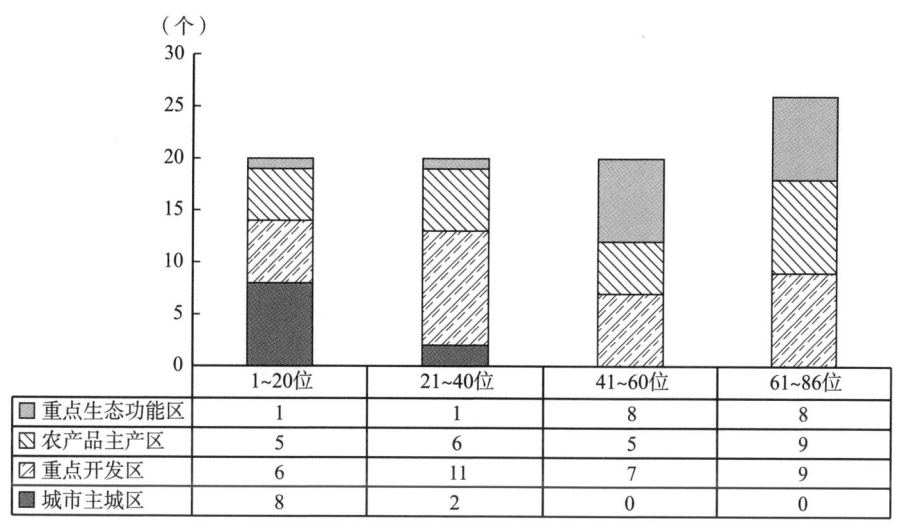

图 6-8 四种类型县域民生发展评价排名分布情况

同时，进一步对四种类型县域各指标得分和总分均值进行分析，识别不同类型县域民生发展过程中的强项和短板。城市主城区的就业质量、教育资源、医疗卫生发展和社保投入均位列四种类型县域首位，整体民生发展水平较高。重点开发区就业质量和医疗卫生发展仅次于城市主城区，但社保投入较低，居四种类型县域末位。农产品主产区除教育资源位列第二位以外，就业质量、医疗卫生发展和社保投入均位列倒数第二位，整体民生保障水平较低。重点生态功能区除社保投入位列第二位以外，其余指标得分均居末位，在就业质量、教育资源和医疗卫生发展方面存在突出短板。具体如表 6-10 所示。

表 6-10 四种类型县域指标得分均值

指标	城市主城区（10 个样本）	重点开发区（33 个样本）	农产品主产区（25 个样本）	重点生态功能区（18 个样本）
就业质量	2.67	2.37	2.20	2.10
教育资源	28.48	27.41	27.85	26.86
医疗卫生发展	36.65	31.99	31.65	31.03
社保投入	10.03	9.36	9.41	9.62
总分	77.83	71.13	71.11	69.61

前面研究发现，相比于城市主城区，农产品主产区和重点生态功能区整体民生发展水平较低，造成这一结果的影响因素是否在于其城镇化水平较低，需进一步探讨。以城镇化率的10%分位数和90%分位数选取检验样本，其中城镇化率最高的8个样本县域城镇化率均值73.88%，且均为城市主城区和重点开发区；城镇化率最低的8个样本县域城镇化率均值27.25%，且均为重点生态功能区。

采用均值 t 检验考察县域民生高质量发展评价总分和就业质量、教育资源、医疗卫生发展、社保支出4个一级指标得分在城镇化率较高和较低的县域是否存在显著差异，以识别城镇化水平是否为影响县域民生高质量发展的主要因素（如表6-11所示）。结果显示，城镇化率较高县域的民生发展得分（77.11分）高于城镇化率较低县域的得分（69.26分），且二者之间的差异在1%的水平下显著，表明城镇化水平较高县域的民生发展显著好于城镇化水平较低县域。具体到四类指标来看，城镇化率较高县域的就业质量和医疗卫生发展得分均在1%的水平下显著高于城镇化率较低的县域，表明城镇化水平较高县域的就业质量和医疗卫生发展均显著好于城镇化水平较低的县域。在教育资源和社保支出方面，城镇化率较高和较低的县域没有显著差异。综合上述结果，就业质量和医疗卫生发展差异在城镇化水平差异较大的县域分化严重，弥补民生发展水平不均衡需要注重提升城镇化水平较低县域的就业质量和医疗卫生发展水平。

表 6-11 基于城镇化率分组的县域民生发展得分均值 t 检验

指标	城镇化率较高县域	城镇化率较低县域	差异	$\|t\|$ 值	p 值
总分	77.11	69.26	7.85***	4.68	0.00
就业质量	2.83	2.01	0.82***	10.31	0.00

续表

指标	城镇化率较高县域	城镇化率较低县域	差异	|t|值	p值
教育资源	27.59	26.99	0.60	1.09	0.15
医疗卫生发展	36.64	30.45	6.19***	5.40	0.00
社保支出	10.06	9.81	0.25	0.60	0.28

注：*** $p<0.01$。

四、评价模型检验

（一）评价结果与调查问卷结果相关性检验

表6-12列示了通过调查问卷①获得的县域居民获得感、幸福感与民生发展总分及就业、教育、医疗、社保四类指标得分的相关关系。县域居民获得感分别与居民收入、医疗卫生发展得分在1%的水平下呈显著正相关关系，与社保投入得分在5%的水平下呈显著正相关关系，与民生发展总分在10%的水平下呈显著正相关关系；县域居民幸福感分别与居民收入、医疗卫生发展得分在1%的水平下呈显著正相关关系，与社保投入得分在10%的水平下呈显著正相关关系，表明县域居民获得感和幸福感与收入水平、医疗保障、社保投入息息相关，收入水平越高、医疗卫生发展越好、社保投入越多，居民获得感和幸福感越强，且相比于社会保障水平，县域居民更关心其收入和医疗保障水平，尤其是较高的可支配收入能够显著提升其获得感和幸福感。值得注意的是，教育资源水平与县域居民获得感、幸福感呈显著负相关关系，可能是因为教育资源越丰富的县域在择校、升学等方面的竞争和压力也越大，不利于提升县域居民获得感、幸福感。

表6-12　　　两种赋权法下县域民生高质量发展评价结果

指标	获得感	幸福感	民生总分	就业得分	教育得分	医疗得分	社保得分
获得感	1.000						
幸福感	0.977***	1.000					
民生总分	0.211*	0.174	1.000				

---

① 获得感、幸福感指标来源及定义见本书第五章县域治理高质量发展第八节。

续表

指标	获得感	幸福感	民生总分	就业得分	教育得分	医疗得分	社保得分
就业得分	0.657***	0.649***	0.477***	1.000			
教育得分	-0.187*	-0.232**	0.772***	0.011	1.000		
医疗得分	0.377***	0.359***	0.895***	0.634***	0.434***	1.000	
社保得分	0.238**	0.204*	0.665***	0.275**	0.443***	0.510***	1.000

注：$*p<0.10$；$**p<0.05$；$***p<0.01$。

（二）差异化赋权检验

为检验评价结果是否受到不同赋权方法的影响，采用熵值法进行测试。熵值法是一种客观赋权法，利用指标数据所提供的信息量大小确定指标权重，即熵越小、信息量越大、权重越大。熵值法计算权重步骤如下。

1. 采用公式（6-7）进行数据标准化处理，得到 z_{ij}

$$z_{ij} = \frac{x_{ij} - \min_i x_{ij}}{\max_i x_{ij} - \min_i x_{ij}} \quad (6-7)$$

其中，x_{ij} 为第 i 个样本县域的第 j 个指标值。

2. 采用公式（6-8）计算第 j 个指标下第 i 个样本占该指标的比重 p_{ij}

$$p_{ij} = \frac{z_{ij}}{\sum_{i=1}^{86} z_{ij}} \quad (6-8)$$

3. 采用公式（6-9）计算第 j 个指标的熵值 e_j

$$e_j = -k \sum_{i=1}^{86} p_{ij} \ln(p_{ij}) \quad (6-9)$$

其中，ln 为自然对数，常数 k 与样本数 n 有关，$k=1/\ln(n)=1/\ln(86)$。

4. 采用公式（6-10）计算第 j 个指标的信息效用值 d_j

$$d_j = 1 - e_j \quad (6-10)$$

5. 采用公式（6-11）计算各指标的权重 W_j

$$W_j = \frac{d_j}{\sum_{j=1}^{15} d_j} \times 100 \quad (6-11)$$

按照以上步骤计算得到的熵值法权重如表 6-13 所示。总体上看，信息量权重法与熵值法对各指标的赋权结果相差不大。熵值法下，师生比、居民收入、生均教育支出等指标的权重较低；医师总数、床位总数、中小学教师数等指标的权重较高。其中，权重相差最大的指标为床位总数和医师总数，熵值法下上述两个指标权重分别提升 4.41 分和 4.46 分。

表 6-13   熵值法计算权重

指标	熵值法权重	与信息量权重比较	指标	熵值法权重	与信息量权重比较
居民收入	1.29	-1.79	人均卫生支出	7.89	-0.38
教育支出总额	7.39	0.28	床位总数	14.51	4.41
生均教育支出	2.08	-1.80	人均床位数	2.79	-1.77
中小学学校数	7.21	0.15	医师总数	15.47	4.46
人均学校数	8.54	0.12	人均医师数	3.13	-1.87
中小学教师数	9.83	1.67	社保支出总额	8.94	0.67
师生比	0.92	-1.69	人均社保支出	3.74	-1.86
卫生支出总额	6.27	-0.60			

图 6-9 对比了两种赋权方法评价结果。得分方面，信息量权重法下，县域民生发展得分均值 71.59 分，标准差 3.87 分；熵值法下，县域民生发展得分均值 71.45 分，标准差 4.56 分，两种赋权方法下得分差异较小。排名方面，两种赋权方法下位次差异均值为 3 位，且进入前 16 位的县域一致。在信息量权重法下位列倒数后 10 位的县域，在熵值法下也位列倒数后 10 位。两种赋权法下，总分及排名的相关系数分别为 0.99 和 0.98，且在 1% 的水平下显著。检验结果表明，信息量权重法和熵值法对县域民生高质量发展评价结果没有显著影响。

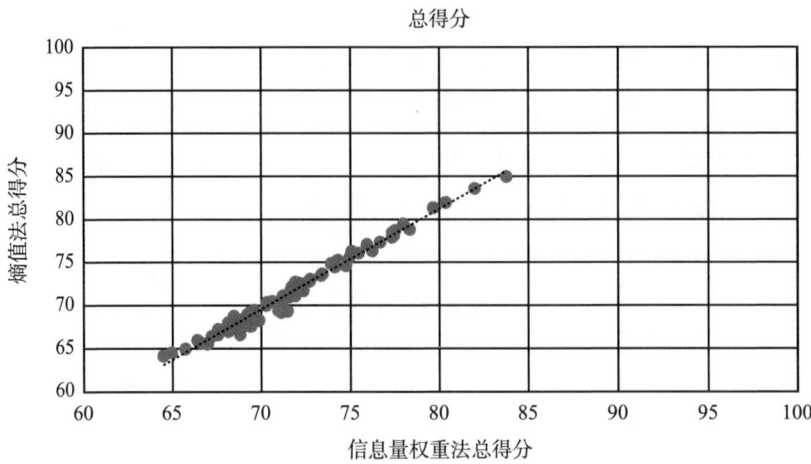

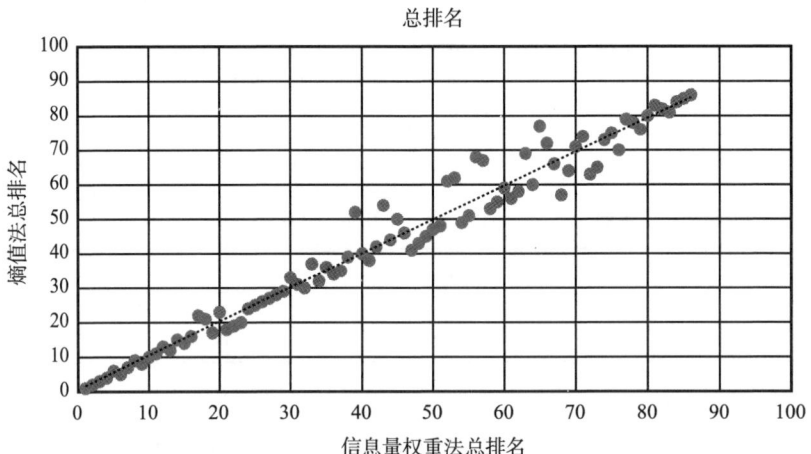

图 6-9 信息量权重法和熵值法下总得分与总排名相关关系

第八节 本章小结

本章分析了县域民生发展现状,从就业、教育、医疗、社保和金融服务等方面研究探讨了县域民生高质量发展的实施路径。基于民生满意度研究框架和福利与发展指标体系,从就业、教育、医疗、社保等民生保障角度,通过指标筛选分析,形成了由15个指标构成的县域民生高质量发展评价体系。在此基础上,采用信息量权重法赋予指标权重,利用功效系数法对指标数据进行转化,构建以指标信息量为核心的县域民生高质量发展评价模型,并基于A省

86个样本县域数据,运用评价模型对县域民生高质量发展水平进行实证分析。为加强对评价模型的检验分析,进一步采用相关性检验以及差异化赋权检验两种方法对县域民生高质量发展评价模型进行验证。实证分析和检验结果表明:县域民生高质量发展评价总得分以及就业质量、医疗卫生发展、社保支出得分与县域居民获得感均呈显著正相关关系,且不同赋权方法下的模型相关系数超过0.9,构建的评价模型较好地揭示了影响县域民生高质量发展的主要因素,具有一定的科学性、有效性。

评价模型实证分析结果显示,城市主城区民生保障水平总体较高,但部分人均指标得分较低,人均学校数、人均社保支出2个指标得分分别低于全省平均水平8.78%和5.39%。重点开发区床位总数、社保支出等总量指标得分仅次于城市主城区,但在教育资源方面存在短板,人均学校数和生均教育支出得分分别低于全省平均水平4.27%和1.67%。农产品主产区整体民生保障水平与重点开发区相近,在就业质量和医疗卫生发展方面较为落后,居民收入和人均医师数指标得分分别低于全省平均水平4.33%和3.70%。重点生态功能区民生保障水平总体落后,9个指标得分均居末位,尤其在就业质量和医疗卫生发展方面存在突出短板,两类指标得分分别低于全省平均水平8.68%和3.82%。

根据评价模型实证分析结果,推动县域民生高质量发展,城市主城区需要进一步提升人均民生资源投入水平,做好农业转移人口在教育、医疗、社保等领域民生保障工作,加快农业转移人口市民化。重点开发区需要加大教育资源投入,加快推动学校、教师等教育资源量质齐升。农产品主产区需要依托乡村产业振兴,持续提升居民收入水平,同时加大医疗设施、医疗人员等资源投入,增强医疗卫生服务能力。重点生态功能区需要在就业、教育、医疗卫生和社会保障等民生各个领域持续用力,增加居民收入,提升教育质量,提高医院诊疗水平,加快完善城乡衔接的社会保障体系,缩小民生保障与全省平均水平的差距。

第七章 县域高质量发展综合评价

县域高质量发展，是经济、生态、文化、治理和民生高质量发展的有机统一。对县域高质量发展水平的评价，不能停留于某一方面，也不能将各个维度评价结果简单叠加。本章遵循县域高质量发展内在规律及其内在有机联系，基于各维度高质量发展评价体系研究成果，构建科学的综合评价模型，客观评价县域高质量发展水平。

第一节 综合评价指标体系设计

一、评价指标选择

立足于将县域视为一个有机整体，根据县域经济、生态、文化、治理和民生高质量发展水平评价研究成果，构建县域高质量发展综合评价指标体系。综合评价模型的指标体系来源于分维度评价，涵盖分维度评价所有指标，并从分维度评价的一级指标这一更加系统、宏观的角度考察各个板块发展情况。综合评价模型选用的19个指标与分维度评价的19个一级指标一一对应，既全面覆盖分维度评价中选取的评价维度，也体现综合评价综合性、系统性特点，从更加全面、系统的视角对县域高质量发展水平作出评价。分维度评价模型指标体系与拟构建的综合评价模型指标体系对比关系如图7-1所示。

二、评价指标含义及计量

综合评价各指标采用分维度评价一级指标得分进行衡量。采用这一方法的必要性在于，分维度评价中各指标量纲不同，不能直接相加，需要转化为量纲一致的统计量；根据综合评价理论，指标数量不宜超过36个，否则指标将过于分散，评价体系易缺乏代表性；各分维度评价指标数量差异较大，全部纳入综合评价体系，会影响综合评价指标体系的均衡性。

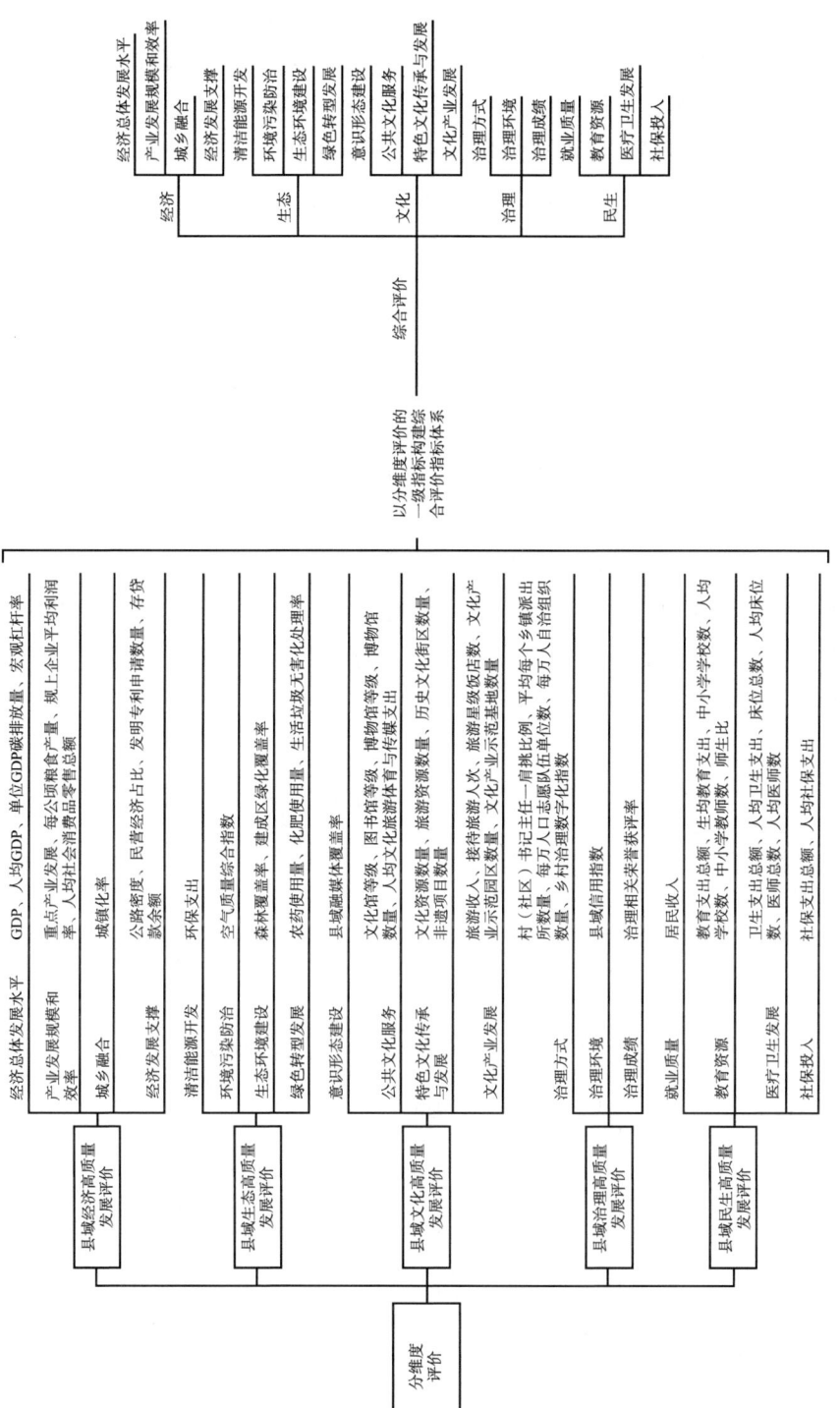

图 7-1 分维度评价指标体系与综合评价指标体系

具体而言，分维度评价中各指标得分既能反映县域在该指标上的发展水平，也能进行相加作为综合评价指标数据来源，还体现了分维度评价和综合评价之间的联系，是对综合评价指标进行度量的优选方案。例如，在县域经济高质量发展分维度评价中，经济总体发展水平涵盖 GDP、人均 GDP、单位 GDP 碳排放量和宏观杠杆率 4 个指标，量纲分别为亿元、元、克/元和百分比，无法直接相加作为经济总体发展水平的度量。通过将上述 4 个指标得分相加即可实现对县域经济总体发展水平的衡量。

县域经济、生态、文化、治理和民生高质量发展分维度评价指标数量分别为 13 个、7 个、15 个、7 个和 15 个，如果全部纳入综合评价指标体系，每个指标权重平均不到 1.8%。同时，由于文化和民生指标数量较多、生态和治理指标数量较少，会造成综合评价体系集中反映县域文化和民生发展水平，对生态和治理发展水平代表性不足。采用分维度评价的 19 个一级指标，不仅能有效精炼指标数量，提取影响县域高质量发展的关键因素，体现综合评价体系的综合性，且评价各维度的指标数量差异不超过 1 个，也提升了综合评价体系的均衡性。基于分维度评价的 19 个一级指标，构建出县域高质量发展综合评价指标体系。具体如表 7-1 所示。

表 7-1　　　　　　县域高质量发展综合评价指标体系

一级指标	二级指标	指标定义	数据来源	指标性质
经济	经济总体发展水平	县域经济发展规模、经济发展效率和稳健增长情况	县域经济高质量发展评价中 GDP、人均 GDP、单位 GDP 碳排放量和宏观杠杆率得分之和	正向指标
	产业发展规模和效率	县域一、二、三次产业发展规模和效率	县域经济高质量发展评价中重点产业发展、每公顷粮食产量、规上企业平均利润率和人均社会消费品零售总额得分之和	正向指标
	城乡融合	县域城镇化水平	县域经济高质量发展评价中城镇化率得分	正向指标
	经济发展支撑	县域基础设施、营商环境、科技创新和金融服务水平	县域经济高质量发展评价中公路密度、民营经济占比、发明专利申请数量和存贷款余额得分之和	正向指标

续表

一级指标	二级指标	指标定义	数据来源	指标性质
生态	清洁能源开发	县域清洁能源开发水平	县域生态高质量发展评价中环保支出得分	正向指标
	环境污染防治	县域环境污染防治成效	县域生态高质量发展评价中空气质量综合指数得分	正向指标
	生态环境建设	县域生态环境建设现状	县域生态高质量发展评价中森林覆盖率和建成区绿化覆盖率得分之和	正向指标
	绿色转型发展	县域生产生活方式绿色转型情况	县域生态高质量发展评价中农药使用量、化肥使用量和生活垃圾无害化处理率得分之和	正向指标
文化	意识形态建设	县域意识形态教育	县域文化高质量发展评价中县域融媒体覆盖率得分	正向指标
	公共文化服务	县域公共文化设施和服务保障	县域文化高质量发展评价中文化馆等级、图书馆等级、博物馆等级、博物馆数量和人均文化旅游体育与传媒支出得分之和	正向指标
	特色文化传承与发展	县域传统文化	县域文化高质量发展评价中文化资源数量、旅游资源数量、历史文化街区数量和非遗项目数量得分之和	正向指标
	文化产业发展	县域文旅产业融合	县域文化高质量发展评价中旅游收入、接待旅游人次、旅游星级饭店数量、文化产业示范园区数量和文化示范基地数量得分之和	正向指标
治理	治理方式	县域政治引领、法治保障、德治教化、自治强基和智治支撑	县域治理高质量发展评价中村（社区）书记主任一肩挑比例、平均每个乡镇派出所数量、每万人口志愿队伍单位数、每万人自治组织数量和乡村治理数字化指数得分之和	正向指标
	治理环境	县域金融治理	县域治理高质量发展评价中县域信用指数得分	正向指标
	治理成绩	县域治理工作获得表彰情况	县域治理高质量发展评价中治理相关荣誉获评率得分	正向指标

续表

一级指标	二级指标	指标定义	数据来源	指标性质
民生	就业质量	县域城乡居民可支配收入	县域民生高质量发展评价中居民收入得分	正向指标
	教育资源	县域教育资源	县域民生高质量发展评价中教育支出总额、生均教育支出、中小学学校数、人均学校数、中小学教师数和师生比得分之和	正向指标
	医疗卫生发展	县域床位、人力、财政投入等医疗资源配置	县域民生高质量发展评价中卫生支出总额、人均卫生支出、床位总数、人均床位数、医师总数和人均医师数得分之和	正向指标
	社保投入	县域社会保障投入水平	县域民生高质量发展评价中社保支出总额和人均社保支出得分之和	正向指标

第二节 综合评价模型构建

一、评价指标权重设计

（一）评价指标权重设计原理

由于综合评价模型的数据指标体系来源多元化，且不同模型维度的研究侧重点各有不同，为权衡评价指标和模型维度的差异性，综合评价采用既能兼顾指标变异性大小又能平衡指标相关性权重的 CRITIC 法计算指标权重。CRITIC 法基于指标的对比强度和指标之间的冲突性，可以通过数据的动态转化，用指标的信息量值来综合衡量指标的客观权重。其中，对比强度以标准差衡量，标准差越大表明指标数据差异越大、反映的信息越多，应赋予指标较高的权重；指标冲突性以相关系数衡量，某一指标与其他指标相关性越强，该指标与其他指标冲突性越小，反映的相同信息越多，体现的评价内容越重复，应赋予较低的权重。

与分维度评价模型根据经济、生态、文化、治理和民生指标数据特性，分别选取独立性权重法、灰色关联度法、熵值法、AHP - 熵值法和信息量权重法对指标进行赋权有所区别，综合评价模型采用的 CRITIC 法既考虑指标数据离散程度，同时兼顾指标之间的相关性，能够弱化信息量权重法和熵值法关于指标数据离散程度越高、指标重要性越强的假定，也在独立性权重法和灰色关联度法仅关注指标相关性基础上，考虑指标变异性对权重的影响，是一个更为均衡和综合的赋权方法，符合综合评价体系特征。

（二）评价指标权重设计

1. 采用公式（7-1）对指标进行标准化处理，得到 z_{ij}

$$z_{ij} = \frac{x_{ij} - \min_i x_{ij}}{\max_i x_{ij} - \min_i x_{ij}} \tag{7-1}$$

其中，x_{ij} 为第 i 个县域样本的第 j 个指标值。

2. 采用公式（7-2）计算各指标标准差以衡量指标对比强度 S_j

$$\begin{cases} \bar{x}_j = \dfrac{1}{86} \sum_{i=1}^{86} x_{ij} \\ S_j = \sqrt{\dfrac{\sum_{i=1}^{86}(x_{ij} - \bar{x}_j)^2}{86-1}} \end{cases} \tag{7-2}$$

其中，$\bar{x}_j$ 为第 j 个指标的均值，S_j 为第 j 个指标的标准差。

3. 采用公式（7-3）计算指标冲突性 R_j

$$R_j = \sum_{k=1}^{19}(1 - r_{jk}) \tag{7-3}$$

其中，r_{jk} 表示指标 j 和指标 k 之间的相关系数。

4. 采用公式（7-4）计算指标信息量 C_j

$$C_j = S_j \times R_j \tag{7-4}$$

5. 采用公式（7-5）计算指标权重 W_j

$$W_j = \frac{C_j}{\sum_{j=1}^{19} C_j} \times 100 \tag{7-5}$$

（三）评价指标权重

基于 86 个样本县域数据，运用 CRITIC 法公式（7-1）至公式（7-5），计算得到评价指标的对比强度、冲突性、信息量和权重（如表 7-2 所示）。指标对比强度方面，治理成绩、特色文化传承与发展标准差较大，反映较多的信息；产业发展规模和效率、文化产业发展标准差较小，反映较少的信息。指标冲突性方面，就业质量、城乡融合与其他指标冲突性较小，反映的相同信息较多，评价内容较重复；环境污染防治、生态环境建设与其他指标相关性较弱、冲突性较强，反映了与其他指标不同的信息。综合来看，环境污染防治、治理成绩和生态环境建设包含信息量较多，赋予较高权重；产业发展规模和效率、医疗卫生发展、文化产业发展包含信息量较少，赋予较低权重。指标权重标准差1.98分、变异系数0.38，环境污染防治权重高出产业发展规模和效率权重5.43分。总体上看，指标间权重差异不大。从5个一级指标看，经济类指标权重合计16.86分、生态类指标权重合计28.89分、文化类指标权重合计16.35分、治理类指标权重合计18.92分、民生类指标权重合计18.98分（如图7-2所示）。

表7-2　　　　　县域高质量发展综合评价二级指标权重

二级指标	对比强度	冲突性	信息量	权重
经济总体发展水平	0.18	14.06	2.48	4.48
产业发展规模和效率	0.14	14.85	2.04	3.70
城乡融合	0.20	12.22	2.47	4.46
经济发展支撑	0.17	13.83	2.33	4.22
清洁能源开发	0.23	15.04	3.42	6.19
环境污染防治	0.22	23.25	5.05	9.13
生态环境建设	0.21	19.63	4.18	7.56
绿色转型发展	0.18	18.43	3.32	6.01
意识形态建设	0.00	18.00	0.00	0.00
公共文化服务	0.22	14.32	3.19	5.77
特色文化传承与发展	0.24	15.23	3.61	6.53
文化产业发展	0.14	15.84	2.24	4.05
治理方式	0.22	16.19	3.61	6.52
治理环境	0.20	12.84	2.56	4.63
治理成绩	0.27	16.15	4.29	7.77
就业质量	0.19	12.21	2.32	4.19
教育资源	0.21	16.91	3.57	6.46
医疗卫生发展	0.17	12.81	2.19	3.96
社保投入	0.16	15.25	2.41	4.37

注：因样本县域意识形态建设权重为0，不纳入后续评价模型实证分析。

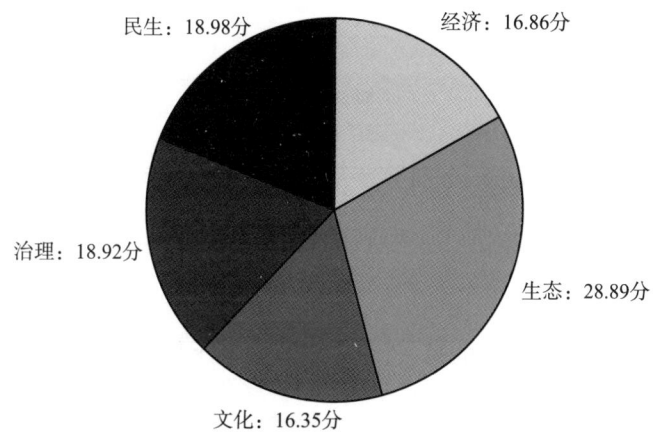

图 7-2 县域高质量发展五个评价维度权重

二、评价模型参数转化

因分维度评价模型采用了标准化、TOPSIS 等线性或非线性评价模型参数转化，使得分维度评价得分区间存在差异，在综合评价体系下，不符合指标可比性标准。综合评价采用功效系数法公式（7-6）将分维度评价得分转化为可以在同一尺度下比较的综合评价数据。功效系数法根据多目标规划的原理，对各评价指标分别确定一对满意值和不允许值，以满意值为上限、不允许值为下限，分别计算评价对象各指标接近、达到或超过满意值的程度，即功效系数，并转化为相应的功效评分值，作为指标的评价值。其中，综合评价中的满意值和不允许值分别设置为分维度评价得分的最大值和最小值。

$$\xi_{ij} = \frac{x_{ij} - \min_i x_{ij}}{\max_i x_{ij} - \min_i x_{ij}} \times 0.4 + 0.6 \qquad (7-6)$$

三、评价模型构建

按照图 7-3 所示步骤，构建出公式（7-7）所示的县域高质量发展综合评价模型。即通过基于 CRITIC 法的评价模型权重设计和基于功效系数法的评价模型参数转化，分别得到各指标权重和转化后指标数据，将二者相乘计算各指标得分，最后加总各指标得分，得到县域高质量发展综合评价得分。其中，各指标得分的最高值为该指标的权重值，最低值为该指标权重值的 60%；综合评价得分区间为最高 100 分、最低 60 分。

$$Y = \sum_{j=1}^{19} \xi_j \times W_j$$

$$= \sum_{j=1}^{19} \left\{ \left[\frac{x_{ij} - \min_i x_{ij}}{\max_i x_{ij} - \min_i x_{ij}} \times 0.4 + 0.6 \right] \times \frac{\sqrt{\frac{\sum_{i=1}^{86}\left(x_{ij} - \frac{1}{86}\sum_{i=1}^{86} x_{ij}\right)^2}{86-1}} \times \sum_{k=1}^{19}(1 - r_{jk})}{\sum_{j=1}^{19}\left[\sqrt{\frac{\sum_{i=1}^{86}\left(x_{ij} - \frac{1}{86}\sum_{i=1}^{86} x_{ij}\right)^2}{86-1}} \times \sum_{k=1}^{19}(1 - r_{jk})\right]} \times 100 \right\}$$

(7-7)

其中，x_{ij}为第i个县域样本的第j个指标值，r_{jk}表示指标j和指标k之间的相关系数。

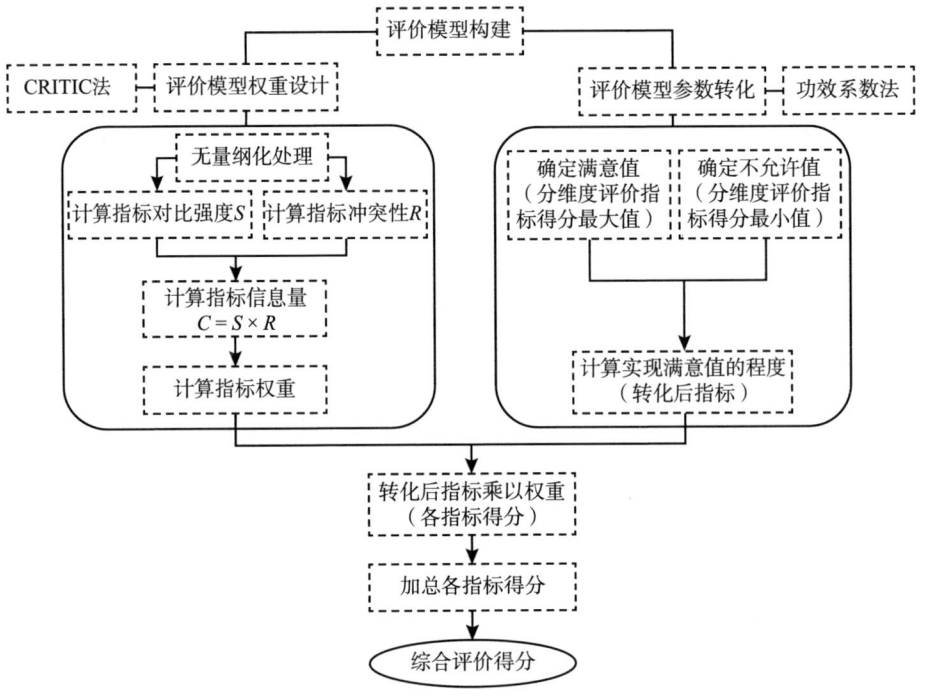

图7-3 县域高质量发展综合评价模型的构建过程

第三节 综合评价模型实证分析

一、综合评价分析

基于86个样本县域数据样本，运用CRITIC法和功效系数法模型，计算样本县域高质量发展综合评价得分，对评价指标得分进行描述性统计。统计分析结果显示，综合评价得分均值 75.61 分，标准差 2.96 分，综合评价得分变异系数 0.04，低于各指标得分变异系数。总体上看，县域高质量发展综合得分差异较小，离散程度较低，表明与分维度评价结果相比，在考虑了县域经济、生态、文化、治理、民生 5 个方面的发展水平后，县域之间的综合发展差异缩小，综合评价结果相比于分维度评价结果更加均衡，体现了综合评价体系的综合性、全面性。治理成绩、特色文化传承与发展得分变异系数最大，表明县域在治理成效受认可度和传统文化方面存在较大差异。从 5 个一级指标看，生态类指标得分变异系数最小，文化类指标得分变异系数最大，表明县域之间生态发展水平差异较小，文化发展水平差异较大。具体如表 7-3 所示。

表 7-3 县域高质量发展综合评价结果

Panel A：二级指标得分描述性统计

指标	均值	中位数	标准差	变异系数	最小值	最大值
综合评价得分	75.61	74.92	2.96	0.04	71.10	87.04
经济总体发展水平	3.72	3.75	0.32	0.08	2.69	4.48
产业发展规模和效率	2.80	2.79	0.20	0.07	2.22	3.70
城乡融合	3.36	3.29	0.36	0.11	2.68	4.46
经济发展支撑	3.26	3.31	0.28	0.09	2.53	4.22
清洁能源开发	4.56	4.44	0.56	0.12	3.71	6.18
环境污染防治	7.25	7.20	0.79	0.11	5.48	9.13
生态环境建设	5.90	5.89	0.64	0.11	4.54	7.56
绿色转型发展	5.29	5.31	0.43	0.08	3.61	6.01
公共文化服务	4.40	4.36	0.51	0.12	3.46	5.77
特色文化传承与发展	4.40	4.10	0.62	0.14	3.92	6.53
文化产业发展	2.57	2.51	0.23	0.09	2.43	4.05
治理方式	4.90	4.85	0.58	0.12	3.91	6.52
治理环境	3.47	3.46	0.37	0.11	2.78	4.63
治理成绩	5.79	5.76	0.83	0.14	4.66	7.77
就业质量	3.13	3.08	0.32	0.10	2.51	4.19
教育资源	4.89	4.83	0.55	0.11	3.88	6.46
医疗卫生发展	2.80	2.74	0.27	0.10	2.38	3.96
社保投入	3.12	3.09	0.28	0.09	2.62	4.37

续表

Panel B：一级指标得分描述性统计

指标	均值	中位数	标准差	变异系数	最小值	最大值
经济	13.14	13.13	0.95	0.07	10.42	15.98
生态	23.00	22.98	1.13	0.05	20.64	25.60
文化	11.37	10.99	1.04	0.09	9.96	14.49
治理	14.16	14.03	1.17	0.08	12.11	16.92
民生	13.94	13.75	1.02	0.07	12.14	17.60

基于86个样本县域数据样本，运用CRITIC法和功效系数法模型，计算样本县域高质量发展综合评价得分，分析综合评价得分分布。结果显示，分别有26个、25个县域得分分布于（74，76］、（72，74］区间，合计占样本县域数量的59.30%。得分分布于最低分区间（70，72］的县域数量为3个，分布于最高分区间（86，88］的县域数量为1个，合计占样本县域数量的4.65%，并不存在较多异常得分。综合评价得分的峰度和偏度分别为1.83和1.14，表明得分分布呈现尖顶峰度和右偏态，即县域高质量发展综合评价得分较为集中，主要分布于中低分区间。总体上看，综合评价体系较为有效地反映了县域之间综合发展水平差异，未出现极端或异常分布，具有一定的有效性、激励性。具体到综合发展水平较高和较低的县域来看，得分较高的县域在经济类指标、文化类指标和民生类指标等14个指标上排名靠前，表明其在经济发展、文化建设和民生保障方面发展领先。得分较低县域的清洁能源开发、生态环境建设、特色文化传承与发展、公共文化服务、教育资源、医疗卫生发展和社保投入7个指标排名靠后，表明其在绿色低碳发展、文化基础设施建设和教育资源投入等方面有较大提升空间。具体如表7-4和图7-4所示。

表7-4　　　　　　　　县域高质量发展综合评价得分分布

得分区间	县域数量	占比（%）	得分区间	县域数量	占比（%）
（70，72］	3	3.49	（80，82］	3	3.49
（72，74］	25	29.07	（82，84］	2	2.33
（74，76］	26	30.23	（84，86］	0	0.00
（76，78］	14	16.28	（86，88］	1	1.16
（78，80］	12	13.95			

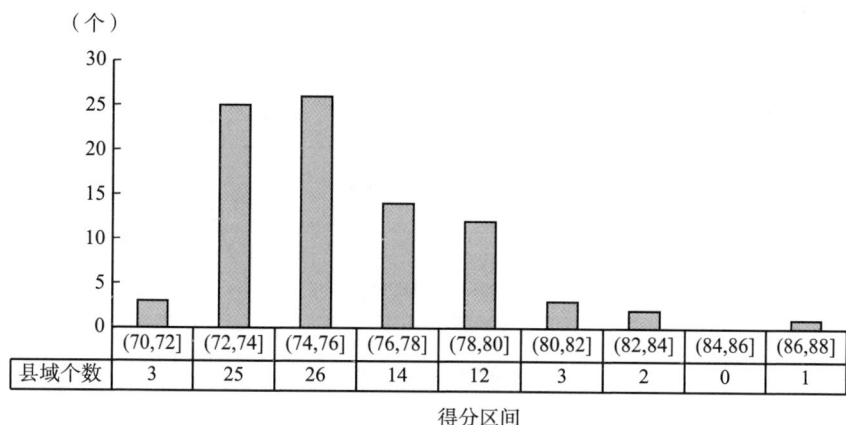

图7-4　县域高质量发展综合评价得分分布

二、因素评价分析

在综合评价分析的基础上，利用县域高质量发展综合评价总分排名与各指标排名的相关系数考察影响县域高质量发展的主要因素。结果显示，县域高质量发展综合评价排名与经济类指标、文化类指标、治理类指标、民生类指标排名的相关系数分别为0.658、0.614、0.643、0.559，且在1%的水平下显著，表明在综合评价体系下，县域综合发展评价结果与县域经济发展态势、文化建设情况、社会治理现状和民生保障水平呈显著正相关，即县域经济发展势头越强劲、文化建设能力越突出、社会治理越有效、民生保障水平越领先，距离县域高质量发展目标越接近。同时，县域高质量发展综合评价排名与生态类指标排名呈正相关关系，但并不显著；经济类指标排名与生态类指标排名的相关系数为-0.434，且在1%的水平下显著，表明对于整体发展水平较好的县域，其生态环境建设没有显著优势，离同时实现经济高质量发展和生态高质量发展目标仍有差距。具体如表7-5所示。

表7-5　县域高质量发展综合评价各类指标排名相关系数

变量	综合评价排名	经济类指标排名	生态类指标排名	文化类指标排名	治理类指标排名	民生类指标排名
综合评价排名	1.000					
经济类指标排名	0.658 (0.000)	1.000				

续表

变量	综合评价排名	经济类指标排名	生态类指标排名	文化类指标排名	治理类指标排名	民生类指标排名
生态类指标排名	0.087 (0.424)	-0.434 (0.000)	1.000			
文化类指标排名	0.614 (0.000)	0.339 (0.001)	-0.206 (0.057)	1.000		
治理类指标排名	0.643 (0.000)	0.549 (0.000)	-0.170 (0.119)	0.195 (0.072)	1.000	
民生类指标排名	0.559 (0.000)	0.439 (0.000)	-0.272 (0.012)	0.488 (0.000)	0.078 (0.477)	1.000

注：括号内为 p 值。

同时，通过考察县域高质量发展各指标的得分率，识别县域发展中做得较好的领域和存在的不足。结果显示，县域在绿色转型发展、经济总体发展水平指标上得分较高，得分率分别为 88.02%、83.04%；在文化产业发展、特色文化传承与发展指标上得分较低，得分率均未超过 70%，表明相比于实现生产生活方式绿色转型和经济规模稳步扩大目标，县域在文化产业发展和特色文化传承与发展方面存在较大提升空间。具体如表 7-6 所示。

表 7-6　　　　　县域高质量发展综合评价指标得分率

指标	得分	满分	得分率（%）	指标	得分	满分	得分率（%）
经济总体发展水平	3.72	4.48	83.04	特色文化传承与发展	4.40	6.53	67.38
产业发展规模和效率	2.80	3.70	75.68	文化产业发展	2.57	4.05	63.46
城乡融合	3.36	4.46	75.34	治理方式	4.90	6.52	75.15
经济发展支撑	3.26	4.22	77.25	治理环境	3.47	4.63	74.95
清洁能源开发	4.56	6.19	73.67	治理成绩	5.79	7.77	74.52
环境污染防治	7.25	9.13	79.41	就业质量	3.13	4.19	74.70
生态环境建设	5.90	7.56	78.04	教育资源	4.89	6.46	75.70
绿色转型发展	5.29	6.01	88.02	医疗卫生发展	2.80	3.96	70.71
公共文化服务	4.40	5.77	76.26	社保投入	3.12	4.37	71.40

三、聚类评价分析

在综合评价分析的基础上，考察四种类型县域高质量发展综合评价得分排名分布，对比不同类型县域发展水平差异。结果显示，10 个城市主城区中有 7 个县域居前 15 位，占城市主城区总数的 70.00%；排名 16~30 位的城市主城区有 3 个，城市主城区综合发展水平靠前，排名呈现前部较多的分布特点。33 个重点开发区中居前 30 位和 46~86 位的均有 13 个，其余 7 个县域居 31~45 位，居前半部分的重点开发区较居后半部分的多 7 个，重点开发区综合发展水平仅次于城市主城区。25 个农产品主产区中，没有县域进入前 15 位，居 16~45 位和 61~86 位的均有 8 个，其余 9 个县域居 46~60 位，排名呈现前部较少、中部尾部较多的分布特点。18 个重点生态功能区中有 3 个县域居前 15 位，居 61~75 位和 76~86 位的均有 5 个，排名呈现前部中部较少、尾部较多的分布特点。具体如图 7-5 所示。

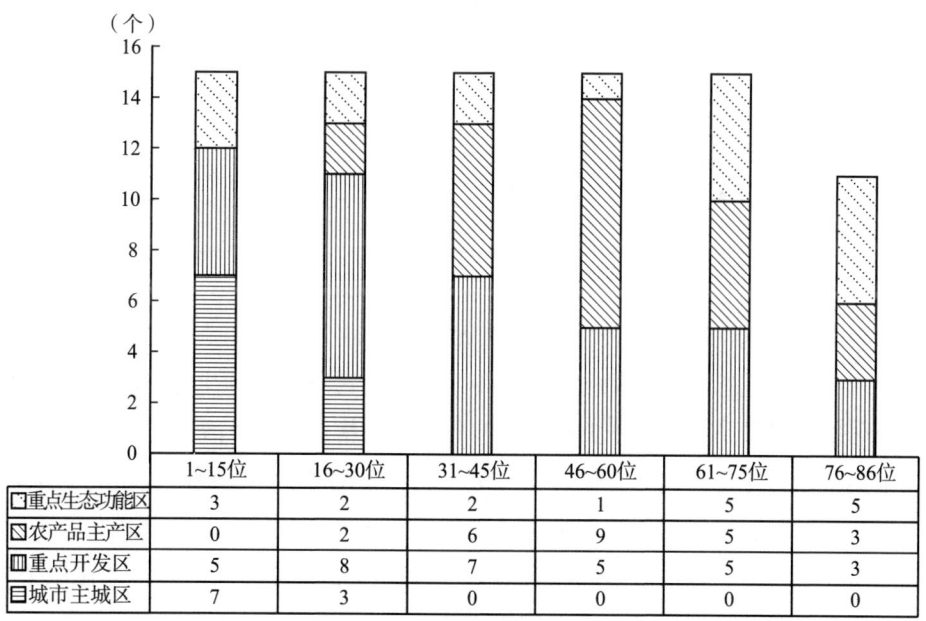

图 7-5 四种类型县域排名分布情况

同时，进一步对四种类型县域各指标得分均值进行分析，识别不同类型县域发展过程中的强项和短板。表 7-7 列示了四种类型的县五大类指标得分情况。城市主城区得分较高、排名靠前，农产品主产区得分较低、排名靠后。其中，城市主城区经济发展、文化建设、社会治理、民生保障水平较高，居四种类型县域首位，但生态类指标得分居末位，生态保护力度有待加强。重点开发区经济、文化、治理、民生发展水平仅次于城市主城区，位列四种类型县域第二位，且同样面临生态保护较为薄弱问题。农产品主产区得分较低，排名靠后，尤其在文化建设和社会治理方面存在短板，文化类和治理类指标得分居末位。得益于坚持生态保护优先，重点生态开发区生态类指标得分居首位，但在经济发展和民生保障方面相对落后，经济类指标和民生类指标得分居末位。上述结果表明，不同类型县域得分结果与其发展特点相符，综合评价体系在反映差异化发展定位对县域综合发展水平影响方面具备一定的科学性、有效性。

表7-7 四种类型县域的五大类指标得分情况

县域类型	综合评价得分	经济类指标	生态类指标	文化类指标	治理类指标	民生类指标
城市主城区	80.42	14.64	22.20	12.06	16.01	15.51
重点开发区	75.69	13.39	22.61	11.50	14.29	13.90
农产品主产区	74.27	12.93	22.99	11.07	13.49	13.79
重点生态功能区	74.67	12.15	24.20	11.15	13.81	13.36

表7-8列示了四种类型县域综合评价指标得分均值。城市主城区除在空气治理成效和生态环境保护方面存在不足、环境污染防治和生态环境建设指标得分居末位以外，4个经济类指标、3个文化类指标、3个治理类指标和4个民生类指标得分排名均居首位，在经济发展、文化建设、社会治理和民生保障方面起到示范引领作用，但在生态环境建设方面仍存在短板。重点开发区在经济总体发展水平、城乡融合、经济发展支撑、清洁能源开发、公共文化服务、文化产业发展、治理环境、治理成绩、就业质量和医疗卫生发展10个指标得分上仅次于城市主城区，但社保投入水平居末位。农产品主产区在生态环境保护方面较为领先，生态环境建设指标得分居首位；在生产生活方式绿色转型、传统文化、治理方式等方面较为落后，绿色转型发展、特色文化传承与发展和治理方式3个指标得分居末位。重点生态功能区的环境污染防治和绿色转型发

展 2 个生态类指标得分居首位，4 个经济类指标、2 个文化类指标、2 个治理类指标和 3 个民生类指标得分均居末位。

表 7-8　　　　　　　　　　四种类型县域指标得分均值

指标	城市主城区（10 个样本）	重点开发区（33 个样本）	农产品主产区（25 个样本）	重点生态功能区（18 个样本）
经济总体发展水平	4.01	3.82	3.66	3.44
产业发展规模和效率	3.01	2.79	2.81	2.70
城乡融合	3.99	3.43	3.21	3.09
经济发展支撑	3.63	3.35	3.25	2.92
清洁能源开发	4.97	4.56	4.51	4.41
环境污染防治	6.67	6.91	7.27	8.17
生态环境建设	5.31	5.89	6.06	6.03
绿色转型发展	5.25	5.25	5.15	5.59
公共文化服务	4.63	4.49	4.30	4.24
特色文化传承与发展	4.76	4.38	4.26	4.43
文化产业发展	2.67	2.63	2.51	2.48
治理方式	5.19	4.87	4.63	5.16
治理环境	4.12	3.53	3.34	3.17
治理成绩	6.70	5.89	5.52	5.48
就业质量	3.63	3.23	3.00	2.86
教育资源	5.18	4.85	4.98	4.67
医疗卫生发展	3.33	2.77	2.73	2.65
社保投入	3.37	3.05	3.08	3.18

第四节　综合评价模型检验

本节分别采用评价结果与路径检验以及差异化赋权检验两种方法，检验综合评价模型的科学性。评价结果与路径检验主要考察构建的评价模型对县域高质量发展水平的解释力，模型解释力越高，越能有效反映县域高质量发展水平。差异化赋权检验测试评价模型的稳健性,评价模型越稳健,越不易受到差异化赋权方法的影响。

一、评价结果与路径检验

以综合排名为被解释变量,分别以一级指标和二级指标得分排名为解释变量,采用基于最小二乘法估计的多元线性回归模型,考察评价指标对评价结果的解释力,既检验构建的评价指标体系能否有效反映县域高质量发展水平,也有助于识别影响县域高质量发展的关键路径。

以一级指标得分排名为解释变量的回归结果如表 7 – 9 Panel A 所示。结果显示,综合评价模型较为全面地反映了县域发展的主要方面,具备一定的科学性。以经济、生态、文化、治理、民生 5 个一级指标得分排名为解释变量时,线性回归拟合优度超过 0.9,且这 5 个一级指标得分排名回归系数均在 1% 的水平下显著为正。其中,生态类指标得分排名回归系数最大,民生类指标得分排名回归系数最小,表明在考虑了 5 个一级指标得分排名的相互影响后,生态类指标对评价结果影响最大,民生类指标对评价结果影响最小。

以二级指标得分排名为解释变量的回归结果如表 7 – 9 Panel B 所示。结果显示,线性回归拟合优度同样超过 0.9,表明综合评价模型对县域经济、生态、文化、治理和民生各单项指标同样具有较高解释力,综合评价模型的系统性、全面性较高。具体而言,在考虑了指标排名相互影响的情况下,综合排名与清洁能源开发、环境污染防治、生态环境建设、绿色转型发展、特色文化传承与发展、公共文化服务、治理方式、治理成绩和教育资源 9 个指标排名在 1% 的水平下显著正相关,表明县域绿色低碳发展水平越高、空气治理成效和生态环境保护越好、生产生活方式绿色转型越快、传统文化越强、公共文化设施和服务保障越多、治理方式越到位、治理成绩越突出、教育资源越丰富,越有利于提升县域综合发展水平。对综合排名在 10% 的水平下有显著正向影响的指标为治理环境,表明县域综合发展水平也受到县域治理环境的影响。

表7-9　以综合排名为被解释变量的多元线性回归结果

Panel A：以一级指标得分排名为解释变量

Source	SS	df	MS		
Model	50672.316	5	10134.463	Number of obs = 86	
Residual	2325.184	80	29.065	$F(5, 80) = 348.690$ Prob > F = 0.000 R-squared = 0.956	
Total	52997.500	85	623.500	Adj R-squared = 0.953 Root MSE = 5.391	

综合排名	Coef.	Std. Err.	t	P>|t|	[95% Conf. Interval]	
经济类指标排名	0.373	0.034	11.020	0.000	0.306	0.441
生态类指标排名	0.481	0.026	18.360	0.000	0.429	0.534
文化类指标排名	0.345	0.027	12.620	0.000	0.291	0.400
治理类指标排名	0.427	0.029	14.770	0.000	0.370	0.485
民生类指标排名	0.325	0.029	11.050	0.000	0.266	0.383
_cons	-41.415	2.289	-18.090	0.000	-45.970	-36.859

Panel B：以二级指标得分排名为解释变量

Source	SS	df	MS		
Model	49384.803	18	2743.600	Number of obs = 86	
Residual	3612.697	67	53.921	$F(18, 67) = 50.880$ Prob > F = 0.000 R-squared = 0.932	
Total	52997.500	85	623.500	Adj R-squared = 0.914 Root MSE = 7.343	

综合排名	Coef.	Std. Err.	t	P>|t|	[95% Conf. Interval]	
经济总体发展水平	0.046	0.056	0.820	0.417	-0.066	0.158
产业发展规模和效率	0.013	0.038	0.340	0.733	-0.063	0.090
城乡融合	0.157	0.095	1.650	0.103	-0.033	0.347
经济发展支撑	-0.007	0.060	-0.110	0.911	-0.126	0.112
清洁能源开发	0.274	0.042	6.470	0.000	0.189	0.358
环境污染防治	0.212	0.047	4.530	0.000	0.119	0.306
生态环境建设	0.197	0.041	4.830	0.000	0.116	0.279
绿色转型发展	0.217	0.041	5.270	0.000	0.135	0.300
公共文化服务	0.212	0.045	4.760	0.000	0.123	0.302
特色文化传承与发展	0.141	0.039	3.580	0.001	0.062	0.220
文化产业发展	0.073	0.050	1.460	0.149	-0.027	0.173
治理方式	0.175	0.038	4.600	0.000	0.099	0.251
治理环境	0.118	0.064	1.840	0.070	-0.010	0.245
治理成绩	0.302	0.045	6.770	0.000	0.213	0.391
就业质量	0.111	0.096	1.160	0.251	-0.080	0.302

续表

综合排名	Coef.	Std. Err.	t	P>|t|	[95% Conf. Interval]	
教育资源	0.179	0.051	3.500	0.001	0.077	0.280
医疗卫生发展	0.108	0.071	1.520	0.133	-0.034	0.251
社保投入	0.038	0.053	0.720	0.473	-0.067	0.143
_cons	-68.130	6.184	-11.020	0.000	-80.473	-55.787

二、差异化赋权检验

（一）三种赋权方法下的权重

为检验评价结果是否受到不同赋权方法的影响，分别采用分维度评价权重和等权法进行测试。表7-10列示了分维度评价中各指标权重。综合评价检验部分对分维度评价三级指标权重进行加总，然后除以5，得到基于分维度评价权重的综合评价指标权重。

表7-10　　分维度评价指标权重及综合评价权重（检验）

Panel A：分维度评价指标权重

一级指标	二级指标	三级指标	权重（%）
经济	经济总体发展水平	GDP	5.89
		人均GDP	6.81
		单位GDP碳排放量	8.06
		宏观杠杆率	7.79
	产业发展规模和效率	重点产业发展	6.61
		每公顷粮食产量	7.04
		规上企业平均利润率	17.33
		人均社会消费品零售总额	6.79
	城乡融合	城镇化率	6.12
	经济发展支撑	公路密度	6.97
		民营经济占比	8.12
		发明专利申请数量	6.49
		存贷款余额	5.98

续表

一级指标	二级指标	三级指标	权重（%）
生态	清洁能源开发	环保支出	15.51
	环境污染防治	空气质量综合指数	16.24
	生态环境建设	森林覆盖率	16.68
		建成区绿化覆盖率	13.82
	绿色转型发展	农药使用量	13.18
		化肥使用量	13.56
		生活垃圾无害化处理率	11.01
文化	公共文化服务	文化馆等级	2.01
		图书馆等级	2.13
		博物馆等级	13.05
		博物馆数量	3.57
		人均文化旅游体育与传媒支出	5.03
	特色文化传承与发展	文化资源数量	5.63
		旅游资源数量	1.98
		历史文化街区数量	14.88
		非遗项目数量	1.85
	文化产业发展	旅游收入	1.78
		接待旅游人次	2.00
		旅游星级饭店数量	4.38
		文化产业示范园区数量	29.43
		文化产业示范基地数量	12.28
治理	治理方式	村（社区）书记主任一肩挑比例	2.67
		平均每个乡镇派出所数量	39.34
		每万人口志愿队伍单位数	8.31
		每万人自治组织数量	14.41
		乡村治理数字化指数	5.08
	治理环境	县域信用指数	10.98
	治理成绩	治理相关荣誉获评率	19.21

续表

一级指标	二级指标	三级指标	权重（%）
民生	就业质量	居民收入	3.08
	教育资源	教育支出总额	7.11
		生均教育支出	3.88
		中小学学校数	7.06
		人均学校数	8.42
		中小学教师数	8.16
		师生比	2.61
	医疗卫生发展	卫生支出总额	6.87
		人均卫生支出	8.27
		床位总数	10.10
		人均床位数	4.56
		医师总数	11.01
		人均医师数	5.00
	社保投入	社保支出总额	8.27
		人均社保支出	5.60

Panel B：基于分维度评价的综合评价指标权重

维度	指标	权重（%）
经济	经济总体发展水平	5.71
	产业发展规模和效率	7.55
	城乡融合	1.23
	经济发展支撑	5.51
生态	清洁能源开发	3.10
	环境污染防治	3.25
	生态环境建设	6.10
	绿色转型发展	7.55
文化	公共文化服务	5.16
	特色文化传承与发展	4.87
	文化产业发展	9.97
治理	治理方式	13.96
	治理环境	2.20
	治理成绩	3.84

续表

维度	指标	权重（%）
民生	就业质量	0.62
	教育资源	7.45
	医疗卫生发展	9.16
	社保投入	2.77

表 7-11 列示了采用三种赋权方法获得的各指标权重。相比于分维度评价采用的赋权方法，CRITIC 法下各指标权重分布更为均衡，更符合综合评价系统性、全面性特征。具体而言，相比于 CRITIC 法，基于分维度评价的权重更为离散，各指标间权重差异较大。CRITIC 法下，指标权重标准差 1.56 分，最大权重值与最小权重值相差 5.43 分；基于分维度评价的指标权重标准差 3.36 分，最大权重值与最小权重值相差 13.34 分。权重差异最大的指标为环境污染防治和治理方式，在 CRITIC 法下，环境污染防治权重高出基于分维度评价权重 5.88 分，治理方式权重低于基于分维度评价权重 7.44 分。

表 7-11　　　　　　　　三种赋权方法下各指标权重

指标	CRITIC 法	基于分维度评价权重	等权法
经济总体发展水平	4.48	5.71	5.56
产业发展规模和效率	3.70	7.55	5.56
城乡融合	4.46	1.23	5.56
经济发展支撑	4.22	5.51	5.56
清洁能源开发	6.19	3.10	5.56
环境污染防治	9.13	3.25	5.56
生态环境建设	7.56	6.10	5.56
绿色转型发展	6.01	7.55	5.56
公共文化服务	5.77	5.16	5.56
特色文化传承与发展	6.53	4.87	5.56
文化产业发展	4.05	9.97	5.56
治理方式	6.52	13.96	5.56
治理环境	4.63	2.20	5.56
治理成绩	7.77	3.84	5.56

续表

指标	CRITIC 法	基于分维度评价权重	等权法
就业质量	4.19	0.62	5.56
教育资源	6.46	7.45	5.56
医疗卫生发展	3.96	9.16	5.56
社保投入	4.37	2.77	5.56

（二）三种赋权方法下的评价结果

表7–12列示了三种赋权方法下综合评价得分描述性统计。结果显示，CRITIC法下，县域高质量发展综合评价得分相对较高、离散程度较小，具备较好的激励性和均衡性。具体而言，CRITIC法下综合评价得分均值最高、标准差最小、变异系数最小。基于分维度评价权重的综合评价得分均值最小、标准差和变异系数均大于CRITIC法。同时，基于分维度评价权重的综合评价得分最大值比最小值高17.37分，CRITIC法下综合评价得分最大值比最小值高15.94分，表明相比于CRITIC法，基于分维度评价权重的打分更为严格，且县域之间得分差异相对较大。

表7–12　　三种赋权方法下综合评价得分描述性统计

赋权方法	统计量	数值	赋权方法	统计量	数值	赋权方法	统计量	数值
CRITIC法	均值	75.61	基于分维度评价权重	均值	74.43	等权法	均值	75.26
	标准差	2.96		标准差	3.29		标准差	3.37
	变异系数	0.04		变异系数	0.04		变异系数	0.04
	中位数	74.92		中位数	73.97		中位数	74.44
	最小值	71.10		最小值	69.64		最小值	70.21
	最大值	87.04		最大值	87.01		最大值	88.63

表7–13和图7–6分别列示了三种赋权方法下综合评价得分及排名相关系数和相关关系。从相关系数来看，不同赋权方法对县域高质量发展综合评价结果没有显著影响，综合评价模型较为稳健。具体而言，三种赋权方法下得到的综合评价得分无论是Spearman相关系数还是Pearson相关系数均超过0.9，且

在1%的水平下显著，表明三种方法的综合评价得分及排名存在高度正相关关系。

表7-13　　　　　三种赋权方法下综合评价得分及排名相关系数

	CRITIC法	基于分维度评价权重	等权法
CRITIC法	1.000	0.905 ***	0.971 ***
基于分维度评价权重	0.925 ***	1.000	0.949 ***
等权法	0.982 ***	0.951 ***	1.000

注：对角线上方为排名的相关系数，对角线下方为得分的相关系数；*** 表示1%的显著性水平。

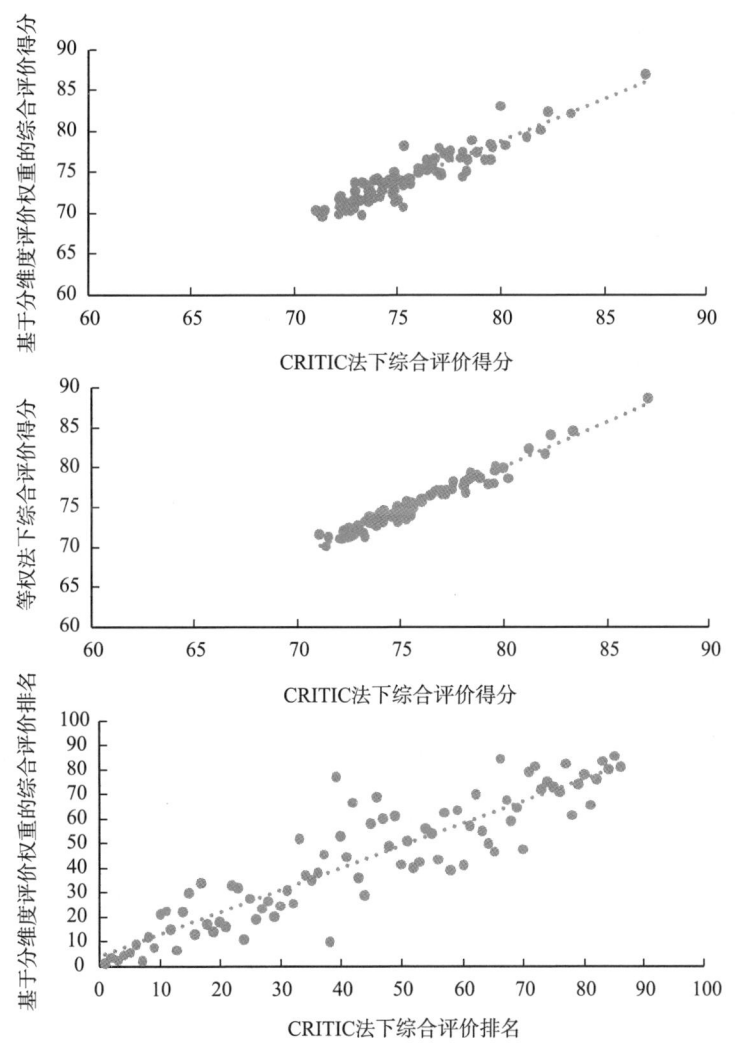

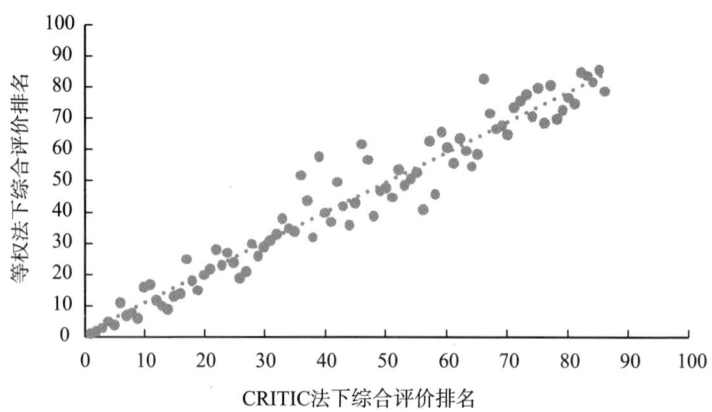

图 7-6　三种赋权方法下综合评价得分及排名相关关系

图 7-7 分别对比了三种赋权方法下综合得分分布。结果显示，相比于基于分维度评价权重和等权法下的综合评价得分分布，CRITIC 法下的综合评价得分峰度偏离正态分布的程度较小，表明基于 CRITIC 法的评价模型对于县域高质量发展综合评价打分既能有效反映县域综合发展水平的差距，出现极端值、异常值的概率也更小。具体而言，三种赋权法下，综合评价得分的峰度和偏度均大于 0，表明无论是 CRITIC 法还是基于分维度评价权重和等权法，综合评价得分分布均呈尖顶峰度和右偏态。其中，CRITIC 法下，综合评价得分峰度最小。

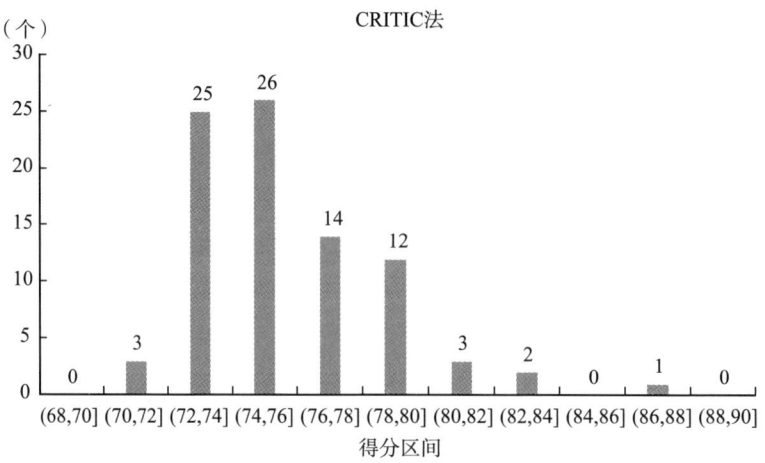

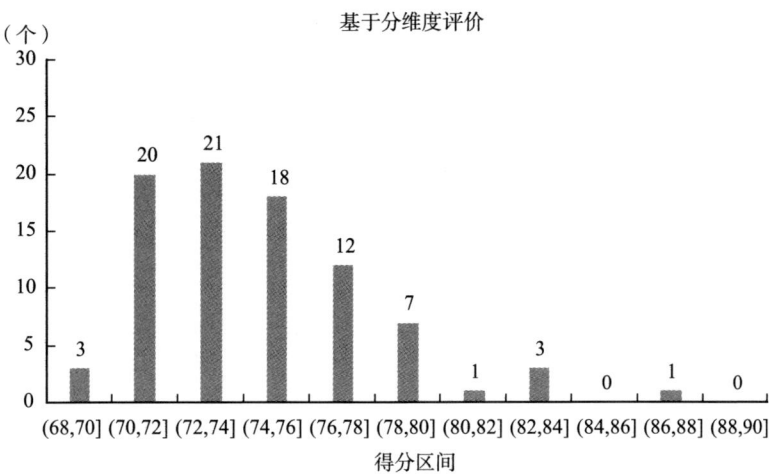

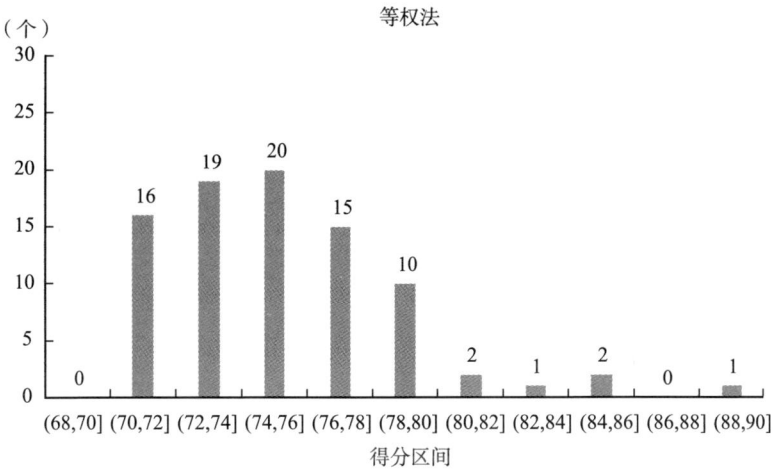

图 7-7 三种赋权方法下综合评价得分分布

（三）四种类型县域排名分布对比

表 7-14 和图 7-8 分别对比了不同赋权法下四种类型县域位次均值和排名分布情况。与前面的对比结果相符，三种方法下四种类型县域位次分布特征相似，表明对不同类型县域的综合评价结果不受赋权方法的影响。其中，在三种赋权方法下，城市主城区均没有位列 41～60 位或 61～86 位区间的县域，位列 1～20 位和 21～40 位的县域数量差异不超过 2 个。在基于分维度评价的权重下，重点开发区位列第 21～40 位区间的县域数量比 CRITIC 法和等权法少 5 个，其余排名区间县域数量差异不超过 4 个。在三种赋权方法下，农产品主产区在 4 个排名区间的县域数量差异不超过 2 个，重点生态区在 4 个排名区间的

县域数量差异不超过 3 个。

表 7-14　　三种赋权方法下四种类型县域位次分布情况

城市主城区	1~20 位	21~40 位	41~60 位	61~86 位
CRITIC 法	8	2	0	0
基于分维度评价权重	6	4	0	0
等权法	8	2	0	0
重点开发区	1~20 位	21~40 位	41~60 位	61~86 位
CRITIC 法	8	10	7	8
基于分维度评价权重	12	5	8	8
等权法	9	10	8	6
农产品主产区	1~20 位	21~40 位	41~60 位	61~86 位
CRITIC 法	0	5	12	8
基于分维度评价权重	1	6	11	7
等权法	0	6	10	9
重点生态功能区	1~20 位	21~40 位	41~60 位	61~86 位
CRITIC 法	4	3	1	10
基于分维度评价权重	1	5	1	11
等权法	3	2	2	11

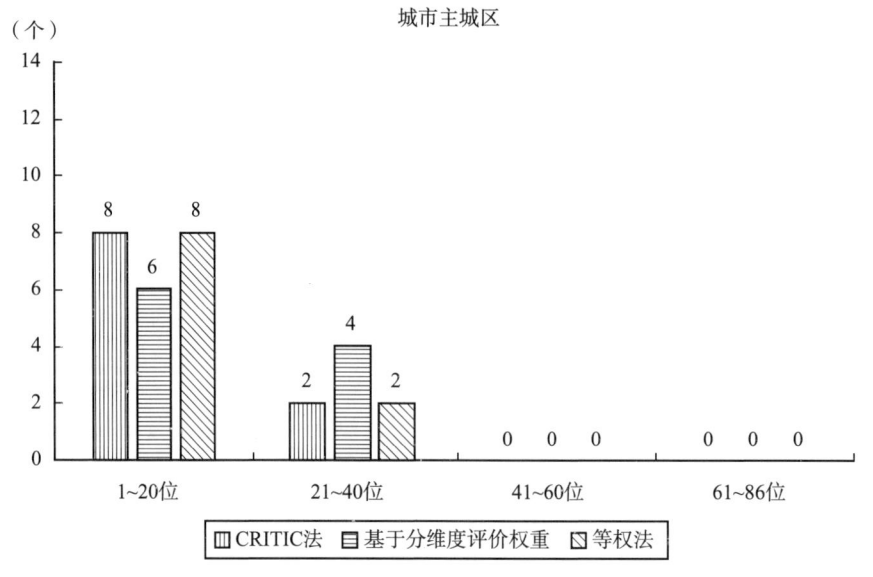

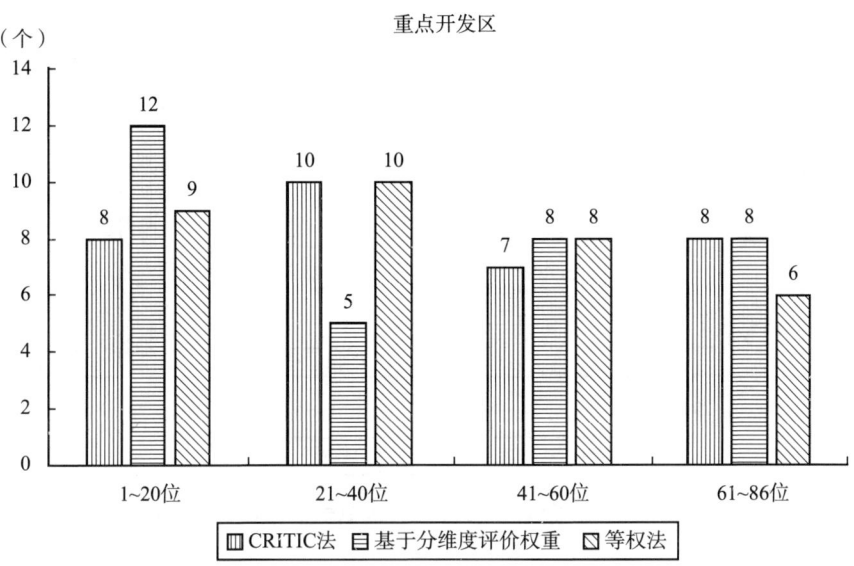

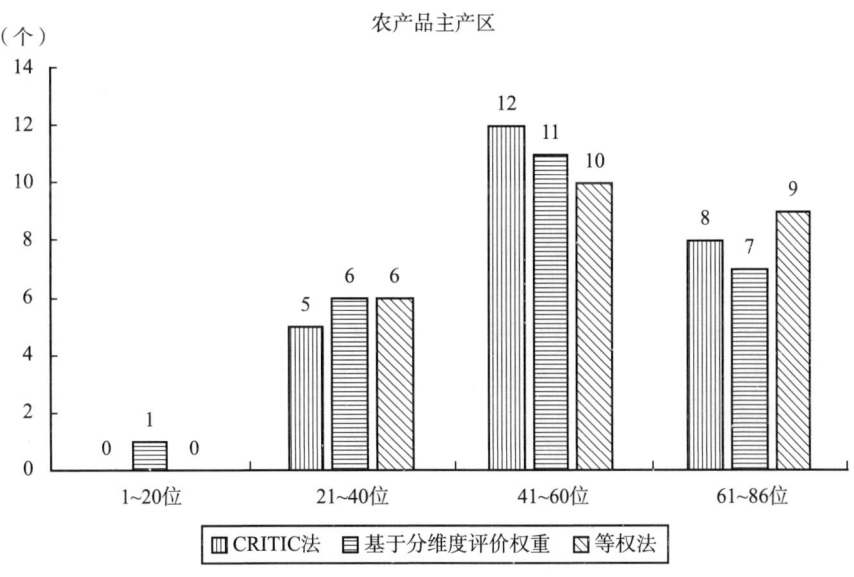

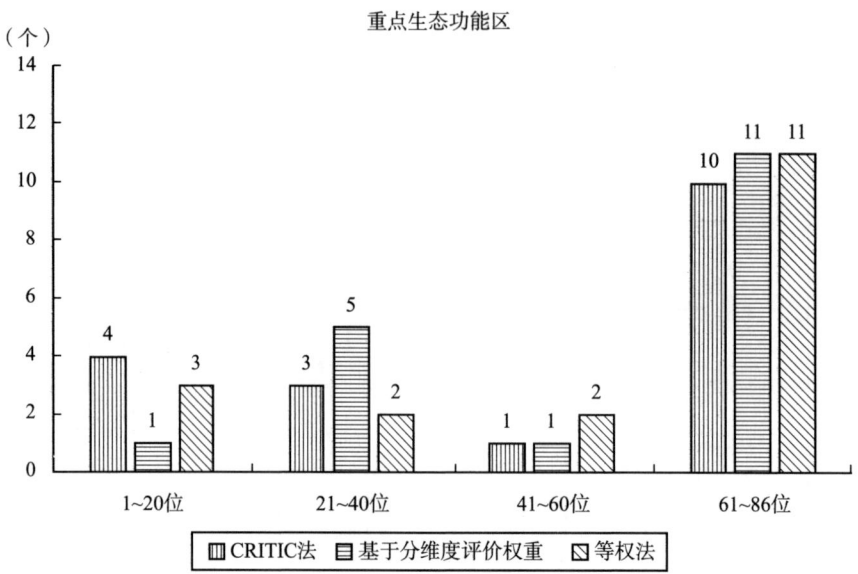

图7-8 三种赋权方法下四种类型县域位次分布情况

第五节 本章小结

本章基于系统观念和经济、生态、文化、治理和民生高质量发展水平评价研究成果，构建由5个一级指标、19个二级指标组成的县域高质量发展综合评价体系。采用CRITIC法赋予指标权重，利用功效系数法对指标数据进行转化，构建以客观赋权为核心的县域高质量发展综合评价模型，并基于A省86个县域样本数据，运用评价模型进行了实证分析。在此基础上，进一步采用路径检验和差异化赋权检验两种方法对县域高质量发展综合评价模型进行了验证。模型分析和检验结果表明：所构建的县域高质量发展综合评价模型线性回归拟合优度超过0.9，5个一级指标得分排名回归系数均在1%的水平下显著为正，不同赋权方法下的模型相关系数均超过0.9，综合筛选的评价指标、构建的评价模型较好地揭示了影响县域高质量发展的主要因素，具有较好的推广价值。

综合评价模型实证分析结果显示，四种类型县域发展不均衡不充分的问题较为明显，离高质量发展要求尚有差距。城市主城区整体发展水平较好，但在生态环境保护方面面临较大压力，环境污染防治和生态环境建设2个指标得分分别低于全省平均水平7.98%和10.00%。重点开发区整体发展水平与全省平均水平基本持平，但同样面临生态保护较为薄弱问题，环境污染防治指标得分低于全省平均水平4.75%。农产品主产区整体发展水平较为滞后，在文化建设和社会治理方面存在短板，治理方式和治理成绩2个指标得分分别低于全省平均水平5.49%和4.70%。得益于坚持生态保护优先，重点生态开发区生态类指标得分居首位，尤其是环境污染防治指标得分高出全省平均水平12.71%，但在经济发展和民生保障方面相对落后，经济类和民生类指标得分分别低于全省平均水平1.0分和0.6分。

根据综合评价模型实证分析结果，推动县域高质量发展，城市主城区需坚持优化发展，突出城市功能建设优先，侧重高端要素集聚集成转化，推动产城融合发展，在经济发展、文化建设、社会治理和民生保障等方面发挥引领示范作用，缩小生态环境保护与其他县域的差距。重点开发区需坚持转型发展，突出工业化城镇化水平与质量并重、集约化发展优先，侧重优势产业成群成链，加快推动经济发展、城乡融合、民生改善，着力提升生态环境建设水平。农产品主产区需坚持特色发展，突出农业发展优先，侧重农业空间规模质量和农产品保障能力提升，加快推动农业现代化和农村产业融合发展，加强乡风文明建设，完善城乡社会治理。重点生态功能区需坚持绿色发展，突出生态保护优先，侧重生态空间规模质量和生态产品供给能力提升，大力发展生态经济和文化旅游，加快缩小经济发展、民生保障与其他县域的差距。

第八章 结论和展望

本书围绕县域高质量发展，采用理论与实践相结合、定性与定量相结合的研究范式，对县域高质量发展的实施路径和评价模型进行了系统研究。

在县域高质量发展实施路径研究中，基于A省县域高质量发展的现状分析，分别从经济、生态、文化、治理、民生5个维度研究探索了县域高质量发展若干路径。推动县域高质量发展，重在加快建立现代化产业体系，协同推进降碳、减污、扩绿、增长，繁荣发展文化事业和文化产业，着力强化政治引领、法治保障、德治教化、自治强基、智治支撑，持续办好就业、教育、医疗、社保等民生实事，实现更高质量、更有效率、更加公平、更可持续、更为安全的发展。

在县域高质量发展评价模型研究中，采取分维度模型和综合模型相结合的方式，构建起基于独立性权重法、灰色关联度法、熵值法、AHP法、信息量权重法等方法的量化评价模型，分别从经济、生态、文化、治理、民生5个维度对县域高质量发展进行实证分析；基于各个维度评价模型研究成果，构建了综合性的CRITIC评价模型，对A省86个县域高质量发展情况进行了综合性的实证分析。为验证所构建评价模型的科学性，使用回归分析等统计方法，采用评价结果路径检验、差异化赋权检验、问卷调查结果检验等多种方式，对5个维度评价模型和综合评价模型进行了检验。检验结果显示，所有模型显著性水平较高、回归拟合优度较好，不同赋权方法下的模型相关系数较高，能够一定程度反映县域经济、生态、文化、治理、民生5个方面以及综合发展水平。在此基础上，针对评价模型实证分析揭示出来的问题，提出了推动县域高质量发展的意见建议。

本书虽就县域高质量发展路径及评价作出了一些探讨，但也存在一些不足，需要在未来的研究过程中加以改进：

第一，在研究方法上，本书以A省为样本，所进行的模型构建、指标筛选以及实证分析均是基于该省县域样本数据进行，未使用其他省份进行比较和验证，研究代表性可能还存在一定差距。未来研究需要突破省域限制，在全国范围内抽取不同类型的样本开展分析，增强研究样本的代表性和研究结果的适用性。

第二，受制于样本统计数据的有限性，以及由此带来的统计分析方法技术不完备的影响，本书对县域高质量发展选用的评价模型在指标筛选和优化等方面也有待提高。随着县域相关数据信息披露更加完整透明，以及定量分析技术的提升，未来的研究可以采用更加丰富、多样的模型指标对县域发展水平进行全景式、跨周期评价，进一步提升研究结果的稳健性。

第三，本书对评价模型的验证，主要借助于不同评价方法的评价结果拟合度，个别章节用调查问卷数据予以验证，评价模型是否科学精准有待于用更加客观的结果以及更加丰富的调查问卷来进行检验。未来的研究需要进一步加强模型的设计和优化，借助于县域高质量发展实践成果和多方面评价结果对模型进行更加全面的检验和优化提升。

实践没有止境，理论创新也没有止境。县域高质量发展是一个全面而系统的复杂工程。本书对于县域高质量发展与评价的研究，仅仅起到抛砖引玉的作用，还有很多问题需要进一步研究思考。希望在未来的工作学习过程中，各方共同努力、共同参与，加快推进县域高质量发展，为夯实中国式现代化的底部基础贡献力量。

参考文献

[1] 钞小静,任保平.中国经济增长质量的时序变化与地区差异分析[J].经济研究,2011,46(4):26-40.

[2] 杜润生.当代中国的农业合作制[M].北京:当代中国出版社,2002.

[3] 侯瑞东.《至正集》校勘拾遗[J].传奇·传记文学选刊(理论研究),2010(12):92-93.

[4] 惠宁.产业集群理论的研究现状及其新发展[J].管理世界,2005(11):158-159.

[5] 蒋小松,张红,何志平.关于加快推广宅基地制度改革试点经验的几点建议[J].决策咨询,2020(5):5-7+11.

[6] 李格.新中国地方政府制度的建立[C].当代中国研究所第三届国史学术年会论文集,2003:172-180.

[7] 李涛.县域教育"双减"的公共生态及优化路径[J].探索与争鸣,2022(9):103-110+179.

[8] 厉以宁.论社会主义资源配置中的直接补偿和间接补偿[J].河北学刊,1986(3):60-64.

[9] 梁励.中国古代地方行政区划沿革述论[J].江苏教育学院学报(社会科学版),2010,26(1):82-87.

[10] 刘诗古.货币、公粮与工商税:中华人民共和国成立初期财政经济的困难与重建[J].社会科学,2020(12):151-166.

[11] 刘双.县域医共体对基层医疗卫生机构服务质量的影响研究[D].北京:北京协和医学院,2018.

[12] 刘晓梅,曹鸣远,李歆,刘冰冰.党的十八大以来我国社会保障事业的成就与经验[J].管理世界,2022,38(7):37-49.

[13] 毛中根.中国西部开发开放报告2020:新时代县域经济高质量发展[M].北京:科学出版社,2020.

[14] 蒲晓晔,Jarko Fidrmuc.中国经济高质量发展的动力结构优化机理研

究［J］.西北大学学报（哲学社会科学版），2018，48（1）：113-118.

［15］宋洪远，王景新，冯开文，车裕斌.近代以来中国农村变迁史论（第三卷1949—1978）［M］.北京：清华大学出版社，2019：265-278，407-417.

［16］孙豪，桂河清，杨冬.中国省域经济高质量发展的测度与评价［J］.浙江社会科学，2020（8）：4-14+155.

［17］谭学良.我国县域公共就业服务的碎片化及其整体性治理［D］.武汉：华中师范大学，2014.

［18］王蔷，丁延武，郭晓鸣.我国县域经济高质量发展的指标体系构建［J］.软科学，2021，35（1）：115-119+133.

［19］吴成国.中国县域治理史（古代卷）［M］.武汉：长江出版社，2019：139.

［20］谢志强，秦瑶，郭进挺，谢彭.新时代中国社会建设新要求［J］.理论视野，2018（3）：17-24+53.

［21］国家统计局国民经济综合统计司.新中国五十年统计资料汇编［M］.北京：中国统计出版社，1999.

［22］熊鹤林.中国乡镇企业发展探析［J］.中国科技投资，2014（9）：420-421.

［23］徐康宁.当代西方产业集群理论的兴起、发展和启示［J］.经济学动态，2003（3）：70-74.

［24］杨伯峻.春秋左传注·昭公二十八年［M］.北京：中华书局，1981：1307.

［25］袁保瑚，李继伟.新发展格局下山东省县域经济高质量发展路径研究［J］.山东社会科学，2021（8）：115-123.

［26］张旭，隋筱童.我国农村集体经济发展的理论逻辑、历史脉络与改革方向［J］.当代经济研究，2018（2）：26-36.

［27］张远新.习近平关于保障和改善民生的理论创新要论［J］.思想理论教育导刊，2020（2）：23-27.

［28］赵逸才，王开泳，华林甫，王甫园.清代县级行政区划调整的时空变动与演化机理［J］.地理学报，2022，77（12）：2972-2990.

［29］周振鹤.县制起源三阶段说［J］.中国历史地理论丛，1997（3）：23-38.

[30] 中国社会科学院,中央档案馆. 中华人民共和国经济档案资料选编(财政卷 1949—1952)[M]. 北京:经济管理出版社,1995:200-201.

[31] 中华人民共和国内务部. 中华人民共和国行政区划简册 1957[M]. 北京:法律出版社,1957:6.

[32] 中华人民共和国民政部. 中华人民共和国行政区划简册[M]. 北京:地图出版社,1979:1-2.

[33] 中共中央党史和文献研究院. 中国共产党一百年大事记(1921 年 7 月-2021 年 6 月)[M]. 北京:人民出版社,2021.

[34] Al Alvi M, Majumdar M, Matin M A, et al. Modifications of the Page Curve from correlations within Hawking radiation[J]. Physics Letters B, 2019, 797: 134881.

[35] Roy B. All About Missing Data Handling: Missing Data Imputation Techniques[J]. Towards Data Science, 2019.

[36] Campbell A. Subjective measures of well-being[J]. American Psychologist, 1976, 31(2): 117.

[37] Card D. The impact of the Mariel boatlift on the Miami labor market[J]. Industrial and Labor Relations Review, 1990, 43(2): 245-257.

[38] Clark C. The Conditions of Economic Progress[M]. London: Macmillan, 1957.

[39] DeGroot M H. Some comments on the experimental measurement of utility[J]. Behavioral Science, 1963, 8(2): 146-149.

[40] Hall S, Jefferson T. Resistance through rituals: Youth subcultures in post-war Britain[M]. Routledge, 2006.

[41] Hofstede G. Think Locally, Act Globally: Cultural Constraints in Personnel Management[J]. MIR: Management International Review, 1998, 38.

[42] Johnston B F, Mellor J W. The role of agriculture in economic development[J]. The American Economic Review, 1961, 51(4): 566-593.

[43] Nordhaus W, Tobin J. Is Growth Obsolete?[R]. Cowles Foundation for Research in Economics, Yale University, 1971.

[44] Odum E P, Barrett G W. Fundamentals of ecology[M]. Philadelphia: Saunders, 1971.

[45] Osborne S P, Radnor Z, Nasi G. A new theory for public service man-

agement? Toward a (public) service-dominant approach [J]. The American Review of Public Administration, 2013, 43 (2): 135-158.

[46] Boas Jr R P, Tukey J W. A correction to "A note on linear functionals" [J]. Bulletin of the American Mathematical Society, 1940, 46 (6): 566.

[47] Porter M E. Clusters and the new economics of competition [M]. Boston: Harvard Business Review, 1998.

[48] Rostow W W. The stages of economic growth: A non-communist manifesto [M]. Cambridge university press, 1990.

[49] Rostow W W. The great population spike and after: reflections on the 21st century [M]. Oxford University Press, 1998.

[50] Schultz T W. Institutions and the rising economic value of man [J]. American Journal of Agricultural Economics, 1968, 50 (5): 1113-1122.

附录：人民群众获得感、幸福感、安全感调查表

问卷说明：

为开展县域高质量发展与评价重大项目研究，我们根据个体的获得感、幸福感、安全感，设计如下选项。其中，第1~9以及第11、12、14、16为单项选择，第10、13、15是多项选择。

1. 请选择：您所在的县（市、区）：（单选）

○ ［（县、市、区）］

2. 您居住的地区位于：（单选）

○城市　○乡镇　○农村

3. 您居住的地区属于：（单选）

○汉族聚居区　○藏族聚居区　○羌族聚居区　○彝族聚居区　○其他

4. 您的性别：（单选）

○男　○女

5. 您的年龄处于：（单选）

○20岁及以下　○21~30岁　○31~40岁　○41~50岁　○51岁及以上

6. 您的文化程度是：（单选）

○初中及以下　○高中（含中专、职校、技校）　○大专　○本科
○硕士　○博士

7. 您的婚姻状况：（单选）

○未婚　○已婚

8. 您所从事的职业：（单选）

○行政机关工作人员　○事业单位工作人员　○企业工作人员
○私营及个体户　○自由职业者　○农民　○学生　○其他

9. 家庭年收入情况：（单选）

○满足生活所需后有大量结余　○满足生活所需后有部分结余
○能维持正常生计　○无法维持正常生计

10. 您认为影响获得感的因素有：（多选）
□收入增减　□住房保障　□工作稳定性　□教育公平性　□医疗服务
□养老服务　□文化生活水平　□社会事务参与度　□社会公共设施及办事的便利程度　□其他

11. 您的生活状况与自己的期望值相比：（单选）
○低于期望值　○基本一致　○高于期望值

12. 您认为幸福主要体现在：（单选）
○精神　○物质　○精神和物质同等重要

13. 您认为影响幸福感的因素有：（多选）
□生活质量　□发展机会　□健康状况　□生活稳定性　□工作稳定性
□社会公平、民主、和谐　□其他

14. 您目前的幸福状况：（单选）
○很不幸福　○不太幸福　○一般　○比较幸福　○非常幸福

15. 您认为影响安全感的因素有：（多选）
□社会保障水平　□法治保障水平　□治安状况　□环境状况　□其他

16. 您目前的安全状况：（单选）
○很不安全　○不太安全　○一般　○比较安全　○非常安全

问卷调查到此结束，感谢您的参与和支持。